Ludwig von Spittler

Sammlung einiger Urkunden und Aktenstücke zur neuesten

Württembergischen Geschichte

Ludwig von Spittler

Sammlung einiger Urkunden und Aktenstücke zur neuesten Württembergischen Geschichte

ISBN/EAN: 9783743623972

Hergestellt in Europa, USA, Kanada, Australien, Japan

Cover: Foto ©ninafisch / pixelio.de

Weitere Bücher finden Sie auf **www.hansebooks.com**

Sammlung

einiger

Urkunden und Aktenstücke

zur neuesten

Wirtembergischen Geschichte

herausgegeben

von.

L. T. Spittler.

Göttingen,

im Vandenhoek = und Ruprechtschen Verlage.

1791.

Vorrede.

Gegenwärtige Sammlung von Urkunden und Acten-Stücken zur neueſten Wirtembergiſchen Geſchichte enthält lauter bisher ungedruckte Stücke, einige wenige ausgenommen, die theils der Verbindung wegen hier wiederholt werden mußten, theils aber auch ſo gut als ungedruckt waren, weil ſie bisher bloß auf einzelnen Blättern gedruckt, in einem kleinen Kreiſe von Perſonen circulirten. Aus der groſſen Menge wichtiger Urkunden und Acten-Stücke, die man von der gegenwärtigen Regierung des Herzogs Carl hat, ſind hier nur ſolche ausgeſucht worden, die auf das Familien-Recht dieſes Fürſten-Hauſes oder auf Conſtitution und Staats-Recht der Wirtembergiſchen Lande einen ſichtbar nahen Einfluß haben. Wo die Publicität auf irgend einige Weiſe bedenklich

* 2   ſchei‐

Vorrede.

scheinen konnte, unterblieb die Bekanntmachung, und selbst das erstere reichshofräthliche Votum ad Imperatorem, das bey Schliessung des bekannten neuesten Wirtembergischen Erb-Vergleichs erstattet wurde, ist hier aus Gründen hinweggelassen worden, in denen vielleicht mancher bloß politische Hypochondrie finden würde. Unmöglich aber konnte ich mich überwinden, auch das zweyte, in eben derselben Sache erstattete, reichshofräthliche Gutachten hinwegzulassen, da es für die Exegese und das volle Verständniß jenes neuesten Fundamental-Gesetzes der Wirtembergischen Lande fast unentbehrlich ist. Mögen immerhin einige Stellen darinn seyn, deren Bekanntmachung diesem und jenem bedenklich scheint!

Offenbar hat nur das, was seit zwey Jahren jenseits des Rheins vorgegangen, jenen mannichfaltigen Bedenklichkeiten, die vorher schon in manchen Deutschen Staaten gegen die einreissende so genannte Publicität mehr oder weniger erwacht waren, hie und da bey Fürsten und Ministerien eine so widernatürliche Stärke gegeben, daß man jede eifrige Erklärung zu Gunsten der Publicität, für halb verdächtig ansieht. Bey etwas weniger Vorurtheil hätte man aus diesem grossen neuesten Phänomen gerade das Gegentheil schliessen müssen, und die Leichtigkeit, womit man die endlich losbrechenden Wirkungen einer schon seit langem her pressenden Unterdrückung als Würkungen der Publicität

an-

anſteht, iſt ein trauriges Beyſpiel, wie ſchwer
ſelbſt die klareſten, hiſtoriſchen Belehrungen
dem, der einmal ſeine Parthie genommen, zu
Sinne kommen mögen.

Es iſt ein groſſes Glück der Wirtember=
giſchen Landes = Conſtitution, daß, ſo lange
irgend nur die Haupt= Parthien derſelben un=
verdreht und unangegriffen bleiben, und ſelbſt
noch wenn hie und da manches aus ſeinen Fu=
gen gewichen, daß nie doch, und dieß der Ver=
faſſung zufolge, eine lange daurende Verheim=
lichung der für das allgemeine Wohl intereſſan=
ten Dinge ſich ereignen kann. Das ſtändiſche
Repräſentations= Syſtem iſt dort ſo vortrefflich
eingerichtet, als in keinem aller übrigen Deut=
ſchen Länder, denn meines Wiſſens in keinem
aller übrigen hat der ſo genannte dritte Stand
ſeine ſo vollſtändige Repräſentation als hier.
Es entſteht alſo vermittelſt dieſer ſo vollſtändi=
gen Repräſentation eine ſchnellere Wahrnehmung
deſſen, was allgemein intereſſant iſt oder billig
ſeyn ſollte, und ein häufigeres geſellſchaftliches
Beſprechen eben derſelben Dinge, das, ſo ſehr
es manchmal bloß in politiſche Kannengieſſerey
auszuarten ſcheint, doch eine Theilnehmung er=
hält, deren früh oder ſpät eintretende Wir=
kungen weder Regierung noch Stände völlig
verachten können. Selbſt das aber auch, was
in der gegenwärtigen Organiſirung des engeren
ſtändiſchen Ausſchuſſes offenbar fehlerhaftes
liegt, kann noch immerhin unſchädlich bleiben;

ſo

so lange nur unter den Constitutionsmäſſigen
Conſulenten und Syndikuſſen der Gemeinhei-
ten, aus deren Deputirten das vollſtändige,
landſtändiſche Corps beſteht, einige ausgebreite-
tere Landes-Kenntniß, und Patriotiſmus und
unerſchrockener Eifer für Wahrheit und Recht
herrſchend gemacht oder erhalten werden kann.

Sey nur jeder Patriote unermüdet ans
Licht zu fördern, was als Prämiſſe zu ſicherer
Beurtheilung der Dinge bekannt ſeyn muß!
Der Eifer darf nicht erſt geweckt, ſondern nur
genährt und geleitet werden, und die lebhafteſte
Unterhaltung deſſelben wird nie ſo genannte Re-
volutionen veranlaſſen oder nothwendig machen
können, ſondern nur dem, was ohnedieß con-
ſtitutionsmäßig iſt, einen ſtärkeren Schwung
geben, und vermittelſt deſſelben alles das Gute
hervorbringen, was man zu wünſchen Urſa-
che hat.

Vor nicht gar langer Zeit hielt man es noch
in vielen Deutſchen Ländern für Patriotiſmus,
mit blinder Anhänglichkeit immer nur für die
Stände und gegen die Regierung, für den ganzen oft noch ſo corrupten Zuſammenhang der er-
ſteren und gegen die weiſeſten, gerechteſten Maaßregeln der letzteren zu ſprechen. Dieſe höchſt
ſchädliche Einſeitigkeit der Urtheile hat ſich endlich verlohren, und der täuſchende Heiligkeits-
Nebel, der alles umgab, was ſtändiſch oder
landſchaftlich hieß, iſt dem Lichte der Wahrheit
endlich faſt ganz gewichen. Es gieng, wie es
gehen

gehen mußte. Die landesherrlichen Collegien
sind nach und nach besser besetzt worden; eine
unerschrocknere, gebildetere Generation ist nach-
gewachsen, und man sah in einzelnen landesherrlichen Collegien oft solche Beyspiele von Recht-
schaffenheit, Uneigennützigkeit und Patriotismus,
die man bey denen vergeblich gesucht hätte, deren nähere Pflicht das laute Sprechen für Ge-
mein-Wohl zu seyn schien. Selbst die landes-
herrliche Finanz-Administration hat in manchen
Ländern an zweckmäßiger Verwendung und licht-
voller Einrichtung, verglichen mit der ständi-
schen oder landschaftlichen Oekonomie, unend-
lich gewonnen.

Nun bleibt es aber in der politischen Welt
ein ewiges, unveränderliches Natur-Gesetz;
kein Corps im Staat, sey es noch so hoch pri-
vilegirt, und trage es auch den ehrwürdigsten
Namen, kann seinen Einfluß und Ansehen behalten, so bald die persönliche Achtung, die auf
dem gekannten Charakter und der gekannten Auf-
klärung der Mitglieder desselben beruht, völlig
zu verschwinden anfängt. Ist einmal die öf-
fentliche Meynung von dem Corps gewichen,
so ist der hektische Tod desselben gewiß, und
freylich gehört denn noch leider auch zu diesem
hektischen Sterben, daß der Kranke selbst seine
Gefahr am wenigsten ahnt.

Nur noch ein paar Worte von einigen
einzelnen Stücken dieser Sammlung.

4   Beide

Vorrede.

···· Beide erste Stücke derselben, sowohl Kais. Carls VII. Bestätigung aller Wirtembergi- schen Privilegien als auch die Privilegien- und Reversalien - Confirmation des regieren- den Herz. Carl schienen mir als Supplemente zu der so genannten Wirtembergischen Lan- des- Grund- Verfassung sehr unentbehrlich zu seyn: In mehreren Exemplarien derselben, die ich nachschlug, fehlen diese zwey Stücke, und von den einzeln gedruckten Piecen, die dem gan- zen Werk beygebunden waren, fanden sich ge- wöhnlich nur die Privilegien- und Reversa- lien - Bestätigung Herz. Carl Alexanders von 1733; der Landtags- Abschied von 1739, und der engere Ausschuß- Tags- Receß von 1753. Unterdeß um mehr als einer Ursache willen sind beide obige Stücke für das Ganze höchst wichtig, und nro. III. gehört zu weiterer Erläuterung und Bestätigung der Urkunde nro. II.

Der nro. IV. zum erstenmal hier vollstän- dig gedruckte Vertrag mit Zwifalten beendigte einen Streit, der zwey Jahrhunderte lang ge- dauert hatte, und löste das Territorial - Band zwischen Wirtemberg und Zwifalten endlich völlig auf. Herr Geh. Legations- Rath Breyer hat auch in der neuen Ausgabe seiner vortreffli- chen Elementorum iuris publici Wirtember- gici den Haupt- Innhalt des Vertrags §. 87 nur ganz in summarischer Kürze angegeben.

Nro. V.

Vorrede.

Nro. V. Ehe-Beredung Herz. Friederich Eugens mit der Brandenburgischen Prinz. Friderike Dorothee Sophie. Vielleicht künftig der Fundamental-Vertrag des ganzen regierenden Hauses.

Nro. VI. Instruction und Ordnung, wonach bey der von 1713 bis 1741 fortgesetzten General Revision des landschaftlichen Steuer-Fußes verfahren werden mußte nebst der beygefügten Quoten-Repartition; enthält eigentlich die tiefest liegenden Elemente des ganzen Wirtembergischen Steuer-Wesens, also des wichtigsten Artikels der ganzen Landes-Statistik.

Von dem nro. VII. vorkommenden Reichshofräthlichen *voto ad imperatorem* ist schon oben gesprochen worden. Schwerlich gibt es irgend ein interessanteres und lehrreicheres Acten-Stück zum vollen Verständniß des neuesten Wirtembergischen Erb-Vergleichs.

Die nro. VIII. und IX. vorkommenden Verträge zwischen Wirtemberg und Taxis verbreiten Publicität über einen Gegenstand, der sonst zum großen Schaden nur gar zu sehr verheimlicht wird. Hätte man eine nur etwas vollständige Sammlung der mehr als achzig Verträge, die das Hochfürstl. Taxische Haus mit verschiedenen Chur- und Fürstlichen Häusern wegen dem Post-Wesen geschlossen hat, so würde die ganze Materie vom Reichs-Post-Wesen viel neues Licht erhalten.

* 5   Der

Verzeichniß.

Anhang

Anhang.

Verzeichniß.

I.

I.

**Kaiſer Carls VII. Beſtätigung aller Privi-
legien und Freyheiten der Wirtemb. Landſchaft und der Univ. Tübingen.   Franff.
den 4. Nov. 1743.**

Wir Carl der Siebende, von GOttes
Gnaden erwählter Römiſcher Kaiſer, zu allen
Zeiten Mehrer des Reichs ꝛc. ꝛc.

Bekennen für Uns und Unſere Nachkommen am
Reich, auch Unſere Erben, offentlich mit dieſem
Brieff, und thun kund allermänniglich; Nachdeme
Uns Gemeine Prälaten und Landſchafft in Württemberg unterthäniglich gebetten, Jhro Landſchafft
und Univerſität zu Tübingen alle ihre von Römiſchen Kaiſern und Königen, oder denen Herzogen
zu Württemberg, und namentlich dem Stamm-Vat-
ter der diesmals regierenden Linie, Herzogen Carl
Alexandern, in beſſen ſub dato ben 17. Dec. 1733.
vor ſich, ſeine Erben und Nachkommen ertheilter
Confirmatione Privilegiorum, Religions-Aſſecu-
ration und Reverſalien, wie auch von vorigen
Anteceſſorn, einem oder mehrern, oder auch von
andern Herrſchafften erlangte und bißher in wohlhergebrachter Uebung und Gebrauch gehabte **Privilegia,**

legia, Freyheiten, Recht, Gerechtigkeiten und Ge=
wohnheiten (jedoch so weit und fern dieselbigen
deren zu Prag 1599 getroffenen Vergleichung,
künfftiger Succeſſion und Anwarttſchafft Unſers
löbl. Hauſes, als Erz=Herzogen zu Oeſterreich in
beede Herzogthum Württemberg und Teck nicht zu=
wider, oder entgegen) im Namen Unſer und
Unſers löbl. Hauſes, als Erz=Herzog zu Oeſter=
reich gnädigſt zu confirmiren, und zu verneuren,
allermaſſen dieſelbe auch von Weyland Kaiſer RU-
DOLPHO dem Andern lobwürdigſter Gedächtnüß
ſub dato Prag den 5. Sept. 1600. allergnädigſt
confirmirt, und Uns deſſen das rechte wahre
beſiegelte Original fürgeleget worden, ſo von Wortt
zu Wortt alſo lautet:

Wir Rudolph der Ander, von Gottes Gnaden
erwählter Römiſcher Kaiſer ꝛc. ꝛc. **

‚Der geben iſt auf Unſerm Königlichen Schloß
zu Prag, den fünften Tag des Monaths Septem-
bris nach Chriſti Unſers lieben HERRN und
Seeligmachers Geburth im Sechzehen Hundertſten,
Unſerer Reichen des Römiſchen im Fünf und
Zwanzigſten, des Hungariſchen im Acht und Zwan=
zigſten, und des Böhmiſchen im Fünf und Zwan=
zigſten Jahr.

Rudolph.

R. Coradvz.

ad Mandatum Sacrae Caeſareae
Majeſtatis proprium

Andreas Hennwaldt.

Die

Die obbenannte von Herzog CARL ALEXAN-
DER auøgestellte, Unø gleichfallø in originali vor-
gelegte Confirmatio Privilegiorum, Religionø-
Assecuration, und Reversalien aber von Wort zu
Wort dieseø Innhaltø seynd:

Von Gotteø Gnaden Wir Carl Alexander,
Herzog zu Württemberg und Tck ꝛc. ꝛ ꝛ

ꝛ Geben zu Stuttgardt, den Siebenzehenden
Monathø-Tag Decembris nach Christi Unserø Erlö-
serø und Seeligmacherø heylwärttiger Geburth im
Jahr Ein Tausend Siebenhundert Drey und Dreyßig.
Carl Alexander H. z. W.
(L. S.)

Daø haben Wir angesehen Ihr der Gemeinen
Prälaten und Landschafft zu Württemberg gehorsame
fleißige Bitte, und darum mit wohlbedachtem Muth,
gutem Rath und rechtem Wissen alle und jede gedachter Landschafft und Universität zu Tübingen von Rö-
mischen Kaisern und Königen, oder ben Herzogen zu
Württemberg, und namentlich ben letzt-regierenden
Herzog Carl. Alexandern, in besen de dato Siebenzehenden Decembris anno Siebenzehen Hundert
Drey und Dreyßig vor sich, seine Erben und Nachkommen ertheilten Confirmatione Privilegiorum,
Religionø-Assecuration, und Reversalien (weilen
selbige von Unserm Kaiserlichen Reichø-Hoff-Rath,
quoad Substantiam, dem Westphälischen Friedenø-
Instrument und denen vorherigen älteren Württembergischen Hauß-Compactatis und Landeø-Verträgen
conform befunden worden) wie auch die von vorigen
Anteceßoren, einem oder mehreren, oder auch andern

dern Herrschafften erlangte, und biß dahin in wohlhergebrachter Uebung und Gebrauch gehabte Privilegia, Freyheiten, Recht, Gerechtigkeiten und Gewohnheiten, wie auch insonderheit die Steuren, Umgeld, Abzug, Frohn, Holz-Gerechtigkeiten und dergleichen andere mehr, den Gemeinden sonderbarlich
zugehörige Jura und Herbringen belangend, als Römischer Kaiser, auch Erz-Herzog zu Oesterreich,
gnädiglich confirmirt, bestättet, und erneuret: Confirmiren, bestätten und erneuren auch Ihnen samt
und sonders dieselbigen hiemit von Römisch Kaiserli-
cher und Oesterreichisch-Erz-Herzoglicher Macht
und Vollkommenheit wissentlich in Krafft dieß Brieffs,
was Wir Ihnen samt und sonders von Recht und Billigkeit wegen daran zu confirmiren, zu bestätten und
zu erneuren haben, sollen und mögen.

Und meinen, setzen und wollen, daß obgedachter massen berührte Privilegia, Freyheiten, Rechten, Gerechtigkeiten, Reverſales, und Gewohnheiten, auch Steuren, Umgeld, Abzug, Frohn, Holz-
Gerechtigkeiten und dergleichen andere mehr, den Gemeinden zugehörige Jura und Herbringen, wie die
erlangt, und biß dahin in wohlhergebrachter Uebung
und Gebrauch erhalten worden, kräfftig und beständig seyn, stett, vest und ohnverbrochentlich gehalten
werden, auch besagte Landschafft und Universität zu
Tübingen sich derselben wie bißhero, also auch fürohin, und zu ewigen Zeiten gebrauchen, freuen, geniessen, und gänzlich dabey bleiben sollen und mögen,
von allermänniglich, insonderheit aber auch auf den
Fall eröffneter Oesterreichischer Anwartschafft, von den
künfftigen Succeſſoren Unsers löbl. Hauses, als
Erz-Herzogen zu Oesterreich, ungehindert, getreulich
und sonder aller Gefährde; Doch Uns, als Römi-
schen

schen Kaiser und dem Heyl. Reich an seinen Rechten,
und Gerechtigkeiten unvergriffen und unschädlich, so=
dann allein so weit und fern dieselbigen vorbesagter
Vergleichung der künfftigen Unserm Löbl. Hauß als
Erz=Herzogen zu Oesterreich vorbehaltenen Anwart=
schafft und Succession in beyden Herzogthummen,
Württemberg und Teck, nicht zuwider oder entgegen
seyn.

Und gebieten darauf als Römischer Kaiser allen
und jeden Chur=Fürsten, Fürsten, geistlichen und
weltlichen, Prälaten, Graffen, Freyen, Herren,
Rittern, Knechten, Land=Marschallen, Lands=Haupt=
leuten, Land=Vögten, Haupt=Leuten, Wißdommen,
Vögten, Pflegern, Verwesern, Amt=Leuten, Lands=
Richtern, Schultheissen, Burgermeisteren, Richte=
ren, Räthen, Burgeren, Gemeinden, und sonst
allen andern Unsern und des Reichs Unterthanen und
Getreuen, in was Würden, Stand, oder Weesen die
seynd, ernst=und vestiglich mit diesem Brief, und wol=
len, daß Sie obgedächte Landschafft des Fürstenthums
Württemberg und Universität zu Tübingen nach Maaß=
gaab obangezogener Unserer gnädigsten Kaiserlichen
Resolution, an vorbenannten ihren Privilegien,
Freyheiten, Rechten, Gerechtigkeiten, Reversalien und
Gewohnheiten, auch Steuren, Umgeld, Abzug, Frohn,
Holz=Gerechtigkeiten, und dergl. anderen mehr, den
Gemeinden sonderbarlich zugehörigen Juribus und Her=
bringen, wie sie die erlangt, und hergebracht haben,
nicht hindern, noch irren, sondern sie geruhiglich ge=
brauchen, geniessen, und uneinträglich dabey bleiben
lassen, hierwider nicht thun, noch das jemands an=
dern zu thun gestatten, in keine Weiß noch Weeg,
als lieb einem jeden seye Unser und des Heyl. Reichs
schwere Ungnade und Straff, und darzu ein Poen

A 3   Vierzig

6

Vierzig Marł löthigen Golds zu vermeiden, die ein
jeder so offt er freventlich hierwider thäte, Uns halb
in Unser und des Reichs Cammer, und den andern
halben Theil offt ernannter Landschafft und Universität zu Tübingen ohnnachläßlich zu bezahlen verfallen
seyn solle.

Mit Urkund dieß Briefs, besiegelt mit Unserem
Kaiserlichen anhangenden Innsiegel, der geben ist in
Unser und des Heyl. Reichs Stabt Francfurth am
Mayn, den vierten Tag Monats Novembris nach
Christi Unsers lieben HErrn und Seeligmachers gna-
denreicher Geburth im Siebenzehen Hundert und Drey
und Vierzigsten, Unserer Reichen des Römisch- und
Boheimischen im Zweyten Jahre.

Carl.

Vt. Johann Georg, Graff zu Königsfeld.

ad Mandatum Sacrae Caefareae
Majeftatis proprium

Henrich Iofeph v. Schmid.

II.

II.

Herz. **Carls** Confirmatio Privilegiorum et Reverſalium. **Stuttgart** d. d. 23. Mart. 1744.

Von GOttes Gnaden, Wir Carl, Herzog zu Württemberg und Teck, Graf zu Mömpelgardt, Herr zu Heydenheim; Ritter des Goldenen Vließes, und des löbl. Schwäbiſchen Cranſes General-Feld-Marechal-Lieutenant. ꝛc. Bekennen, und thun kund mit dieſem Brief: Als nicht nur in Anno Ein Tauſend Fünf Hundert und Vierzehen, zwiſchen weyland dem Hochgebohrnen Fürſten, Herrn Ulrichen, Herzogen zu Württemberg und Teck ꝛc. Milder Gedächtnus, Unſers freundlich lieben Herrn Vetters Liebden, auch denen Prälaten und Gemeiner Landſchafft dieſes Herzogthums, durch ſtattliche gepflogene gütliche Unterhandlungen ein Vertrag zu Tübingen abgeredet, und aufgerichtet, folgends ſelbiger von denen auch Hochgebohrnen Fürſten, Herrn Chriſtophen, Herrn Ludwigen, Herrn Friederichen, und Herrn Johann Friederichen, desgleichen denen Durchlauchtrigſten Fürſten, Herrn Eberharden, Herrn Wilhelm Ludwigen, und Herrn Eberhard Ludwigen, allen Regierenden Herzogen zu Württemberg, Unſern reſp. Ur-Ur-Anherrn, Ur-Anherrn, und freundlich lieben Herrn Vettern, Chriſtſeel. Angedenckens, ſamt weiterer Declaration, auf beſchehenes unterthänigſtes Anlangen, gnädigſt ratificiret und beſtätti-

A 4

ſtättiget, Innhalts hierüber gegebenen und in beſter
Form aufgerichteter Inſtrumenten und Briefe,
deren der Erſte anfahet:

Von GOttes Gnaden, Wir Chriſtoph,
Herzog zu Württemberg und Teck, Graf zu
Mömpelgardt. ꝛc. ꝛc. Bekennen ꝛc. ꝛc. und in
ſeinem dato alſo lautet: Und geben zu Stuttgardt
den dreyzehenden Aprills, als man von Chriſti,
Unſers lieben HErrn und Heylands Geburth gezäh-
let Fünfzehen Hundert, Fünfzig Ein Jahr, dem
obberührter Tübingiſcher Vertrag inſeriret.

Der Andere:

Von GOttes Gnaden, Wir Ludwig, Herzog zu Württemberg und Teck, Graf zu Mömpelgardt ꝛc. ꝛc. Bekennen ꝛc. ꝛc. und an ſeinem dato
alſo lautet: Geben zu Stuttgardt, den zwey und
zwanzigſten Tag des Monats Junii, als man
von Chriſti, Unſers Erlöſers und Seeligmachers
Geburth zählet, Fünfzehen, Hundert Sechzig
Neun Jahr.

Der Dritte:

Von GOttes Gnaden, Wir Friderich,
Herzog zu Württemberg und Teck, Graf
zu Mömpelgardt. ꝛc. ꝛc. Bekennen ꝛc. ꝛc. und
am dato alſo lautet: Geben zu Stuttgardt auf
Stimß-Tag nach Quaſimodogeniti, den Neun und
Zwanzigſten Monats-Tag Aprilis, als man von
Chriſti, Unſers Erlöſers und Seeligmachers Ge-
burth zählet, Fünfzehen, Hundert, Neunzig
Fünf Jahr.

Der

Der Vierte:

Von GOttes Gnaden, Wir Johann Friderich, Herzog zu Württemberg und Teck, Graf zu Mömpelgardt. ec. ec. Bekennen ec. ec. und am dato also lautet: Geben zu Stuttgardt den Fünf und Zwanzigsten Aprilis, als man von Christi, Unsers Erlösers und Seeligmachers Geburth zählt, Sechzehen Hundert und Acht Jahr.

Der Fünfte:

Von GOttes Gnaden, Wir Eberhard, Herzog zu Württemberg und Teck, Graf zu Mömpelgardt, Herr zu Heydenheim. ec. ec. Bekennen ec. ec. und am dato also lautet: Geben zu Stuttgardt, den ersten Monats-Tag Maii, als man von Christi, Unsers lieben Immanuels heylwärttiger Geburth zählt, Ein Tausend, Sechs Hundert, Dreyßig und Drey Jahr.

Der Sechste:

Von GOttes Gnaden, Wir Wilhelm Ludwig, Herzog zu Württemberg und Teck, Graf zu Mömpelgardt, Herr zu Heydenheim. ec. ec. Bekennen ec. ec. und am dato also lautet: Geben zu Stuttgardt, den Achtzehenden Monats-Tag Julii, als man von Christi, Unsers einigen Erlösers und Seeligmachers Geburth zählet, Ein Tausend, Sechs Hundert, Siebenzig und Vier Jahr.

Der Siebende:

Von GOttes Gnaden, Wir Eberhard Ludwig, Herzog zu Württemberg und Teck,

A 5   Graf

Graf zu Mömpelgardt, Herr zu Heydenheim ꝛc. ꝛc. Bekennen ꝛc. ꝛc. und am dato also lautet: Geben zu Stuttgardt, den Ersten Monats-Tag Februarii, nach Christi heylwärttiger Geburth, im Ein Tausend, Sechs Hundert, Drey und Neunzigsten Jahr:

Sondern auch
von Unsers Hochseel. Herrn Vatters Gnaden, nebst gleichmäßig gnädigster Confirmation obbemeldten Tübingischen Vertrags, gleich bey Antretung Dero Hochfürstl. Regierung, besondere, den Statum Religionis Evangelicæ in Württemberg, betreffende Reversales und Assecurationes ausgestellet, und von dem hochlöblichen Corpore Evangelicorum auf dem Reichs-Tag, auch besonders Unsern treugehorsamsten Prälaten und Landschafft dieses Herzogthums, in vim pacti perpetui angenommen worden, ebennäßig nach Innhalt hierüber gegebener-und in bester Form aufgerichteter Instrumenten.

Von Gottes Gnaden, Wir Carl Alexander, Herzog zu Württemberg und Teck, Graf zu Mömpelgardt, Herr zu Heydenheim ꝛc. ꝛc. Bekennen ꝛc. ꝛc. und am dato also lautet: Geben zu Stuttgardt den Siebenzehenden Monats-Tag Decembris, nach Christi Unsers Erlösers und Seeligmachers heylwärttiger Geburth, im Jahr Ein Tausend, Sieben Hundert, Drey und Dreyßig.

Wir auch auf die, von der Röm. Kaiserl. Majestät sub. dato 7. Januarii 1744. Allergnädigst

gnädigst ertheilte Veniam aetatis, die Regierung
Unsers anerstorbenen Herzogthums, Erb-Land und
Unterthanen, im Namen der Heyligen Dreyfaltig-
keit würklich angetretten, und hierauf bey Unsern
gehorsamsten Unterthanen die Erbhuldigung mit
nächstem einziehen zu lassen, Vorhabens sind. Benebens aber von dieses Herzogthums gesammter Landschafft, zum Kleinen und Engern Ausschuß Verordneten, im Namen, und von wegen aller Deroselben zugewandten Prälaten, auch Gemeiner Landschafft, unterthänigst gehorsamst in Schrifften gebetten worden, Ihnen nicht nur ermeldten aufgerichteten, und von Unsern Hochgeehrten Herren
Vorfordern im Regiment mehrmalen confirmirten
Tübingischen Vertrag, samt der darauf erfolgten
Erklärung, und andere, auf gemeinen Landes- und
sonderbaren Ausschuß-Tägen gemachte Abschiede,
vornemlich diejenige, so im Jahr Ein Tausend,
Fünf Hundert, Sechzig Fünf, Ein Tausend Sechs
Hundert, Zwanzig Neun, Ein Tausend Sechs
Hundert, Fünfzig Zwey, und alle übrige, so zuvor, als auch bey letzterer Hochfürstl. Admini-
strations-Regierung in Anno Ein Tausend Sieben Hundert Dreyßig Neun, aufgerichtet, sondern
auch erwehnte, von Unsers Hochseel. Herrn Vatters Gnaden bey Antritt Dero Hochfürstl. Regierung ausgestellte Religions-Reversales, Assecurationes und Pacta gnädiglich zu ratificiren, zu
confirmiren und vest zu stellen: Darbey Uns auch
Ihre unterthänigste, gehorsamste, und treuherzige
Affection und beständige Devotion gegen Uns,
Unserm Fürstlichen Hauß, und diesem Herzogthum,
und daß Sie solche mehrfältig, insonderheit aber
bey Unsers Hochseeligen Herrn Vatters Gnaden
gewährter,

gewåhrter, und darauf erfolgter Hochfürftlichen
Adminiſtrations-Regierung biß auf gegenwårttige
Zeit, mit würcklicher That in mehr Weege gehor-
ſamlich erwiefen, genugfam bekanbt; So, daß
Wir auffer allem Zweiffel ſtellen, Sie werden dieſelbe auch hinfüro ohnabſeßlich beharren, und be-
vorab, bey jeßig höchſtgefährlichen Zeitläufften ebenmäßig Ihrer unterthånigſten Zuſage gemåß, im
Werck ſelbſten erſcheinen laſſen:

So haben Wir Uns, auf zuvor eingenommenen
genugſamen Bericht, was es mit angezogenem Tübingiſchen Vertrag und Neben-Abſchied, auch denen
barauf erfolgten Confirmationen und Abſchieben ſowol, als benen, von Unſers Hochſeeligen Herrn
Watters Gnaben ausgeſtellten Religions- Reverfalien, Aſſecurationen und Pactis vor eine aigentliche
Beſchaffenheit habe, entſchloſſen, beſagten Prålaten,
und Gemeiner Landſchafft dieſes Herzogthums mehr-
berührten Tübingiſchen Vertrag, Declaration und
Land-Tags-Abſchiebe, Religions-Reverfales, Aſ-
ſecurationes und Pacta in der Form und Maas,
wie dieſelbe von Unſern Hochgeehrten Herrn Vorfordern, und beſonders Unſers Hochſeel. Herrn Watters
Gnaben Chriſtſeeliger Gebåchtnuß, verglichen, ver-
abſchiebet, feſtgeſtellet, und abgehandelt worden, auch
Wir, im Namen obſteht, zu thun verbunden ſind,
zu roboriren, und zu beſtättigen, thun auch dieſes
in Krafft dieſes Briefs, gereden und verſprechen hierauf vor Uns, Unſere Erben und Nachfolgere am Regiment, im Wortt der Wahrheit, bey Unſern Fürſtlichen Würden, Ehr und Treuen, Unſere gehorſamſte
Prålaten und Landſchafft zn allen Zeiten bey mehr
angeregtem Tübingiſchen Vertrag, und barauf de-
clarirten Articuln, barzu bey anbern, auf Gemeinen

nen Landes = und sonderbaren Ausschuß = Tägen ge=
machten Abschieden und Vergleichungen, besonders
auch bey offtermeldten Religions = Reversalien, Af=
securationen und Pactis, auch denen darinnen begrif=
fenen Freyheiten und Fürstlichen Verheissungen, als
welche Wir alle von Wortt zu Wortt in Unserem ai=
genen Namen hier ausdruckentlich wiederholen, und
nach ihrem ganzen Innhalt bekräfftigen, durchaus
gnädiglich bleiben zu lassen, und samtliche derselben
Puncten steif, vest, und unverbrüchlich zu halten,
und darwider in keinem Stuck zu thun, oder jeman=
den zu thun gestatten, sondern vielmehr Unsere treu=
gehorsamste Landschafft wider alle etwa tentirende inn=
und äusserliche Turbationen und Eingriffe auf das
kräfftigste zu schützen, zu schirmen, und handzuhaben.

Dessen zu wahrem Urkund, und desto mehrerer
Versicherung haben Wir gegenwärttig ohnwiederruff=
liche Assecuration und Confirmation hiermit aigen=
händig unterschrieben, und mittelst Vorbruckung
Unsers Fürstlichen Innsigels bestättiget.

Geben zu Stuttgardt den Drey und Zwanzig=
sten Monats = Tag Martii, als man nach Christi
Unsers Erlösers und Seeligmachers Geburth gezäh=
let, Ein Tausend Sieben Hundert, Vier und Vierzig=

(L. S.) Carl, H. z. W.

III.

III.

Herz. Carls Versicherung und Reversalen sowohl wegen des 1749 zu Ludwigsburg gehaltenen Frohnleichnam-Festes, und Hinwegnahm zweyer Proselyten insonderheit, als auch wegen beständiger Vesthaltung der Landes-Grund-Verfassung in Ecclesiasticis et Politicis überhaupt. d. d. Bayreuth 30. Maii 1750. nebst zugehörigen Stücken.

Gleichwie des Regierenden Herrn Herzogen zu Württemberg Hochfürstl. Durchl. seit dem Antritt Dero Fürstlichen Regierung bey allen Vorfallenheiten sich haben zum vornehmsten Augenmerck seyn lassen, die Compactaten-mäßige Verfassung Dero angestammten Herzogthums, und insonderheit den darinnen nach denen Reichs-Constitutionen so feyerlich vestgestellten Statum Lutherischer Religion mit gnädigster Landes-Vätterlicher Gesinnung bestens zu schützen, zu handhaben, und vor Sich und Dero Regiments-Folgere in solcher legalen Form zu erhalten, gestalten hiervon die gleich damalen von Höchst-Denenselben nach genommener gnugsamen Einsicht, mit solidester Ueberlegung ausgestellte Reversalien, eine überzeugende Probe vor jedermanns Augen legen müssen;

Also hätten auch Se. Hochfürstl. Durchl. wünschen mögen, daß die in keiner Absicht, den Lutherischen Religions-Statum dadurch zu kräncken, am Heil. Frohnleichnams-Fest im vorigen Jahr zu Ludwigsburg im blossen Bezirck des dasigen

Fürst-

Fürstlichen Schloſſes angestellte Proceſſion nicht
dahin wäre ausgedeutet worden, als wann solches zum Præjudiz des in D e r o Herzogthum
eingeführten und stabilirten Lutherischen Religions-
Weesens, und des durchaus Reichs-Geſez-mäßi-
gen Anni Normativi 1624. abzihlete, mithin vor
die Folge gefährliche Deſſeins darunter verbor-
gen lägen.

Nachdeme aber Se. Hochfürstl. Durchlaucht
besonders aus benen von D e r o treugehorsamsten
Landschafft seit deine eingekommenen U. Vorstellungen, und sonsten wahrgenommen, daß gleichwohlen über sothaner, ohne all-dergleichen Intention,
gehaltener Proceſſion eine allgemeine Aufmerckſam-
keit aufs Gegenwärtige und ohngemeine Besorgnus
vors Künfftige entstanden seye, welches D e r o
Landes-Vätterlichem gnädigstem Fürstl. Gemüthe
gegen die Ihrige selbsten nahe gehet; So tragen
Höchst-Dieselbe ganz kein Bedencken, um sowohl E. E. Landschafft, als auch alle und jede
Dero treugehorsamsten Unterthanen von Ihren
reinen Sentiments beßfalls zu convinciren, Krafft
diß loco Resolutionis auf die Landschafftliche unterthänigste Anbringen zu erklären, und bey Dero
wahren Fürstlichen Wortten theurest und verbindlichst zu versichern: daß auch dieser Anstand hinkünfftig gänzlich gehoben seyn- und weder zu Ludwigsburg
noch sonsten irgendswo in Dero Herzogthum eine
solche solenne Proceſſion jemalen mehr gehalten wer-
ben- sondern was überhaupt den Statum Religionis
anbetrifft, bey dem Religions- und Westphälischen
Friedens-Schluß, sofort denen darauf sich gründenden Dero Fürstlichen Reverſalien und Landes-Com-
pacta-

pactaten es je und alleweeg, unabänderlich, vest
und steet verbleiben solle.

: E. E. Landschafft und Dero gesamtes Herzog=
thum kan sich hierauf gemessen verlassen, auch wegen
der im vorigen Sommer verfügten Transportirung
ausser Lands zweyer zur Lutherischen Religion getret=
tener-und des Lands=Fürstlichen Schutzes ohnehin
nur revocabiliter geniessenber Fremblinge, da solches
weber ex Causa noch Odio Religionis, sonbern aus
anbern Ursachen geschehen, zubeme ber Casus in seiner
Art unicus ist, und nicht recurriret, gänzlich und
um so mehr ohnbesorgt, getrost, und beruhiget seyn,
als Se. Hochfürstl. Durchl. hiemit nochmalen
E. E Landschafft, und allen Dero Unterthanen,
samt und sonders, Jhre Lands=Vätterliche Gnade
und Schutz bey der vestgestellten Landes=Verfassung,
insonberheit aber der Lutherischen Religion auf das
bündigste assecuriren, auch bagegen bererselben voll=
kommenes U. Vertrauen und Devotion in Landes=
Fürstl. Gnaden mehr und mehr liebreichest zu bevestt=
gen sich mit Vergnügen occupiren werden.

Decretum Bayreuth ben 30. Maii 1750.

(L. S.) Carl, H. z. W.

Der Verordneten des Landschafftlichen Engern
Ausschusses Unterthänigste Acceptation, und de-
voteste Danckfagung hierauf. d. d. 4. Jun. 1750.

Durchlauchtigster Herzog,

Gnädigster Landes=Fürst und Herr!

Es haben GOTT, ben Allmächtigen, Subsig-
nirte vor sich und im Namen samtlicher Land=Stände.

und

und Unterthanen dieses Herzogthums billig mit be-
müthigster Ehrfurcht von ganzem Herzen hoch zu prei-
sen, daß dessen gnädige Vorsehung bey denen von
einem Jahr her sich hervorgethanen weit ausgesehe-
nen Umständen im Lande über Euer Hochfürstl.
Durchl. Dero hohes Fürsten-Hauß, treugehorsamste Land-Stände, und Unterthanen so treulich
gewacht, das Herzogthum noch immer in seiner be-
hörigen Consistenz und Verfassung aufrecht erhalten,
und da die Noth menschlichem Ansehen nach auf das
Höchste gestiegen, von besorglicher Gefahr und vielen
beschwehrlichen Suiten annoch zu rechter Zeit durch die
sub dato 30. Maii. c. a. von Bayreuth aus, in pto.
Religionis erlassene Hochfürstliche Resolution gn. befreyet, wodurch, GOtt seye ewiger Danck gesaget!
zwischen Euer Hochfürstl. Durchl. als gnädigsten
Landes-Regenten und allertheuersten Oberhaupt, und
Dero Getreuen Unterthanen, als Gliedern nun unter Göttlichem Gnaden-Beystand eine gesegnete Har-
monie, gutes Vertrauen und reciproque Liebe wiederum vestgestellet, und damit ein dauerhaffter guter
Grund zu künfftig wahrer Glückseeligkeit und Wohl-
stand des Hochfürstlichen Hauses und Landes geleget
worden.

Gewißlich, Allertheuerster Landes-Vatter,
treuester Herr! hätte besonders bey der dermaligen
Situation des Landes, da ein ungemeiner Schrecken
und grosse Unruhe vor lauter ängstlichem Wartten in
die Gemüther der Unterthanen eingedrungen gewesen,
also daß bey kurzer Zeit her alle Tage fast bey Hoch-
fürstlicher Regierung die betrübte Nachrichten eingelof-
fen, daß sie ohngesaumt Haufenweis in fremde Länder ziehen, und ihr Vatterland verlassen wollen, U.
Subsignirten keine erwünschtere, und mehrers erfreu-

B   liche

18

liche Bottschafft vor ihre Ohren kommen können, als
welche Sie gestrigen Tags aus der ihnen in hochpreiß=
lichem Geheimen Rath gn. publicirten, und darauf
originaliter zugestellten Hochfürstl. Resolution, und
Landes = Vätterlichen Declaration in puncto Religionis anzuhören das Vergnügen gehabt, als woburch
Sie in Ihrer biß dato noch immer gehabten vesten
Zuversicht zu der Preiß = würdigsten Großmuth, und
angestammten Christfürstl. Gerechtigkeits = Liebe Ihres
huldreichesten Landes = Vatters ansehnlich gestärcket,
davon vollkommen überzeuget, und das ganze Vatter=
land aus der hochschädlichen Unruhe in genugsame
Sicherheit, Frieden, und neue Hoffnung auf das
Künfftige gesetzt worden. Massen daraus Ihnen ganz
besonders, und höchst consolable zu vernehmen ge=
wesen, daß Euer Hochfürstl. Durchl. bey Dero
wahren Fürstl. Wortten theuer und verbindlichst
versichert haben, daß nicht nur wegen der zwey Haupt=
Religions = Puncten, die Catholische Procession am
Frohnleichnams = Tage, und die Hinwegnahm der
Proselyten betreffend, der Anstand hinkünfftig gänz=
lich gehoben seyn, und weder zu Ludwigsburg noch
sonsten irgendswo in Dero Herzogthum eine solche
solenne Procession jemalen mehr gehalten werden,
auch wegen im vorigen Sommer verfügten Trans=
portirung zweyer zur lutherischen Religion getrette=
ner, des Landes = Fürstlichen Schutzes ohnehin nur
revocabiliter geniesenden Fremblinge, zumalen solches
nicht ex Causa vel Odio Religionis geschehen, ein
Casus unicus seye, und nicht mehr recurrire, die
Landschafft um so mehr ohnbesorgt, getrost, und be=
ruhiget seyn könne, als Höchst = Dieselbe nochmalen
Dero treugehorsamsten Land = Ständen, und allen
und jeden Unterthanen Ihre Landes = Vätterliche Gna=
be,

be, und Schuß bey der veſtgeſtellten Landes-Verfaſſung, inſonderheit aber der Lutheriſchen Religion auf
das bündigſte aſſecuriren, und dargegen dererſelben
vollkommen U. Vertrauen und Devotion in Lands-
Fürſtlichen Gnaden mehr und mehr liebreicheſt zu be-
veſtigen Sich mit Vergnügen occupiren werden, ſondern auch wegen der übrigen U. vorgeſtellten, in der
Hochfürſtlichen Reſolution aber nicht ſpecialiter be-
nambſten Puncten überhaupt, was den Statum Religionis in dem Herzogthum anbetreffe, bey dem Re-
ligions- und Weſtphäliſchen Friedens-Schluß, ſofort
denen darauf ſich gründenden Dero Fürſtl. Reverſalien es je und allweeg ohnabänderlich, veſt, und
ſteet verbleiben ſolle.

Die Freude iſt hierüber bey U. Subſignirten,
allen treuen Räthen, Dienern und Unterthanen hier
und auf dem Land, wo dieſe Landes-Vätterliche Hülfe
und liebreicheſtes Bezeugen ſeit geſtern hat können bekannt werden, ſo ohnausſprechlich gros geweſen, daß
Sie ſolche zu beſchreiben nicht vermögend ſeynd.

Alles iſt voll des Preiſes GOttes; was in
Württemberg Athem hat, lobet darüber den HErrn,
den mächtigen GOtt Zebaoth. Und ach! wie viele
tauſend Seufzer ſeynd geſtern und heute ſchon von denen getreuen Unterthanen vor das lange Leben, beſtändig geſeegnete und friebliebende Regierung, und
all nur erſinnlich hohes Wohlergehen Jhres allergnä-
bigſten Landes-Regentens und deſſen ganzen Hochfürſtl. Hauſes gen Himmel geſtiegen, und vor den
Thron Göttlicher Majeſtät gedrungen.

Jedermann, und inſonderheit U. Subſignirte,
welche als getreue und vertraute Räthe Herrn und

Lands

Lanbs an einer ſolch ohnzertrennlich wahren Wohl=
farth des Württembergiſchen Publici von ganzem Her=
zen ben allergröſſeſten Antheil zu nehmen haben, er=
kennen Sich Euer Hochfürſtl. Durchl. vor bie aus=
nehmende Probe Dero Lands=Vätterlichen Gnabe
unb liebreicheſten Geſinnung zu ewiger Treue, Devotion unb Dankbarkeit ohnenblich verbunden, unb wiſ=
ſen vor lauter Bewegung der Freuden nicht, wie Sie
Ihr beruhigtes Gemüth, vollkommen unterthänigſtes
Vertrauen unb devoteſte Verbinblichkeit vor bieſe
Lands=Fürſtliche neue ſo ſehr bünbige Religions=Aſſe-
curation genugſam an den Tag legen ſollen. Sie
ruffen bahero GOTT in bem Himmel demüthigſt an,
baß Er Euer Hochfürſtl. Durchl. bieſe Landes,
Fürſtliche Gnabe mit tauſenbfachem Seegen auf Zeit
unb Ewigkeit reichlich belohnen wolle, unb geben zu=
gleich bie ſubmiſſeſte Verſicherung vor Sich, unb im
Namen ſamtlich treugehorſamſten Prälaten unb Lanb=
ſchafft bieſes Herzogthums, baß Sie bey aller Gele=
genheit nach 'möglichſten Kräfften unb im Fall ber
Noth, ſo boch GOTT gnäbiglich verhüten wolle, mit
Aufopferung Leib unb Lebens, Guts unb Bluts Ih=
rem Gnädigſten Landes=Regenten, unb Deſſen hohen
Fürſten=Hauß ihre treueſte Devotion unb wahre
unterthänigſte Danckbarkeit bey der veſtgeſtellten Lan=
bes=Verfaſſung werckthätig an den Tag legen werben
2c. 2c. Stuttgarbt ben 4. Junii 1750.

Euer Hochfürſtle Durchl.

Unterth. Gehorſ.
Verordnete bes Engern
Ausſchuſſes.

Das

Das - in hac Caufa in Conferentia Evangelicorum auf dem Reichs-Tag zu Regenspurg abgefaßte Conclufum d. d. 29. Julii 1750.

Nachdeme auf Veranlaffen derer vortrefflichen Chur-Brandenburg-und Chur-Braunschweigischen Gefandschafften in heutiger Conferenz die Anzaige geschehen, daß beyderseits Deren Königliche Höfe, wegen einiger im vorigen Jahre in dem Herzogthum Württemberg, gegen die dortige, per Inftrumentum Pacis, Compactata Ducatus, und befonders durch die in pactum perpetuum cum Corpore Evangelicorum erwachfene und fpecialiter garantirte Reverfales, feftgeftellte Evangelifche Religions Verfaffung fich zu erheben gefchienener Religions-Neurungen bey des Regierenden Herrn, Herzogs von Württemberg Hochfürftl. Durchl. freundschaftliche Repræfentationes thun laffen: Hierauf auch die von befagter Jhro Hochfürftl. Durchl. an Dero Landschafft jüngft ausgeftellte Religions - Affecurations-Urkunde d. d. Bayreuth den 30. Maji a. c. als eine reelle vergnügliche Antwortt auf obwehnte, durch Eingangs-bemeldete vortreffliche Gefandten befchehene Vorftellungen, von dem Hochfürftl. Württembergischen Miniftre an diefe behändiget worden feye, wovon dermalen wegen des hierunter zugleich mit verfirenden Iuris und Intereffe Corporis Evangelicorum demfelben die erforderliche Nachricht und Communication mehrermeldete vortreffliche Gefandfchafften hiermit ertheilen wollen; So ift nicht alleine Seiten Corporis die von beyderfeits Königl. Majeftäten hierunter abermalen gnädigft bezeugte Sorgfalt und Attention vor das Evangelifche Weefen mit devoteftem Danck verehret, fondern auch die berührte des

Re=

Regierenden Herrn Herzogen zu Württemberg Hochfürstl. Durchl. zu Preißwürdigstem Ruhm gereichende
Probe Ihrer Reichs-Hauß-Land-Gesetz-auch Pact-
mäßigen Gesinnungen nicht minder Landes-Vätterliche Liebe und Treue ablegende Declaration vom 30.
Maji a. c. worüber Corpus Evangelicorum vi
Pacti perpetui et susceptæ garantiæ seines Orts
ebenmäßig zu wachen und zu halten nicht ermanglen
werde, ad Acta Directorialia Corporis zu decre-
tiren und zu nehmen beschlossen worden.

(L. S.)   Churfürstl. Sächsische Canzley.

IV.

Vergleich zwischen Wirtemberg und Zwö-falten. Stuttgart den 13. und Zwifalten den 30. Apr. 1750.

Von Gottes Gnaden Carl, Herzog zu
Wirtemberg und Teck ꝛc. ꝛc.
    Thun kund hiermit fur Uns, Unsere Erben,
und Nachkommen, demnach zwischen Uns und Unserm
Fürstlichen Hauß, Eines- sodann Herrn Abbt,
Prior und Convent des Löblichen Gotteshauses zu
Zwyfalten, andern Theils, geraume Jahre her verschiedene beschwehrliche Irrungen sich hervorgethan,
welche zu vielen verdrießlichen Weiterungen und kost-
baren Processen Theils bereits Anlaß gegeben, Theils
noch mehreres Gelegenheit verursachen können; als
ist zu deren Abkommung in dem 1749sten Jahr eine
güt-

gütliche Conferenz in Unſerer Reſidenz-Stadt Stuttgart angeſtellt, auch unter GöttlichenSeegen durch
Beederſeitige Deputirte unterm 20. Mart. d. a.
eine Punctation verabredet, ſofort in deren Conformität das weitere veranſtaltet, und darauf der endliche
Vergleich folgender geſtalten erzielet-und auf das
verbindlichſte abgeſchloßen worden.
Gleichwie

I.

Der Herr Abbt und Convent Ihr Haubt-Abſe-
hen auf die gänzliche Aufhebung des biß daher gegen
Uns und Unſer Herzogthumb obgehabten Nexus gerichtet; alſo haben Wir benenſelben darinnen vor
Uns, Unſere Erben und Succeſſores auch Herzogthumb und Landſchafft alſo und dergeſtalten gnädigſt
willfahrt, daß von nun an das löbliche Gottes-
Hauß Zwyfalten nicht nur von dem ganzen biß daher
gegen Unſerm Fürſtl. Hauß obgehabten Nexu des
Schuzes, Schirms und der Caſten-Vogtei, ſondern auch überhaubt allen übrigen Juribus, womit
Daſſelbe Uns und Unſerer Landſchafft entweder würklich zugethan geweſen, oder verhafftet zu ſeyn praetendirt worden, auf ewig entlaßen, und frey geſpro-
chen ſeyn ſolle. Inmaßen Wir, nach aufgehebten
gänzlichen Nexu, nun alle Jura ohne Ausnahme, die
Wir immer bei dem Herrn Prälaten, beßen Convent
und Unterthanen und geſamten Zwyfaltiſchen Territorio gehabt oder zu haben praetendirt, in ſeiner vollen Maaß, als ſie hievor Uns immer gebühren mögen, auf erſagten Herrn Prälaten und beßen Convent vollkommentlich und rechtskräfftig reſpective
abtretten und transportiren, Sich derſelben in allweeg frei, und männiglichs ungehindert zu praevali-
ren, mit der gnädigſten Zuſage, dem Herrn Präla-

ten

ten unb beßen Convent hierüber erforderten falls alle=
temal bie hinlängliche Gewährschafft zu leisten.

In beßen Gefolg Wir Uns aller sowohl aus ge=
dachtem Schuz, Schirm, unb Casten=Vogtei
herrührenden, alß auch sonsten gehabten ober prae-
tendirten Rechten unb Gerechtigkeiten, Landes=Fürst=
lichen= Glaitlichen=auch waßerley anberer Obrigkeit
hiemit ausbrukentlich unb auf bas Feyerlichste bege=
ben. Wie wir bann

II.

hinführo zu benen Prälaten= Wahlen keinen
Commiffarium mehr abschicken, noch bißfalls eine
Notification vorseyenber Wahl anverlangen, we=
niger=

III.

jemalen ben Herrn Prälaten auf Einen Landtag be=
scheiben= noch auch

IV.

einige Appellation fernerhin von bes Löblichen Got=
tes= Haußes Unterthanen bey Unserm Fürstlichen
Hoffgericht annehmen wollen, so baß bie Appellation von bem Herrn Prälaten unmittelbar an bie
Höchste Reichs= Gerichte gehen solle: ferner unb

V.

Begeben Wir Uns vollkommen ber Reyßefolge unb
Musterung, unb was uns bißfalls immer ober auch
bes Juris armorum halber competiren mögen. Unb
nachbeme

VI.

bie Criminal Jurisdiction, beren Ausübung unb
endliche Vollstreckung, wie auch

VII.

bie Forsteyliche Obrigkeit, Hoch unb Niedere Jagen
bem

dem Löbl. Gotteshauß durch den Anno 1728 errichteten Receß auf Vierzig Jahre lang gegen damals vorgeschoffene Achtzig Tausend Gulden Pfandtsweiß überlaßen worden; also cediren nunmehro Wir gegen Renunciation auf die Heimbezalung gedachter Summ, diese beederlei Jura, samt allen und jeden dahin gehörigen Befugsamen, dem Gotteshauß auf ewig und ohnwiederruflich, also und dergestalten, daß die malefizische Obrigkeit abseiten des mehrgedachten Gotteshaußes über alle und jede sowol Zwyfaltische alß fremde in dasigem Territorio delinquirende Personen, wann solches gleich Unsere Unterthanen sein solten, frey und ungehindert möge exercirt werden.

Die Forsteyliche Obrigkeit aber belangend, sollen weder Wir noch Unsere Nachfolgere am Regiment noch auch Unsere Forst-Bediente sich einiger Jagdbarkeit oder Forsteylichen Obrigkeit in allen derjenigen Markungen an Hölzern, Feldern und Waßern so dem löblichen Gotteshauß Zwyfalten dermalen zugehören, und krafft gegenwärtigen Recesses verbleiben, keines weegs mehr sub quocunque demum praetextu anmaßen, noch den Herrn Prälaten und die Seinige im Gebrauch oder Ausübung des Waydwerks mit Pürschen, Hagen, Fangen und Jagen, mit Anlegung der Sulz, und s. v. Luder-Plätzen rc. rc. auf einige Weiß verhindern oder beläftigen. Mithin soviel die Beftraffung der Wilderer oder anderer Forst-Frevler insonderheit betrifft; so solle diese von dem Gotteshauß über alle, so darinnen delinquirend erfunden werden, so Zwyfaltische als Fremde, wann es auch Unsere Selbsteigene Unterthanen und angehörige wären, sich erftrecken.

B 5

Und

Und im Fall einige, so auf des Gotteshauses
Forst = und Jagens= Bezirk gefrevelt oder gewildert,
sich in Unsern Landen aufhalten, oder dahin entwei=
chen, wollen Wir solche, wann Sie Uns nahm=
hafft gemacht werden, auf Requisition jedesmalen
extradiren, gleich sich das Löbliche Gotteshauß Zwy=
falten in derlei Fällen zu ebenmäßiger Sistirung hie=
mit anheischig macht.

Uebrigens aber sollen die Zwyfaltische Untertha=
nen zu keinen Jagd=Diensten, noch auch zum Hagen
und Jagen oder wie derlei onera sonst Nahmen ha=
ben mögen, außer der Zwyfaltischen, auf andere
Markung, wie dieses Ihnen vor etwas Zeit zugemu=
thet werden wollen, nimmermehr erfordert werden,
sondern deren gegen dem Hochfürstl. Hauß Wirtem=
berg vollkommentlich frei seyn. So werden auch über
das die Beide Forst Güthlen zu Dürrenwaldstetten
und Pfrohnstetten nahmentlich und ganz ungeschmä=
lert, wie dieselbe Uns hievor zugehört, dem Löblichen
Gotteshauß vollkommentlich überlaßen, also und der=
gestalten, daß auch derjenige Antheil des Dürren=
waldstetter Forst Güthlens, welchen bißhero der von
Schüz zu Pflummern inne gehabt, ebenfalls darunter
mit verneynet, und das Gotteshauß derentwegen
weeder dem gedachten von Schüz noch jemand andern
das geringste zu erstatten haben, und darum nimmer=
mehr angefochten werden solle; Wie nicht weniger

VIII.

das vor den Az Jährlich krafft derer Verträgen schul=
dig gewesene Quantum von Ein Hundert Fünff=
zig Gulden, gänzlich cessiren und gefallen seyn solle.
Und da

IX.

IX.

dem von Speth zu Schülzburg vor sich und einen ihme
in dasiger Herrschafft folgenden Sohn das Hohe und
Niedere Jagen in dem sogenanten Wilzinger Berg, so
in die Ober-Wilzinger - mithin Zwyfalter Markung
einschlagt, bereits verliehen worden, so solle es zwar
dabei sein bewenden haben, gleichwohlen aber die
Forsteyliche Obrigkeit gedachter Enden sogleich bei der
Immission an das Löbliche Gotteshauß abgetretten
werden, die Hohe und Niedere Jagdbarkeit aber auf
der Zwyfalter Markung demselben nach Abgang ermelter beeder Herrn von Speth eo ipso zugefallen
seyn, und nebst der Forsteylichen Obrigkeit zu ewigen
Zeiten verbleiben: wohingegen das in vorigen Zeiten
an die Herrn von Rechtenstein verliehen gewesste Jagen, soviel davon in die Zwyfalter Markung ein-
schlägt, jezo gleich zusamt der forsteylichen Obrigkeit
an das Löbliche Gottes-Hauß überlaßen wird. Soviel

X.

den Frey - Herrn von Schüz anbelangt, solle es seines Jagens halber bei dem, was beßfalls in der Zwyfaltischen Pfands-Notul von anno 1728. bereits
versehen, in Ansehung des Gottes-Haußes, sein
immerwährendes Verbleiben haben, somit derselbe
weder der forsteylichen Obrigkeit, noch waßerley Jagens halber auf Zwyfalter Markung zu ewigen Zeiten
nichts zu suchen noch zu exerciren haben. Auf den
Fall auch das Lehen Pflummern Uns oder Unseren
Fürstlichen Hauß wiederum heimfallen sollte, so sollen
weder Wir noch Unsere Erben und Nachkommen Uns
in der Closter Zwyfalter Markung einiger Forsteylichen Obrigkeit, Hoher oder Niederer Jagdbarkeit
anzumaßen haben. Nachdeme auch

XI.

XI.

Zwyfaltiſcher Seits darauf beſtanden worden, daß in der Wochenthaler und Kirchheimer auch Lantracher Markung ſowol das Hohe und Niedere Jagen, als auch die Forſteyliche Obrigkeit dem Gottes-Hauß privative überlaßen werden ſolle; ſo haben Wir auch ſolches eingeſtanden, ſofort alle unſere bißfalls gehabte Befugſame an Zwyfalten übertragen, wie Wir dann in ſolchem Betracht dem von Speth die Jhme der Enden verliehene Jagen zuruknehmen, und alles Waydwerk in vorgedachten Markungen dem Cloſter allein einzuraumen gnädigſt zugeſagt.

XII.

Solle dem Gottes-Hauß dasjenige Hohe und Niedere Jagen, zuſamt der Forſteylichen Obrigkeit, ſo daſſelbe am Emerberg in des Baron Spethiſchen Dorffs Zwyfalter Markung dißher beſeſſen, noch ferner verbleiben, doch, daß auf den Fall, da dieſe Markung unſerm Fürſtlichen Hauß über kurz oder lang heimfallen ſolte, ſodann auch dieſes Jagen und Forſteylichkeit zwar zurukfallen, jedoch, wann dem Gotteshauß an ſolcher Jagbarkeit um der Situation willen ſo merklich gelegen, es ſich derſelben wegen beſonders mit Unſerm Fürſtlichen Hauß abzufinden haben ſolle.

Auf den Fall aber, daß dieſer Diſtrict am Emerberg bei Einem Lehensheimfall, und darauf etwa erfolgenden Theilung nicht dem Lehen ſondern dem Allodio zugeſchieben werden ſolte, ſo ſolle dasjenige, was hoc paragrapho dem Gotteshauß überlaßen wird, demſelben, ohne einige auch die mindeſte beſondere Abfindung, gleichwie jezt alſo auch fürohin und zu allen Zeiten fortwährend zugehören und verbleiben.

Damit

Damit auch das Gotteshauß Zwyfalten von benenjes
nigen Gerechtsamen, so Wir auf den an Zwyfalten
nun zu übergebenden samtlichen Forst-auch Hohen und
Niedern Jagens Bezirken gehabt, die behörige In-
formation habe, und solche nun seines Orts ebenfalls
pleno jure exerciren möge: so werden Wir demselben legale Extractus aus denen Forst Urbarien und
andern von bieserlei Juribus handlenden Documenten
zustellen, und zumahlen alle solche gnädigst zu cedirende
Forst auch Hohe und niebere Jagens Bezirke ordentlich bereutten, bemarken und barüber ein legales
Instrumentum, so ebenfalls dem Gotteshauß einzu-
händigen, verfertigen laßen, worzu die Kosten von
beeben Theilen gleichlich herzuschießen seind.

Wobei Wir uns gnädigst versehen, es werbe
das löbliche Gotteshauß die vorstehenbermaßen über-
laffene ganze Jagbbarkeit solchergestalten gebrauchen,
daß durch solche Abgab Unserm angränzenden Uracher
Forst kein Nachtheil zugezogen werbe, worburch Wir
jedoch keinesweges gemeint sind, Unserm Forstamt
ben minbesten Prätext vorzubehalten, sich in das
Zwyfaltische Forst- und Jagb-Wesen einzumischen,
oder bem löblichen Hotteshauß an freyem Gebrauch
bes privative zu übergebenden groß und kleinen Wayb-
wercks, auch Forsteylicher Obrigkeit, nach einer
selbst zu erwählenden Forst Ordnung einigen Einhalt
oder Verhinderung zu machen, noch auch bemselben
in maßerley Vorfallenheiten einige Verantwortung
aufzubürben. Und gleichwie

XIII.

burch Aufhebung des biß baher gegen Unserm Fürstlichen Hauß und Landen obgehabten Nexus ber Weg
von selbsten eröffnet, zu ber Reichs und Creyß Stand-
schaft

ſchafft zu gelangen, alſo geben Wir
XIV.
die verbinblichſte Verſicherung, daß, ohnerachtet be-
kanntlich das Cloſter Zwyfalten unter Unſerm gegen
Reich und Creyß auch Kayßerlich Cammer Gericht
auf Uns habenden Matricular-Anſchlag, welchen
Wir in Anſehung dieſer mit bem Gottes-Hauß Zwyfalten errichteten Convention, ober auch von daru-
men, daß das ermelte Gottes-Hauß zu dem Reich
und Creyß auch Kayßerlichen Cammer Gericht nun
fürohin eine beſondere Quotam ſelbſt übernehmen möchte,
mit nichten zu Beſchwehrung ober Vermehrung deſſen
Quotae verringern laßen werden, mit begriffen, jedannoch in Anſehung des hier nachgeſezter maßen
von dem Gotteshauß dißfalls abgebenden Surrogati
zu ewigen Zeiten nichts mehr von dem Cloſter ober
beßen Unterthanen erfordert: ſondern ſie aller biß daher in Reichs-und Creyß-Anlagen auch Kayßerlichen
Cammer. Gerichts-Suſtentation zu dem Herzogthumb obgehabten Concurrenz tam in ordinariis
quam extraordinariis, wie auch der crafft Speyrer
Vertrags jährlich ſchuldig geweſenen Sieben hundert
Gulden gänzlich befreyet, loß und ledig ſeyn ſollen.
Inmaßen Wir dann
XV.
bem Gottes-Hauß allen Vorſchub verſchaffen wollen,
daß ſolches vorderiſt dem Schwäbiſchen Prälaten
Collegio incorporirt, und auf dem Creyßtag als
ein würklicher Creyß Mitſtanb balb möglichſt in-
troducirt, ſofort auch auf bem Reichstag unter bem,
denen Schwäbiſchen Herrn Pralaten zuſtehenden Voto
curiato mit admittirt werden möge. Wie Wir
dann auch für Uns, Unſere Erben und Nachkommen
einen jeweiligen Herrn Abbten zu Zwyfalten, für
einen

tuen ungezweifelt unmittelbaren Reichs-Stand und
Prälaten fürohin selbsten erkennen, und dannenhero
ihme- und seinem Gottes-Hauß bei so schrifft-als
mündlichen Umgang und all andern Gelegenheiten,
die nemliche Praedicata und Vorzüge, womit Wir
denen andern Herren Reichs-Prälaten begegnen ebenfalls beilegen und gestatten wollen und sollen.

XVI.

Die zu dem Herzogthum schuldige Reichs- und Creyß-
Anlagen werden mit Hinweglaßung der strittigen Posten biß auf Georgii 1750. berechnet, und von dem
löblichen Gottes-Hauß baar abgeführt werden, wornach alle jezt besagte Concurrenz zu Uns, Unserm
Herzogthum und Landschafft eo ipso in perpetuum
ceßirt, und mithin das Gottes-Hauß den zu Reich
und Creyß, auch etwa dem Kayserlichen Cammer Gericht auf sich nehmenden besondern Anschlag, wie
andere Reichs-Stände, in Zukunfft durch sich selbsten
entrichten mag und solle.

XVII.

Begeben Wir Uns vor Uns, Unsere Erben und
Nachkommen auch des feudal-Nexus, womit Uns
der Herr Prälat und das Gottes-Hauß Zwyfalten
wegen des Fleckens Aichelau bißhero verwandt gewesen, Immaßen Wir sothane Lehenschafft, samt allem deme, was derentwegen Uns davon zu prästiren gewesen, hiermit und in Krafft diß vollkommen-
lich aufheben und nachlaßen, solchergestallt, daß dieser Flecken Aichelau dem Gottes-Hauß Zwyfalten,
wie alle andere deßen Güther, nunmehro und in
perpetuum jure allodii und als ein wahrhafftes
aigenthum, von Uns und Männiglich anderen ungehindert zugehören und mit solcher Qualität fortan
verbleiben solle: Immaßen Wir deßfalls dem löb-

lichen

lichen Gottes-Hauß einen besondern Aigenungs Brief
unter Unserer Haud-Unterschrifft ausstellen laßen.

XVIII.

gegen diese Befreyung von allen obgehabten Ver-
bindlichkeiten und Uiberlaßuug samtlich gehabter Rechten und Gerechtigkeiten verschafft das Löbliche Gotteshauß Uns und Unserm Fürstl. Hauß ein Aquivalent
von Jährlichen Achtzehen Tausend Gulden, also
und dergestalten, daß

XIX.

forderist die dreiDörffer Neuhaußen, Oedenwald-
stetten und GroßEngstingen mit allen ihren Rechten, und Gerechtigkeiten, wie sie das Gotteshauß
biß dahero inne gehabt, und besessen, Uns und Unserm Fürstlichen Hauß auf ewig als ein wahres Aigenthum überlaßen, die Unterthanen ihrer gegen dem
Gotteshauß gehabten Pflichten loßgezählet, und vollkommen an Unser Fürstlich Hauß uberwiesen, auch
samtlich darzugehörige Documenta ausgefolget, und
zwar soviel nahmentlich GroßEngstingen anbelanget,
der von dasigen Unterthanen wegen der vierten Land-
garb und sonsten angesponnene Proceß, von Uns
gänzlich übernommen, und dem Löblichen Gotteshauß
deßfalls weder der Unkosten wegen, noch in anderer
gestalt etwas angemuthet werden solle. Hierzu kommen.

XX.

Samtliche Gefälle in Unsern Fürstlichen Landen, an
Zehenden, Gülten, Landgarben und dergleichen, und
zwar Nahmentlich zu Reuttlingen, Derendingen,
Rommelspach, Altenburg, Offterdingen, Si-
kenhaußen, Gächingen, Upfingen, Comman-
dingen, Würtingen, Pfullingen, Ober-
und Unterhaußen, Enningen, Mezingen, Det-
tingen, Glems, Kohlberg, Kabishäußern,

Klein

Klein Engstingen, Willmandingen, Undingen,
Genkingen, Honau, Oberhaußen, Meidel-
stetten, Enabeuren, Böttingen, Grouorn,
Magolsheim, Mehrstetten, Sontheim, Feld-
stetten, Mundingen, wie solche alle von Ort zu
Ort specificirt, beschrieben, und respve. bilancirt
worden, welche das löbliche Gotteshauß Uns und
Unserm Fürstlichen Hauß insgesammt auf ewig und
unwiederrüflich, zusamt benen drei Pfarr-Säzen zu
Mezingen, Willmandingen und Genckingen abgetret-
ten und überlaffen, auch die dieserhalb erforderliche
Documenta und Extractus mitzutheilen zugesagt.
Und nachdeme

XXI.

In Conformität der Eingangs berührten Punctation
vom 20. Martii 1749. Art. 21. vorstehende Orthschafften und Gefälle untersucht, und bilancirt worden, so hat man sich dahin einverstanden, und verglichen, daß deren Belauff vor eine jährliche Reve-
nue von — Zehen Tausend Fünff Hundert Gulden,
ohne daß das löbliche Gotteshauß hierüber in Zukunfft
eine Gewährschfft zu geben, sondern derselben zu ewigen Zeiten entladen und frei seyn solle, angenommen, sofort

XXII.

zu Complettirung der an 3. pro Cent versprochenen
Einkünfften à Fünffthalb Tausend Gulden annoch
die Summe von Ein Hundert Fünffzig Tausend
Gulden, sodann

XXIII.

zu Ergänzung der stipulirten fernern Drey Tausend
Gulden Revenuen à 5 pro Cent annoch Sechzig Tau-
send Gulden, folglich in einer zusammen geschlagenen
Summe — : Zwey Hundert und Zehen Tausend
C   Gul-

Gulben von dem Löblichen Gotteshauß und zwar Ein
Drittel gleich bei der Immiſſion, die Zwei Drittel aber;
von Viertel zu Viertel Jahren in guten gangbaren
Sorten baar abgeführt werden ſollen. Von vorſtehen-
der Summe aber ſeind

XXIV.

abzuziehen vor das Schloß zu GroßEngſtingen und
den Hoff zu Neuhaußen —: Zehen Tauſend Gulden, ſodann vor die an beeben Orthen befindliche
oeconomiſche Gebäude, —: AchtTauſend Acht
Hundert, Fünff-und Achtzig Gulden, ingleichem
vor die an lezterem Orth befindliche Faß —: Vier-
Hundert Sechzig Ein Gulden, nicht weniger
werden die an all Drei Ortſchafften erfindliche liqui-
de und exigible Außſtände und Capitalien, wie
auch die bei E. E. Landſchafft ſtehende Halbzinßige
Capitalien doch nur mit der Helffte, zuſamt
denen pro rata daraus verfallenen Zinßen in ſolutum
angenommen, auch vor die Anblum derer GroßEng-
ſtinger Felder das billige in Abzug gebracht werden.

XXV.

Haben Wir übernommen dem Pfarrer zu GroßEngſtingen eine zu Führung ſeiner Oeconomie hinlängliche Wohnung zu verſchaffen, daß das Löbliche Gotteshauß dißfalls gänzlich entladen ſein ſolle.

XXVI.

Solle der Status Religionis zu GroßEngſtingen
durchaus, wie er ſich dermalen befindet und ohnedem
dem Inſtrumento pacis gemäs iſt, verbleiben, und
ſollen keine andere als der Catholiſchen Religion zugethane Burger und Lehenbauren angenommen werden. Wegen des Pfarr-Sazes hat ſich das Löbliche
Gotteshauß mit des Herrn Wiſchoffen von Conſtanz
Ubben ſolchergeſtalten einverſtanden, daß derſelbe an

Uns

Uns mit allen seinen Rechten überlaßen, und vonUns
jederzeit ein WeltGeistlicher zu solcher Pfarrey præ-
sentirt, demselben auch seine Competenz, wie sie
vor alters gewesen, nach dem in der Bilancirung würcklich beschehenen Abzug von dem löbl. Gotteshauß
wiederum hergestellt werden solle.

XXVII.

All vorstehendes fest, steiff und ohnwiederruflich zu
halten, und nach allen Artikuln genau zu erfüllen,
haben nicht nur Wir für Uns-und Unsere Nachfolgere, bei Unsern Fürstlichen Worten, der Herr
Prälat und löbliches Convent auch Ebenmäßig für
sich und künfftige Successores bei dem Wort der
ewigen Wahrheit zugesagt, sondern Wir werden
auch an Unsere nachgesezte Dicasteria, ForstÄmmter
und Vogteyen, und wohin es sonsten gehörig, dieserhalben, und damit von diesen dem Gotteshauß in
all und jeden an daßelbe cedirt und übertragenen
juribus kein Eingriff-Irr-oder Hinderung beschehe,
das erforderliche gemeßen ergehen laßen. Nehmen auch

XXVIII.

auf uns, Nahmens Unserer Beeden Herrn Brüder von Vormundschaffts wegen Selbsten einsweilen
zu consentiren, und nach derselben erlangten Major-
ennitæt vordersamft Ihren Consens in forma le-
gali, dem Gotteshauß, ohne deßen weitere Kosten,
zuzustellen. Ueberdiß versichern Wir auch den Consens der Fürstlich Oelßischen Linie beizubringen, wie
dann auch Nahmens Unserer Treugehorsamsten Prälaten und Landschafft der Consens zu gegenwärtiger
Verhandlung, sovielsolche Dieselbe betrifft, allbereits
ertheilet, und an das löbliche Gotteshauß besonders
ausgestellt worden, also, daß gedachtes Gotteshauß

nach

nachdeme außer benen jeztgemelten Consensen kein an=
berer mehr erforderlich ist, Wir hiemit vollkommente=
lich versichern, daß es hierunter keines Weegs solle
gefährt werden. Unb ba barburch

XXIX.

Unsers Orts genugsame Sicherheit verschafft werden;
soll, so hat bas löbliche Gotteshauß übernommen,
seines Orts ben Consensum ordinarii beizubringen.
Unb weilen somit

XXX.

alle biß baher obgeschwebte Differenzien unb bei Kay=
serlichem Reichshoffrath erhobene Processe ihre voll=
kommene Enbschafft erreicht, so ist verabrebet, baß
hiernächstens sowol von Uns alß bem löblichen Got=
teshauß eine Litis Renunciatio in gleichförmigen,
Terminis bei bem Kayserlichen Reichshoffrath eine
gereicht, unb barinnen bas petitum pro positione
ad acta in vim rei judicatæ gerichtet werben solle.
Was enblich

XXXI.

benjenigen Statum betrifft, in welchem sich bas Löb=
liche Gotteshauß gegen Uns unb Unserm Fürstlichen
Hauß vor ben in gegenwärtigen Tractaten, nach be=
nen vormalig zerschiebenen= auch unter allerhöchst Kay=
serlicher Authoritæt errichteten Recessen bißhero
befunben ober sein sollen: ist berselbe künfftighin unb
für alle nachkommenbe Zeiten nunmehro in ganz keine
Consideration zu ziehen, noch auch aus allem bemje,
was in krafft bieser Convention selbst, sowohl Wir
an bas löbliche Gotteshauß gnäbigst überlaßen, alß
auch ersagtes löbliche Gotteshauß freiwilligst remittirt
hat, perpetuis temporibus nicht nur nichts mehr
zu inferiren unb zu schließen, sonbern es werben
auch alle zwischen benen jezternanten Höchst= unb Ho=

hen

hen Herrn Contrahenten ehedem zu Stande gekomme»
nen und diesen gegenwärtigen Tractaten vorgegangene
samtl. Verträge, Pfandschafften und Recessen wie
sie immer Nahmen haben mögen, von nun an leebig»
lich abgethan, auffgehebt und gänzlich amortizirt.

Deßen zu Wahrem Urkund und unzerbrüch»
licher Festhaltung seind von gegenwärtigem Receß
zwei gleichlautende Originalien gefertiget, und sowohl
von Uns eigenhändig unterschrieben und mit Unserm
Fürstlichen Signet bekräfftiget alß auch von Herrn
Abbten, Prior und Convent durch gleichmäßige Un»
terschrifften und vorgedruckt sowol Abbtei alß Convent
Signeten bestättiget worden.

So geschehen Stuttgart, den 13ten. Zwy»
falten den 30ten April 1750.

V.

Ehe-Beredung Herzog Friederich Eugens von Wirtemberg mit der Prinzeßin Friederike Dorothee Sophie von Brandenburg. Berlin den 23 Nov. Schwedt den 29 Nov. Stutt-gart den 15. Dec. 1753.

Im Nahmen der heiligen und hochgelobten
Dreyeinigkeit.

Wir Friederich von Gottes Gnaden König
in Preußen, Marl-Graf zu Brandenburg. 2c. 2c.

C 3 und

und Wir Friederich Wilhelm von Gottes Gnaden
Prinz in Preußen, Mark-Graf zu Brandenburg ꝛc. ꝛc.
wie auch Wir Sophia Dorothea Maria von Gottes
Gnaden Königliche Prinzeßin in Preußen, Mark-
Gräfin zu Brandenburg ꝛc. ꝛc. an einem

Und von deßelben Gnaden Wir Carl Herzog zu
Würtemberg und Teck ꝛc. ꝛc. Ingleichem Wir von
Gottes Gnaden Friederich Eugen, Herzog zu Wür-
temberg und Teck ꝛc. ꝛc. am andern Theil

bezeugen und urkunden hiemit öffentlich, daß
Wir zuvorderist Gott dem allerhöchsten als Stifter
und Erhalter des heil. Ehestandes zu Lob und Ehren,
wie auch zu Stifftung, Erhaltung und Vermehrung,
des guten Vernehmens und der genauen vertraulichen
Einverständniß zwischen Unseren Königlichen, Chur-
und Fürstlichen Häußern Uns einer christlichen Ehe-
stifftung wohlbedächtlich folgender Gestalt vereinbaret
und verglichen. Nehmlich

Art. 1.

Wir König Friederich als höchstes Oberhaupt
Unsers Königlichen und Churhaußes, und Wir Mark-
Graf Friederich Wilhelm als Vater, und Wir Prin-
zeßin Sophie Dorothee Marie als Mutter verspre-
chen und verloben Unsere resp. freundlich herzgeliebte
Niece und Tochter, Prinzeßin Friederike Dorothee
Sophie dem Durchl. Fürsten und Herrn Friederich
Eugen Herzogen zu Würtemberg ꝛc. ꝛc. Unserem freund-
lich lieben Vetter, mit Vorwißen und Consens deßen
Herrn Bruders, des regierenden Herrn Herz. Carl
zu Würtemberg Durchl. wie nicht minder mit Ein-
willigung und Genehmigung deßen herzgeliebtester

Frau

Frau Mutter, der jüngst-verwittibten Frau Herzogin
Maria Augusta zu Würtemberg und Töck. Durchl.,
und auf ihrer allerseits geschehenes geziemendes Ansuchen, zu einer Ehlichen Gemahlin. Wir Herzog Friederich Eugen nehmen auch und erkennen Hochgedachte
Prinzeßin Friederike Dorothee Sophie als unsere
künftige herzlichgeliebteste Gemahlin, versprechen dieselbe die ganze Zeit Unsers Lebens (wie Wir Uns
deßen auch von Ihro Lbden vollkommen versichert halten) zu lieben, zu ehren, und werth zu halten, auch
alle gebührende Beywohnung und Ehliche Treue beständ-
dig zu leisten, worzu der Allerhöchste beiden Theilen
seine Gnade und Seegen, auch alles zeitliche und
ewige Wohlergehen mildiglich verleyhen wolle.

Artic. 2.

Und nachdeme jeztgedachte Unsre freundlich vielgeliebte Niece und Tochter, der Prinzeßin Friederike
Dorothee Sophie Lbden in der Evangelisch reformirten Religion erzogen, auch vermittelst göttlichen Bei-
standes bis an Dero seeliges Ende dabey ohnverrückt
und ohnabänderlich zu beharren fest entschloßen sind,
des Herrn Herzog Friederich Eugen Lbden aber sich
zu der Röm. Catholischen Religion bekennen: Als
versprechen Wir Herzog Friderich Eugen bei Unsern
Fürstl. wahren Worten, Treu und Glauben, kräff-
tigst-und bündigster maßen, daß Wir Hochgedachte
Prinzeßin zu einer Veränderung Ihrer Evangel. Reformirten Religion, aus keinerley Ursachen, sie haben Nahmen wie sie wollen, durchaus nicht nöthigen,
weniger in Dieselbe mit einiger persuasion bringen,
noch dergleichen Jemand anders gestatten, sondern
diejenige so sich deßen unterfangen möchten, sogleich

C 4   von

von unserm Hoflager entfernen, mithin Sie bei dem freyen= und ganz ohnumschränkten Exercitio sothaner Evangel. Reformirten Religion ohnbeirrt, und ohnge= hindert bleiben lassen wollen.

Es solle auch Dieselbe mit einem Evangel. re= formirten Hofprediger, im Falle Sie einen verlangen oder beßen benöthiget seyn sollte, auf des Herrn Herzogs Friderich Eugen Kosten versehen, und beßen Besezung, damit kein Ihr ohnanständiges Subjectum angenommen werde, jederzeit mit Dero Vorwißen, Willen und Nomination geschehen, welcher aller Orthen, wo es die Prinzeßin verlangen werde, sein Amt verrichten solle.

Im übrigen aber, wann gedachte Prinzeßin sich neben Ihrem Gemahl in den Hochfürstl. Würtember= gischen Landen, entweder beständig oder aber alldaselbst seiner Zeit den Ihr zugesagten Wibbums=Siz beziehen würden; So solle Ihr Exercitium religionis refor- matæ nur als ein Cultus privatus in Dero Fürstl. Gemach, sowohl bei Predigten, als bey Administri- rung der Communion und sonsten in andern Dingen ausgeübt; diesemnechst zu Ihrem jeweiligen Hofpre= diger ein mit Christl. theologischer Bescheidenheit und Moderation begabtes Subjectum erkiest werden, und dieser alsdann, obgleich nicht ratione religionis, doch ratione fidelitatis, dem Herkommen gemäß sich Uns dem Regierenden Herzog von Würtemberg oder Unsern Successorn am Regiment anheischig und verbindlich machen.

Ansonst solle benen unter Hochgedachter Prin= zeßin Lbd. Hofstaat befindlichen und etwan auch der

Evan=

Evangl. reformirten Religion zugethanen Personen bei jener Ihrer Anwesenheit, der Predigt und Communion in dem Fürstl. Gemach ohnverweigert anwohnen zu dürfen, erlaubt und gestattet seyn.

So viel aber die Education der zu hoffenden Fürstl. Posteritæt betrifft, ist expresse verabredet worden, daß die Mütterliche Obsorge für die Auferziehung der zu erzeugenden Kinder, es bestehen solche in Prinzen oder Prinzessinnen, der Prinzessin Lbden ohnbenommen, sondern dieselbe allerdings befugt bleibe, dahin Sorge zu tragen, daß die Fürstl. Kinder in allen wohlanständigen Fürstl. Tugenden erzogen werden mögen.

Artic. 3.

Hierauf bewilligen und declariren Wir Friderich, König in Preußen, 2c. daß, obwohl nach den Grundgesezen Unsers Königl. Churhaußes, die in dergleichen Fällen mitzugebende Ehegelbter in gegenwärtigem Falle sich nicht höher als zu 20000 fl. Chur-Märck. Landeswährung, welche 13333 Rchsthl. 8 ggr. einen jeden Rchsthl. zu 24 ggr. gerechnet, ausmachet, belaufen würden, Wir dannoch aus besondern Uns dazu bewegenden Ursachen und Consiberationen geschehen lassen, und Uns hiemit verbunden haben wollen, daß Unserer vorgedachten, respve vielgeliebten Niece und Tochter Prinzessin Friderike Dorothee Sophie Lbden. 36000 Reichsthaler jeden Rchsthl. zu 24 ggr. gerechnet, mitgegeben werden sollen, und zwar dergestalt, daß Wir zu erwehnter Summe der 36000 Rchsthl. die Helffte, nemlich 18000 Rchsthl. aus Unsern Landen aufbringen lassen, die übrigen 18000 Rchsthl. aber

C 5   von

von Unß Marggraf Friderich Wilhelm aus Unſern Mitteln angeſchafft werden.

Die vorgedachte 36000 Rchsthl. ſollen auch binnen Jahr und Tag nach dem Fürſtl. Beylager, jedoch biß zu ſolchem Termin ohne Zinß, und zwar allhier in Berlin in Unſern gäng=und gäbigen Münz=Sorten, anſtatt an des Herzog's Friderich Eugen lbden an des Regierenden Herrn Herzog's Carls Lbb., als welche obige 36000 Rchsthl. Ehegeld bei Jhrer Fürſtl. Rennt=Cammer, auf das beßfalls an Sie geſtellte Begehren, nicht allein zu einem Capital annehmen, ſondern auch von dem Tag der Außzahlung an, mit 5. pro Cento jährlich verintereſſiren, mithin die jederzeit gefallende Zinuße aus der Landſchreiberey Caſſe bezahlen laſſen zu wollen, Sich hierdurch erklären, und pflichtig machen, gegen beeder genugſamer Quittung außgezahlt werden.

Darneben ſoll auch unſere Freundlich geliebte reſpve Niece und Tochter mit ſolcher Kleidung, Geſchmuk, Kleinodien und Silbergeſchirr, und allen anderen, was dazu gehören mag, von Uns dem Marggraf Friderich Wilhelm als Vater Deroſelben, dergeſtalt verſehen und ausgefertigt werden, als es einer Prinzeſſin aus dem Königl. Hauße der Marggrafen zu Brandenburg aignet und gebühret; allermaßen denn auch ſothane Außſtattung ſo fort nach dem Beylager in ein beſonder Verzeichniß gebracht, und davon jeden Theil ein Unterſchriebenes Exemplar zugeſtellt werden ſolle.

Artic. 4.

Es ſoll und will aber obgedachter Unſer Freundl. Vielgeliebter reſpve Niece und Tochter Lbb. mit obs-

obge-

gedachtem HeurathGut zufrieden seyn, und snach
deſſen Empfang, dem in Unſerem Königl. und Chur-
fürſtl. Hauße üblichen Herkommen und denen Pactis
Familiae gemäß, zum Beſten des Manns-Stam-
mes jezterwehnten Unſers Hauſſes, auf alle Vätter-
Bruder- und Vätterliche Erbfälle an Land und Leu-
then, Güthern, ligend und fahrend, wie es Nahmen haben mag (Teſtamentliche Diſpoſition oder andere
Ubergab von Todes wegen, oder inter vivos aus-
beſchieden) mit Vorwiſſen und Bewilligung Ihres
künftigen Ehegemahls Herzog Friedrich Eugen Lbd.
in beſter und beſtändigſter Form Rechtens gebühren-
den apdlichen Verzicht thun, und alle Ihre Gerechtigkeit, ſo Sie daran haben könnte oder möchte, Uns
dem Könige und Unſern Nachkommen an der Cron
und Chur übergeben und zuſtellen.

Alles nach Innhalt der darüber begriffen- und
ausgeſtellten gewöhnlichen Verzichts-Notul, alſo und
dergeſtalten, daß Sie, ſo lange Männliche Deſcendenten, von dem Königl. Preuß. Stamme der Churfürſten und Marggrafen zu Brandenburg am Leben
ſeyn werden, daran keine Forderung und Zuſprache
habe; wann aber Dieſelbe ohne männliche Leibes Erben (das der allmächtige Gott gnädiglich verhüten
wolle) verfielen: So ſoll auch alsbann Ihrer Lbd.
und Dero Erben alles dasjenige, was denen Prinzeſſinnen nach denen Receſſen des Königl. Hauſes zukommt, wie nicht weniger Ihr gebührendes Antheil
und Prärogativ an der Allodial-Erbſchaft, inngl.
Ihr an dem Dorf Bieſenbrow competirendes Recht, und
was Ihro ſonſten über kurz oder über lang von IhrerVät-
terlichen und Mütterlichen Erbſchafft ex quocunque
capite zufallen oder gebühren möchte, hierdurch durchaus nicht begeben, ſondern vielmehr vorbehalten ſeyn.
                                                      Wie

Wie denn auch Hochgedachter Unserer Freundlich
vielgeliebten respve Niece und Tochter Lbd. und Ih=
ren Leibes Erben und Nachkommen hierbey ausdrükent=
lich das Succeſſions und Erbrecht auf die Cleviſche
und Juliſchiſche Lande, ſamt denen dazu gehörigen
Provinzien, reſervirt wird; dergeſtalten, daß im
Fall (welches der Allerhöchſte gnädiglich abwenden
wolle) keiner von unſerer Männl. Poſterität derer
Könige in Preußen, und Churfürſten auch Marggra=
fen zu Brandenburg mehr vorhanden ſeyn ſollte, auch
Unſere, des Königs in Preußen Leibes=Erben Weibl.
Geſchlechts verfielen, alsdann ſothane Succeſſion
und Erbfolge an oft gedacht Unſerer respve Niece
und Tochter Lbd. und deren Eheliche Leibes Erben,
ſowohl Männ=als Weibl. Geſchlechts, (doch alſo
daß die Weibl. Geſchlechts Erben, ſo lange Männl.
Leibes Erben und Deſcendenten übrig ſeyn würden,
hierzu kein Recht haben) kommen und devolvirt
werden.

Artic. 5.

Da hingegen verſprechen Wir Herzog Friderich
Eugen den erſten Morgen nach dem Ehelichen Bey=
laager, Unſerer Prinzeſſin Braut Friderike Dorothee
Sophie Lbd. nebſt Uberreichung eines rühmlichen und
anſehlichen Kleinods, mit 1000 Ducaten Species
dergeſtalt zu bemorgengaben, daß Wir oder Unſere
Erben die Haupt=Summe davon an Jhro Lbd., um
ſolche Erb=und eigenthümlich zu behalten, auszu=
zahlen ſchuldig und verbunden ſeyn ſollen.

Es ſolle auch bemeltes Capital der 1000 Duca=
ten Species mit 10 von 100, und alſo jährlich mit
100 Ducaten Species verzinſet, auch von Uns Her=

zog Friderich Eugen dem künftigen Gemahl, Ihro
bergestalt mit Brief und Sigel. versichert werden, daß
Sie dessen allen wohl und sicher habhaft seyn könne.

Zu welchem Ende auch Deroselben das Uns ge-
schöpfte Fürstl. apanagium und andere Einkünfte,
auch in subsidium Unser gesammtes Fürstl. Eigen-
thum und Verlaßthum davor zur Versicherung hafften
solle. Im Fall aber von solchem mehrerwehntes Mor-
gengaabs Capital der 1000 Ducaten entweder gar
nicht, oder doch nicht gänzlich und völlig sollte ab-
gereichet werden können: So versprechen Wir Herzog Carl, das alsdann noch ermanglende aus Unsern
bereitesten Cameral-Einkünften erstatten, mithin hierunter vergnügliche Satisfaction verschaffen zu wollen.

Wobei jedoch Uns dem Herzog Friderich Eugen
oder Unsern Erben frey bleibet, die obgedachte Morgengabe der 1000 Ducaten über kurz oder lang, nach
vorgängiger halbjähriger Aufkündigung, als welche
auch der Prinzessin Friderike Dorothee Sophie Lbd.
zu allen Zeiten frey stehet, abzuführen.

Ferner versprechen des Herzog Friderich Eugen
Lbd. der Prinzessin Dero künftigen Gemahlin Lbd.
von dem Tage des Beylagers an, die Summe von
4000 Rchsthl. zu einem täglichen Handpfenning und
Spiel-Geld, auch Ihrer selbsteigenen Kleidung und
dazu gehörigen Dingen, in 4. unterschiedlichen Quartalien mit 1000 Rchsthl. ohnfehlbar bezahlen zu lassen,
worunter jedannoch die Ihro etwan von Zeit zu Zeit
zu machende willkührliche- auch andere z. E. Hochzeit-
Präsente und mehr dergleichen Verehrungen nicht mit-
ein-

eingerechnet sein sollen, sondern von Uns jedesmals
absonderlich entrichtet werden müssen.

Wie dann auch die Prinzeßin hievon zur alimen-
tation der Fürstl. Kinder nichts beyzutragen, sondern
obige —: 4000. Rchsthl. ganz allein zu Dero eigenen Nuzen und Bedürfniß zu verwenden hat.

Wir Herzog Friderich Eugen wollen auch Jhro
Lbd. Frauenzimmer und andere zu Jhrer Aufwar-
tung erforderliche Bediente, als da sind:

Eine Hofmeisterin.

Zwey adeliche Fräulein.

Einen Cavalier.

Einen Cammerdiener.

Einen Page.

Zwey Cammerfrauen.

Ein Garde - robe - Mägdgen

Eine Wäscherin.

Drey Laquayen.

Zwey Heyduken.

Einen Kutscher und

Einen Vorreutter.

respve mit Besoldung, Kleidung und anderen Nothdurfft, andern Unsern Dienern gleich, ohne Jhro Lbd.
Zuthun, der Gebühr nach versorgen und unterhalten lassen.

Was die Annahm, Bestell- und Abschaffung
der Dienerschafft Jhro Lbd. der Prinzeßin betrifft:
selbige soll von Deroselben lediglich dependiren, jedoch, daß keine Person Unsers Herzog Friderich Eugen Willen zuwider, oder die Uns etwan nicht anständig, angenommen oder abgeschäfft werden möge.

Kati-

Ratione fori ber Prinzeſſin ℒbb. Hofbebienten, ſolle es in perſonalibus wåhrenben Eheſtanbes unb in caſu vidualitii, wann ſelbige zumahlen in ben Herzogl. Würtembergiſchen Lanbeu befinblich, eben alſo gehalten werben, als es mit Unſers bes Herzog's Friberich Eugen eigenen Hoffbebienten, nach bes Fürſtl. Würtemberg. Hauſes Herkommen, geſchiehet unb gehalten wirb.

Artic. 6.

Darneben wollen Wir Herzog Carl, Unſers freunbl. geliebten Brubers, Herrn Herzogs Friberich Eugen zukünftiger Frau Gemahlin ℒbb. zum Gegenvermåchtnuß unb Wiberlage bie Summe von 36000 Rchsthl. bergeſtalt verorbnet haben, baß bie Zinße bavon, wie auch von obgebachten 36000 Rchsthl. Ehegelbern unb alſo zuſammen 72000 Rchsthl. nach Leibgebings = Arth mit 7200 Rchsthl. Hochgebachter Prinzeſſin ℒbb., ſobalb ſelbige bas Wibbum antretten, jåhrlich gereichet werben ſollen, jebannoch aber in Betracht, baß Wir bie Jhro verſchriebene Wibbums Gelber, beſage nachſtehenben Articuls, um ein beträchtl. unb zwar auf 12000 Rchsthl. jåhrlich erhöht, oberwehnte Zinße zu keiner Zeit, unb unter keinerley Vorwanb nicht beſonbers geforbert, ſonbern unter benen lezt beſchriebenen 12000 Rchsthl. jebesmal mit eingerechnet ſein unb bleiben ſollen.

Artic. 7.

Damit auch mehr Hochgebachte Prinzeſſin ℒbb. wegen vorbemelbt Jhres Heurath Guths unb verſprochener Wiberlage halben gånzlich unb überflüßig geſichert ſeyn möge; So verſprechen Wir Herzog, Carl

Carl Derselben aus besonderer, für Sie und Unsers
Herrn Bruders Lbd. tragenden, Fürstl, Brüderl. affection 12000 Rchsthl. Rheinisch, den Rchsthl. zu
90 X gerechnet (ohne jedoch daß dieses gegen Unsers
Fürstl. Hauses Herkommen als ein praejudicium
jemahl soll angeführt werden können) jährlichen Widbums Unterhalt, in jeweilig in den Fürstl. Würtemb.
Landens courfirenden Geld Sorten, wovon 8000 Rthlr.
von Uns und Unsern Nachkommen an der Fürstl. Regierung aus Unserer Fürstl. Landschreiberey Verwaltung baar bezahlet, 4000 Rchsthl. aber von Unserer
treugehorsamsten Landschaft abgetragen werden sollen.

Zu dessen mehrerer Versicherung verschreiben Wir
dann Jhro der Prinzessin Lbd. nicht nur für die von
Uns in subsidium übernommene Morgengabe. beßg-
wegen des in art. 3. gemeldten Heuraths-Guths und
respve in art. 6. versprochenen Widerlage, sondern
auch wegen des hier vestgesezten Widbums und dessen
Erhöhung, in so weit es die von Uns selbst zu be-
zahlende 8000 Rchsthl Rheinl. betrifft, hiermit und
in Kraft dieses zu einer Special-Hypothec, das Amt
Kirchheim oder Göppingen, wenn nemlich von diesen
beiden Aemtern eines oder das andere von denen ber-
mahl darauf haftenden Widbümmern, zur Zeit der
Prinzessin Friderike Dorothee Sophie Lbd. Widbums
Fall, vacant sein würde, sonst aber und allenfalls
das Amt Leonberg. Da hingegen Unsere Treugehorsamste Landschaft für den Rest der 4000 Rchsthl.
Rheinl. eine besondere bündige Widbumsverschrei-
bung ausstellen solle.

Gestalt Wir dann der Prinzessin Lbd. auf eines
oder des andern obbenahmsten Amts sämtliche Pertinen-
zien,

zten, Ein = und Zubehörungen, Dörfer, Güther,
Mühlen, Gülten, Renten; Zins, Nuzungen und Ge=
fälle, Zehenden und was dergl. mehr, was nuzet
und nuzen mag; soviel nemlich zu obgedachter 8000
Rchsthl. Sicherheit nöthig, aufs bündigst = und kräf=
tigste, auf obberührte Maaß und Weiße verweisen
und verwiddummen.

Dafern aber mehr Hochgedachter Prinzeſſin Lbt.
wegen des Ihro solchergestalten von Uns Herzog
Carl bestimmten jährlichen Wibbums Unterhalts aus
Unserer Fürstl. Landschreiberey = Verwaltungs Caſſe
nicht richtig befridiget, folglich genöthiget werden
würde, Sich an das Ihro in eventum zu einem
Special = Unterpfand verschribene Amt und deſſen Ca=
meral = Intraden zu halten, sothane Revenüen Un=
ferer Fürstl. Rent = Cammer in jenem hingegen, et=
wan um der Zeitläufften oder anderer Ursachen willen,
zu der jährl. 8000 Rchsthl. Abführung nicht hinrei=
chend sein sollen; So verbinden Wir Herzog Carl
Uns und Unsere Erben oder Nachfolger am Regiment,
die gehörige Verfügung sodann machen zu wollen,
daß der Prinzeſſin Lbb. anderwärts her der Abgang
aus andern Unserm anligenden Gefällen und Einkünf=
ten Unserer Fürstl. Rent = Cammer gebührlich erse=
zet und zur Genüge erstattet, folglich der Prinzeſſin
Lbb. deßfalls in allen Fällen und zu allen Zeiten schad=
los gehalten werden mögen.

Wann auch nach Gottes Willen der Prinzeſſin
Lbb. Ihren Herrn und Gemahl überleben, und ihren
Wibbums = Siz und Wohnung in den Fürstl. Würt=
temb. Landen beziehen würden: So soll vorhero von
Uns Herzog Carl, oder Unseren Nachfolgern an

D   der

der Fürstl. Regierung verordnet und verschaffet werden, daß solcher Wibbums = Siz · und Schloß zur Nothdurft gebessert, und allenfalls die Gebäude sondersamst dergestalt zugerichtet werden, daß auf solchen Fall (welchen doch Gott lange abwenden wolle) die Fürstl. Wittwe selbige mit guter Bequemlichkeit bewohnen könne; In solcher Absicht sollen auch auf dem Wibbums=Siz und Wohnung standesmässige Meublen, wann solche nicht allbereits daselbst vorhanden wären, abgegeben und geliefert werden.

Wofern auch die Zeitläuffte und Umstände er forderten, daß solcher Wibbums = Siz an einen andern Ort Unserer Fürstl. Württemb. Landen transferirt werden müßte, oder werden würde, allwoselbst die Bequemlichkeit zur Bewohnung noch nicht vorhanden; So verbinden wir durch Wir Herzog Carl Unß, oder Unsere Nachfolgere am Regiment fernerweit, selbige auf Unsere oder Unserer Regiments Successorn Kosten, ohne Zuthun der Prinzessin Lbd. zur Bewohnung logiable zurichten lassen zu wollen.

Und hierauf sollen allenfalls alle jezige und künftige Unsere Staabs Beamte oder Amtleuthe und Kellere, welche in dem zum Unterpfand und Hypothec aufgesezten Amt bestellet sind, oder künftig bestellet werden möchten, nach vollzogenem Fürstl. Beylager, in Gegenwart eines oder mehreren Königl. Preuß. Commissarien geloben und schwören; daß nemlich Sie, im Fall der Prinzessin Friderike Dorothee Sophie Lbd. nach Ihres künftigen Herrn Gemahls, Herrn Herzog Friderich Eugen Lbd. tödtlichen Abgang (welches doch Gott lange Zeit verhüten wolle) Sich Ihres Wibbums gebrauchen würde, und dieser Eheyac-

C   ten

ten und der Wibbums Verschreibung Junhalt gemäß,
mit Bezahlung des Wibbums Gehalts, so Unsere
Fürstl. Lantschreiberey Verwaltung mit 8000 Rthlr.
Rheinl. zu prästiren übernommen, auf die Verfall-
zeiten, id est quartaliter nicht gehörig eingehalten
werden sollte, sothanen Belauf von Ihren zu Unserer Fürstl. Rentkammer zu verrechnen habenden Fürstl.
revenues oder Einkünften an jener statt abtragen
und entrichten wollten.

Es soll auch in Sachen der Prinzessin Lbb. Hof-
bebiente angehend, dieselbe die Jurisdictionem bassam
oder Nider-Gerichtsbarkeit zu exerciren berechtigt
seyn. Nicht minder auch eben derselben in Sachen
Dero eigenes Interesse und Respect betreffend, die
Jurisdiction und Cognition in Ihrem Wibbums-Siz
gelassen und ebenfalls in Ansehung der Staabs oder
anderer Fürstl. Beamten Annahm allbort mit Ihro
der Prinzessin Lbb. jedesmal vorgängig communiciret,
folglich derselben keine unangenehme Person aufgedrungen werden.

Gleichergestallt sollen Ihro Lbb. von Unsern
Fürstl. Erben und Nachfolgern, welche Regierende
Herzoge sind, und bleiben werden, bei obangeregtem
Ihrem Wibbum, und was derselben ferner Zeit Ihres Lebens oder auch währenden Wittwenstandes etwa
annoch weiters verwilliget werden dörffte, gegen Männiglich von Uns, und Unsern Erben und Nachkommen
geschüzet und gehandhabet werden.

Das Wibbums Schloß und andere zu der Prinzessin Lbb. Wibbums Wohnung gehörige Gebäude,
wann sie, wie hieroben vermeldet, erstgedacht Ihrer

Lbb.

Lbd. alſo und dergeſtalt, daß Sie Ihrem Fürſtl.
Stand nach darauf accommodiret ſeyn können, geliefert worden, wollen und ſollen der Prinzeſſin Lbd.,
ſoviel deren geringe und nothwendige Unterhaltung
betrifft, auf ſich übernehmen, und woferne Sie hierzu Bauholz von nöthen hätten; So ſolle Ihro daſſelbe, nach vorgängiger Ihrer Anzeige, aus Unſern
Herrſchaftlichen Wäldern ohnentgeltlich gefolget, und
aus dieſen angewieſen werden. Die Grund- Haupt- und
ſchließende Gebäude der Fürſtl. Widdums- Wohnung
aber ſollen von dem Regierenden Hauß jedesmahl geführet und erhalten, auch ſogleich nach bei der Be-
hörde bei Zeiten geſchehener Vermeldung, wieder gebaut und reparirt werden.

Und gleich wie dermahlen Unſer Herzogs Carl
Stadt und Amt Kirchheim und Göppingen, ſowohl
als Leonberg, nirgend wohin verſezt oder verhafftet;
alſo ſolle auch daßelbe fürohin Niemanden weiter ver-
ſchrieben, oder verpfändet werden.

Sollten auch der Prinzeſſin Lbd. als Fürſtl.
Wittwe Ihren Widdums- Siz in den Würtemb.
Landen, wirklich beziehen; So ſolle Deroſelben von
Uns Herzog Carl oder Unſeren Nachfolgern am Regiment alljährlich, neben Ihren oſterwehnten jährl.
Widdum der 12000 Rthlr. baar Geldt ſo lange
Sie ſich auf jenem befinden werden, weiter zu einem
jährl. Deputat 50 Klaffter Brennholz, 12. Hirſche,
12 Rehe, 12 Wilde- Schweine und etwas an kleinen
und Federwildprett zu Ihrem Hofverbrauch, zu
rechter Zeit geliefert werden.

Würden hingegen der Prinzeßin Lbd., nach
Antrettung und Nuz - oder Nießung Ihres Wibbums,
Schulden machen, und unbezahlt nach sich laffen,
dieselbe sollen Ihren Erben, welche außerhalb des
vor specificirten Heuraths-Guths Ihrer Lbd. in der
übrigen Verlaffenschaft succediren, zahlen, und das
Fürstl. Würtemberg. Hauß damit unbeläftiget
bleiben.

Sollte aber an denen wegen des Fürstl. Wibbums verhaffteten Stücken oder Gütern bei oder nach
Unserem und Unserer Erben und Regiments-Nach-
kommen Leben, es seye durch Krieg oder andere Un-
glüks-Fälle (die Gott verhüte) oder auf was Weiße
und Weege es sonst geschehen möchte, etwas oder dasselbe ganz und zumal abgehen, also daß Hochgemeldte
Prinzeßin obgedacht Ihre zum Wibbum darauf ver-
sicherte 8000 Rthlr. Rheinl. weder aus Unserer
Landschreiberey-Verwaltungs-Casse noch auch den beßfalls hypothecirten Amtsgefällen und Renthen, nicht
erheben könnte: So sollen und wollen Wir Herzog
Carl nach Unsers Freundl. gel. Herrn Bruders Tod,
deßen Erben und Nachkommen gehörige Versorgniß
und Anstalt machen, daß Ihrer Lbd. auf oder in den
nechst gelegenen Aemtern Vermög der Wibbums-Ver-
schreibung gegen solchen Abgang genugsamlich versichert
und versehen seyn, auch Ihro eine bequeme und
sichere Wohnung, oder Wibbums Residenz, wie ob-
vermeldet, so der Gefahr entlegen, und Ihro Lbd.
bequem und wohlanständig, mitlerweil eingeräumt,
und zu bewohnen übergeben, auch Ihrer Lbd. Meublen und Hauß-Geräth, samt andern Nothwendig-
keiten, dahin durch Frohn Dinste und andere zulängliche Beihülffe verschafft werden möge.

D 3   Wir

Wir Herzog Carl versprechen und geloben auch hiemit für Unß und Unsere Nachkommen am Regiment Unserer Lande, dahin zu sorgen, und darauf zu halten, daß die auſſer obberührten 8000 Rthlr. Rheinl. von Unß conſtituirten Wibbums = Geldern, von Unserer Treugehorsamſten Landschaft jährlich zugesagte Vermehrung solchen Wibbums à 4000 Rthlr. Rheinl. von derselben jederzeit promte und richtig caſu exiſtente Hochgedachter Prinzeſſin ohne die allergeringſte Abkürzung in Landläufigem Geld, jährlich ausgezahlt werden solle.

Artic. 8.

Nachdem auch allerseits Höchſt und Hohe Conttrahenten für dienſam erachtet, wegen künftigen Unterhalts der aus diesem Eheverbindniß zu verhoffenden Fürſtlichen Kinder bei Zeiten einige Vorsehung zu treffen: So iſt verabredet worden, daß auf den Fall, da Wir Herzog Friderich Eugen mit Tod abgehen möchten (welches der Allerhöchſte noch lange Jahre in Gnaden abwenden wolle) die zu Unſerem appanagio jährlich ausgeseste 30000 Rthlr. lediglich an Unsere hinterlaſſene Prinzen und Prinzeſſinnen, dergeſtalt fallen, daß auch denen leztern, nehmlich den Prinzeſſinnen Ihr erforderl. Standesmäßiger Unterhalt hievon verschafft und geschöpft, übrigens aber im Fall derselben Verheurathung, des Fürſtl. Würtemb. Hauſes Herkommen nach, das Heurath = Gut mit 20000 fl. Rheinl. von der Würtemb. Landschafft, derselben Ausstattung hingegen, von dem fürwährenden obgedachten appanagio beſtritten und präſtirt werden solle.

1

Wenn

Wenn aber die zurükgebliebene Prinzen oder
Männliche Descendenz Herzogs Friderich Eugen versterben und erlöschen würden: So fält sodann mehr
bemeldtes continuirte appanagium der 30000 Rthlr.
resp. an Unß und Unsere treu gehorsamste Landschaft
völlig und gänzlich zurük.

Hingegen aber sollen auf dergl. sich begebenden
Fall, von Unß Herzog Carl oder Unsern Nachfolgern an der Fürstl. Regierung, ohne einiges Zuthun
der Fürstl. Wittib Lbd., die sodann alleinig bei Leben
verbliebenen Prinzessinnen, und zwar dergestalt besor-
get und unterhalten werden, wie es das Herkommen
und die Pacta des Herzogl. Hauses Würtemberg hier
unter, und insonderheit auch schon obberührter maßen
in Betreff deren dotir- und im Fall das appanagium
aufhört und zurükfället, nebst der von dem Regierenden Hauß Würtemberg zu übernehmen habenden Ausstattung, mit sich bringen.

Artic. 9.

Allbieweil auch aller Menschen Leben und Tod
allein in des höchsten Gottes Gewalt, und Willen
stehet, und man billig und in Zeiten auf die
zukünftige Fälle zu denken hat; So ist deßhalb ferner
verabredet und verglichen worden, im Fall es sich zutrüge, daß Hochgemeldte Prinzeßin Friderike Dorothee Sophie vor Ihrem künftigen herzgeliebten Gemahl Herzog Friderich Eugen, ohne Hinterlassung
Ehelicher Leibes-Erben mit Tode (welchen der gütige
Gott viele Jahre abwenden wolle) abgienge, oder sie
zwar deren einige erzeuget, welche aber Zeit ihres
Lebens verstorben, daß alsdann von allen Ihrer Lbd.

Baar-

Baarschaften, Silbergeschirr, Geschmuk, Kleinodien
und Kleidern, auch Hauß-Geräth, und wie es son=
sten genennet werden mag, nichts ausgeschlossen, so=
wohl was Jhro Lbb. in diese Ehe gebracht, oder wäh=
rendem Ehestand von Jhrem Herrn und Gemahl,
auch andern Jhro etwan gegeben, geschenkt, oder
Jhro sonst zugefallen und vermacht worden, was das
von nicht Jhro Lbb. unter Lebendigen oder auf Jhren
Todes-Fall vergeben, oder durch lezten Willen vermacht,
ein richtiges Inventarium verfertiget, auch obiges
alles außer denen von dem Hauß Württemberg em=
pfangenen Geschenken, als welche dahin wieder zurük=
fallen, Hochgedachter Prinzeßin nächsten Erben ver=
abfolget, der Besiz und Genuß von denen 36000 Rthlr.
bestehenden Heurath-Guth aber des Herzog Fride=
rich Eugen Lbb. Jhr Lebetag, ohne Zahlung einiger
Interessen an das resp. Königl. Chur-Hauß Bran=
denburg oder das Marggräfl. Hauß Brandenburg
Schwedt, gelassen werde.

Wann aber der Allerhöchste Dieselbe nach seinem
allerheiligsten Willen aus dieser Zeitlichkeit abforderte:
So sollen alsdann von nur gemeldten zum Heuraths=
gut gegebenen 36000 Rthlr. die aus Unßern Königl.
Landen aufgebrachte 18000 Rthlr. an Unß den König
in Preußen oder Unsere Erben an der Cron und Chur
zurükfallen, die übrige 18000 Rthlr. aber, so von
Jhro Königl. Hoheit dem Herrn Marggrafen Frie=
derich Wilhelm dazu gegeben worden, desselben näch=
sten Erben, von Unser Herzogs Carl Fürstl. Land=
schreiberey Verwaltung, als an welche nach dem Artic. 3.
gegenwärtiger Eheberedung mehrgedachte 36000 Rthlr.
gezahlt werden sollen, restituiret werden: Als auf
welchen Fall denu auch zur Sicherheit dieser Wider=
zahlung

zahlung Unß dem König, wie auch der Prinzeßin
Lbd. Erben, das für den Fürstl. Wibdum verschrie=
bene Würtemberg. Amt loco Hypothecae mit aller
Zubehörung, soviel dazu von nöthen, verhafftet und
verpfändet bleibet.

Artic. 10.

Wäre es aber Sache, daß gedachte Prinzeßin
Friderike Dorothee Sophie mit Dero künftigen Herz=
geliebten Gemahl Herzog Friderich Eugen Leibes=Er=
ben gewinne, welche Ihrer beyder= oder der Prinzeßin
Friderike Dorothee Sophie Tod erleben würden: So
soll solch Heurath=Gut und Widerlag, und was die
Prinzeßin sonst zugebracht, Ihren Kindern und Dero
Ehelichen Leibes=Erben, Falls sie deren bekommen,
verbleiben.

Wann aber der Prinzeßin überbliebene Kinder,
über kurz oder über lang, ohnerzeuget einiger Eheli=
cher Leibes=Erben versterben würden: So soll solch
Heurath=Gut und Widerlaag an das Fürstl. Hauß
Württemb. vererbet sein, das übrige Erbe aber viel
Hochgedachter Prinzeßin Friderike Dorothee Sophie
Lbd. fällt an Dero nächste Erben, welche die alsdann
sein werden.

Artic. 11.

Wann aber die Göttliche Allmacht es also schikte,
daß des Herzogs Friderich Eugen Lbd. von seiner künf=
tigen lieben Gemahlin, auch mit oder ohne Leibes=
Erben verstürben: So solle die Prinzeßin Friderike Do=
rothee Sophie vollkommene Macht und Gewalt ha=
ben, für vorgemeldtes und Ihrem Gemahl eingebrach=

tes

tes Heurath = Guth und Widerlaage, das Jhro Jh=
res Wibbums halber verschriebene Amt und dessen
Zubehörung, auch den Wibbums = Siz mit oben be=
terminirter Gerechtigkeit von Stund an, nach Sr.
Lbd. des Herzogs Friderich Eugen Abgang, nach
Laut und vermög dieser Eheberedung und Leibgedings=
Brief, resp. einzunehmen, zu haben, zu besizen
und zu genießen, ohnbeirret und ohne alle Hinderung
Unserer des Herzogs Carl Erben, und Nachkommen,
und sonsten jedermänniglich.

Es soll Jhro Lbd. alsdenn auch ohnhinderlich fol=
gen, Dero Baarschaften, Silbergeschirr, Kleinodien,
Kleider und Geschmuk, Item was Jhro Lbd. Selbst er=
zeuget oder erzeugen lassen, auch was von außwärtigen
Erbschaften Jhro etwan angestorben wäre, oder son=
sten zugekommen, nichts überall ausgenommen.

Wie dann auch, wenn Jhro Lbd. einige Baar=
schaften und Gelder auf Aemter und Güther ausge=
than, oder selbige dafür eingelößt worden, die In=
traden und Nuzung derselben Jhro Lbd. und Dero
Erben, nach Laut der allenfalls errichteten Schuld=
Briefe, so lange verbleiben, biß die Reluition er=
folget. Wenn auch Jhro Lbd. Jhren Wibbum bezie=
hen wird, sollen Sie aus Jhres abgeleibten Gemahls
Verlassenschaft so viel, als Dero obbemeldte Leibzucht
wohl erreichen mag, darauf empfangen, damit Jhro
Lbd. auch also Wibbums halber von den Kindern ge=
theilet und geschieden seyen.

Desgleichen sollen die bei Leben alsdann vor=
handene = mit Herzog Friderich Eugen erzeugte Kinder
ohne Jhro Lbd. der Prinzessin Zuthun, wie in art. 4.

obber=

obvermeldt, pro diverſitate caſuum, entweder von
dem zu continuirenden Appanagio, oder aber von dem
Fürſtenthum Würtemberg verſorget werden.

Artic. 12.

Daferne aber die Prinzeſſin Friderike Dorothee
Sophie Lbd. Jhren Wittwenſtand verändern, und ſich
anderweit vermählen würden; Alsdann ſoll es in
des Herzogs Carl Erben und Succeſſorn am Fürſtl.
Regiment Option und Gefallen ſtehen, Hochvermeld-
ter Prinzeſſin das zur Landſchreiberey Verwaltung
bezahlte Ehe-Geldt der 36000 Rthlr. und dazu die
dagegen verſchriebene Widerlage abzuführen, und das
durch das obbemelte Wibdum abzulöſen, auf den
Fall nemlich des Hrn. Herzogs Friderich Eugen Lbd.
keine Leibes-Erben gewonnen und derzeit am Leben
noch haben würden: Im Fall hingegen beiderſeits
Fürſtl. Eheleuthe Leibes-Erben mit einander erzielet,
ſolle die Auslöſung mit dem Ehe-Geldt der 36000
Rthlr. und der halben Widerlag geſchehen, folglich
die andere Hälfte dem Hauß Württemberg verbleiben,
und wider anheim fallen.

Wollen aber auf jeztgedachten erſten Fall, wenn
nemlich der Prinzeſſin Lbd. ohne einige Leibes-Erben
erſter Ehe, ad ſecunda vota ſchreiten ſollte, des
Herrn Herzog Carls Erben und Nachkommen Jhrer
Lbd. die Summa des Widerlag Gelds nicht herausge-
ben, ſondern lieber an ſich behalten, welches in des
Herrn Herzogs Carl Erben und Fürſtl. Nachfolgern
Willen und Gefallen ſtehet; So ſollen Sie die völlige Widerlag Gelder, oder auf begebenden Fall,
wann nemlich Leibes Erben aus der Fürſtl. Ehe quaeſt.
er-

erzielt werden, die Halbschied derselben jährl. mit 10. pro Cent verzinsen, und Sie dessen nach aller Nothburft versichern, damit Ihro Lbd. dieselbe zu jeglicher Zeit ohngehindert gebrauchen mögen, und falls Ihro Lbd. solche Summe, wie obstehet, vergnüget, und das Widerlag Geld genugsam versichert ist, alsdann und nicht eher sollen Ihr Lbd. das Ihro des Wibdums auch EheGelds und Widerlaage halber vorberührts verpfändete Amt mit den darauf gefunden= und auch noch vorhandenen Meublen und Haus=Rath vollkommen resp. abtretten, und von jenem nexu lossagen, auch alle Brief und Sigel, so Ihro Lbd. darüber empfangen, wider ausantwortten, benebens die Amtleuthe Ihrer allenfalsigen Eyden und Gelübden quitt, ledig und loßzehlen. Wann nun solche Ablößung wie angezeiget ergehen und geschehen würde; so soll dem Herzog Carl und dessen Erben und Nachkommen am Regiment, des Widerfalls halber zuvor und ehe die Bezahlung des Ehe=Gelds, wie auch des völligen und halben Widerlag Gelds, wie oben stehet, geschehen ist, genugsame Versicherung gegeben werden.

Da aber des Herrn Herzogs Friderich Eugen Lbd. keine Leibes Erben mit oftgemeldter seiner künftigen Gemahlin Prinzessin Friderike Dorothee Sophie hinter sich verlassen würde, oder auch deren einige hinter sich verließ, die aber dennoch bei Leben Ihrer der Prinzessin Lbd. hinwider mit Tod abgehen= und die Welt gesegnen würden, alsdann sollen, wie bereits erwehnet, die vorgedachte Ehegeldter von Uns dem König in Preussen, und Unsern= auch der Prinzessin Erben vererbet werden, und dafür sollen Wir und Unsere, auch Ihrer Lbd. Erben die davon gefallene Interessen empfangen, auch bis Sie nemlich wegen

des

des Ehegelds bezahlet seyen, Unser Herzog Carls für
den Widdum und auch das Ehe=Geldt quaest. hie=
oben verschriebenes Amt, soviel dazu nöthig, pro
Hypotheca speciali haften; die vorbenannte Wider=
lag Gelder aber an des Herrn Herzogs Carl Erben
und Nachkommen wiederum zurükkommen und fallen.

Wann sich aber zutrüge, daß der Prinzeßin Lbd.
ad secunda vota schritten, und von Ihrem ersten
und andern Gemahl Leibes=Erben hinterlaßen: so
soll nach Dero Absterben (das Gott lange verhüten
wolle) das zugebrachte Heurath=Guth nebst der an=
dern Verlaßenschaft auf beiderley Kinder zugleich
fallen. Daferne aber von der zweiten Ehe sich nach Hoch=
gedachter Prinzeßin Tod keine Kinder finden: so soll
das Heurath=Guth und übrige Verlaßenschaft auf
die Kinder erster Ehe allein zurük fallen. Im Fall
auch die obhochgenannte beyde Fürstl. Ehegemahl in
Ihrer beiden Leben gemeinschl. Schulden gemacht hät=
ten, diese und keine andere sollen von des Herrn Her=
zogs Friderich Eugen Lbd. oder dessen nächsten Erben
und Nachkommen, ohne der Prinzeßin Friderike Do=
rothee Sophie Zuthun oder Beschwehrde ausgerich=
tet und bezahlt werden.

Artic. 14.

Leztlich ist abgeredet und verglichen, Falls Hoch=
ermeldten Herrn Herzog Friderich Eugen Lbd. vor Hoch=
gedachter Prinzeßin Friderike Dorothee Sophie Lbd.
oder hinwiederum Ihro Lbd. vor seiner des Herrn
Herzogs Friderich Eugen Lbd. nach dem Ehelichen Bey=
laager und vor Erlegung des Heurath=Guths (das
Gott verhüte) verstürbe, daß nichts weniger alles das,
so in dieser Heuraths Verschreibung von einem oder

dem

den andern Theil verwilliget und zugesaget ist, treulich vollzogen und geleistet werden solle.

Artic. 14.

Ob sich aber zutrüge (das Gott auch gnädig
verhüte) daß dieser Fürstl. Verlobten eines, ehe dann
das Beylager vollzogen, mit Tode verfallen und abgehen würden: alsdann soll diese Eheberedung ganz
und gar ab seyn, und kein Theil den andern darauf
um etwas zu belangen haben.

Uebrigens bleibt beyden Fürstl. Contrahenten, Sich
einander per testamentum, codicillum, dona-
tiones mortis causa, oder sonsten in andere Weege
zu bedenken und zu begifftigen, jederzeit reservirt und
vorbehalten; Jedoch daß dadurch benen pactis familiae des Königl. Churhaußes, und des Fürstl Haußes
Würtemberg nichts derogirt- und zu nahe gehandelt
werde.

Artic. 15.

Nachdem Wir König Friderich und Wir Marggraf Friderich Wilhelm auch ausdrüklich verlangt, daß
des Herzogs Friderich Eugen Lbd. und dessen Descen-
denten zulängliche Seiner und der Prinzeßin Friderike
Dorothee Sophie hoher Herkunft gemäße appanage
angewiesen und stipulirt werden solle; so haben Wir
Herzog Carl uns verbindlich gemacht, verbinden und
machen Uns auch in Krafft dieses bei Unsern Fürstl.
wahren Worten, Treu und Glauben, für Uns und
Unsere Erben und Nachkommen an der Regierung,
kräftigst und bündigster maßen, hierdurch anheischig,
ermeldten Unsers Herrn Bruders Herzog Friderich
Eu-

Eugen Lbd. und deſſen Poſterität nemmlichen Geſchlechts, aus beſonderer für Ihn tragender Fürſtl.
Brüderl. Affection, und um zu zeigen, wie hoch Wir
dieſe nähere Verbindung mit Sr. Königl. Maj. in
Preußen und Dero Hohen Hauße ſchäzen, ein bisher bei Unſerem Fürſtl. Hauße niemahl üblich gewe-
ſenes = um ein ſehr ergibiges verſtärktes Jährl. appanagium von 30000 Rthlr. Rheinl. jeden Rthlr. zu
90 Xr. gerechnet, ohnfehlbar und ohnverweigerlich in 4
Quartalien, in jedesmahligem Valor der im Herzogthum Würt. courſirenden Geld Sorten, in Unſerer
Reſidenz Stadt Stuttgardt bezahlen zu laſſen. So und
dergeſtalten, daß von Unſerer Fürſtl. Rennt = Cammer und deren Landſchreiberey Verwaltungs Caſſe
Jährl. 20000 fl. Rheinl. ; von Unſerer treu gehorſam-
ſten Landſchaft aber, nach Ihrer unterm dato Stuttgardt den 3. Sept. c. a. von derſelben ausgeſtellt = von
Uns Herzog Carl ratificirt = und kräfftigſt garantirter
Verſicherungs Acte, jährl. 25000 fl. gleichfalls Rheinl.
Währung und in Stuttgardt zahlbar, mithin in allem
45000 fl. Rheinl. Gulden, welche obige 30000 Rthlr.
ausmachen ſollen, in ewigen Zeiten, ſo lange nemlich
männliche Poſterität vorhanden ſeyn wird, jedesmahl
auf den Tag der Verfallzeit richtig abgetragen werden,
und des Herzog Friderich Eugen Lbd. und deßen Männl.
Deſcendenz zu einem beſtändig = ohnwiederruffl. appanagio und Unterhalt angewieſen ſeyn ſollen. Wie
dann auch Wir Herzog Carl für Uns, Unſere Erben
und Nachfolgere an der Regierung der Fürſtl. Würt-
tenb. Lande Uns hierdurch kräfftigſt verbinden, darauf ſteif und veſt zu halten, daß das von Unſerer
Treugehorſamſten Landſchaft obgedachter maßen ver-
ſprochene jährl. Quantum der 25000 fl. appanage
Gelder Rheinl. für Unſers Herzgeliebten Bruders

Prinz

Prinz Friderich Eugen Lbb. und Dero Fürstl. männ=
liche Posterität jedesmahls richtig und promte auf
die Verfallzeit von gedacht Unserer Treugehorsamsten
Landschaft abgetragen werden sollen.

Und solches alles und jedes wie obstehet, geredet
und geloben bei Unsern Königl. Chur und Fürstl. Wür=
den, wahren Worten, Treu und Glauben, Wir
Friderich König in Preußen, und Wir Friderich Wil=
helm Prinz in Preußen und Marggraf zu Branden=
burg, und Wir Sophie Dorothee Marie für Uns und
Unsere Hochgedachte vielgeliebte respve Niece und
Tochter Prinzeßin Friderike Dorothee Sophie, und
Wir Herzog Carl, wie auch Wir Herzog Friderich
Eugen, stet, vest und ohnverbrüchlich, ohne alle Ar=
gelist Einrede und Behelffe zu halten und zu erfüllen.

Und dessen zu mehret Urkund und Bekänntnuß,
sind dieser Heuraths Brief 5 gleichlautende Exempla=
ria ausgefertiget, und mit Unsern eigenen Händen
unterschrieben und Unser Königl. wie auch Unser Fürstl.
Innsigel daran gehangen worden. So geschehen zu
Berlin den 23ten Nov. zu Schwedt den 29ten Nov.
und zu Stuttgardt den 15ten Decbr. ec. 1753.

Fr. Wilhelm FR. Carl H. z. W.

Soph. Dorothee. Friderich Eugen

v. Podewils. Finkenstein.

VI.

VI.

Instruction, Staat und Ordnung, wornach sich im Herzogthum Wirtemberg bei der von 1713 bis 1741 fortgeführten General-Revision des Landschaftlichen Steuer-Fußes die ausgeschickten Commissarien und andere zu dem Steuer-Saz deputirte und verpflichtete Steuer-Sezer zu verhalten hatten.

1.

Sollen dieselbe bei ihren gegen Gott und Gnädigster Herrschaft abzustatten habenden schwehren Pflichten und Aiden, in der ganzen Sach aufrichtig, gewissenhaft und ohne einigen Respekt und Ansehen der Person, sie seyen geistlich oder weltlich, bekannte oder unbekannte, hoch oder nider, dergestalt verfahren,' wie sie es sowol dermaleins für dem Richter-Stuhl des allwissenden Gottes, als auch für gnädigster Herrschaft, und in ihrem Gewissen zu verantworten getrauen, auch die wider die Uebertrettere an Hab und Gut, Ehr und Geführ, ja nach befindenden beschwehrlichen Umständen des Verbrechens, eines verübten Betrugs und gebrauchter Partheylichkeit, an Leib und Leben zu gewarten habende ernstliche Bestraffung zu vermeiden gedenken.

2.

Und haben sie vorderist zu wissen, daß gleichwie alle steuerbare Sachen hauptsächlich entweder in der

E   Lie-

Liegenschaft, und was demselben in Rechten verglichen wird oder in der Handthierung und anderem Gewerb bestehen, also unter jenen begriffen seyen.

I. Die Gebäu.

Als die Wohnbehausungen, Scheuren, Vieh- und Schaafställ, Keltern, Kornkästen, Windhäuser, Werkstätt, Keller, Hofraithin und leere Hofstätt, so denen Gebäuden anhängig, Mahl- Säg- Oel- Schleiff- Walk- Papier- und andere Mühlen, Kalk- und Brenn-Oefen, Feil- Nagel- und Hammerschmid-ten, Brennhäußer, Badstuben und mehr andere dergleichen Gebäude.

II. Güther.

Als Aeker, Wiesen, Weinberg, Baum- Kraut- und Kuchen-Gärten, Flachs- und Hanf-Länder, Wal-dungen, Mähe-Felder, Waiden, See- und Fischwas-ser, Hof- und Lehen-Güther und dergleichen.

III. Ewige Frucht- und Wein- auch Geld Gülten,
und dann
IV. Ablößige Capitalien.

3.

Unter diesen, nehmlich den Handthierungen und anderem Gewerb, alle Kauf- und Handelschaften, Künst-ler und Handwerker, Wein- Frucht- und Vieh-Hand-lnngen, Salz, und Holz-Kauf, beständige den Pri-vat-Personen gehörige Schäfereyen, Wirthschaften, Bierbrauereyen, so Privatis zukommen, Grempler-reyen

reyen und dergleichen, wozu noch das jeden Orts ge=
nießende Bürger=Recht zu zählen wäre. Und obwohl

4.

hiebevor alle diese steuerbare Sachen allein den
Privat=Personen angelegt, der Communen, als Städte,
Fleken, und Dörfer ihre Effecten aber davon frey
gelassen worden, so hat man jedoch aus seinen erhebs
lichen Ursachen für billig erachtet, daß man auch die
sämtliche Commun=Güther und Gefälle, sowol was
obgedachter maßen unter die Liegenschaft gehörig, nem=
lich ihre Höf=und andere Güther, Mühlin, Stein=
gruben, Waiden, Gebäu, Frucht=Wein=und Gelt=
Gülten, als auch, was unter die Commercia und
Gewerbschaften gehörig, benanntlich Salz=Holz=Wein=
Handel Schäfereyen und dergleichen dergestalten der
Billigkeit nach gleichfalls in die Collection und zu
dem landschaftl. allgemeinen Fundo collectabili, sie
seyen dann von Alters her deßen specialiter befreyet,
gezogen, unter sich aber bei den Communen wie bis=
hero nicht consideriret, jedoch aber auch die, solcher
Städte, Fleken oder Dörfer zu tragen habende Be=
schwerden, nemlich die Kellerei=Steuren, Corpus-Gel=
der, Gülten, Beb=Wein und dergleichen wieder von
dem Steuer Saz defalcirt und abgezogen werden soll=
ten. Obgleich auch

5.

an theils Orten dieses Herzogthums ein und
andere Güther, entweder um der Situation oder an=
derer Ursachen halb, durch Vergleich oder auf andere
Wege von derjenigen Markung, darinn sie gelegen,
in eine andere gezogen, und allda bisher versteuret

wör=

worden; so solle jedoch um beßerer Richtigkeit willen, solche Observanz und Herkommen hiemit aus Landes-fürstl. Macht aufgehoben seyn, hingegen ein jedes Guth zu Besteurung in seinen Distrikt und Markung verwiesen werden, es wäre dann daß sich solche Special Casus ereignen möchten, da es ohne offenbare Unbilligkeit nicht geschehen könnte, da dann dergleichen Casus zur Decision unterthänigst berichtet werden könnten.

6.

Anlangend nun den Modum taxandi, so sind vorderist folgende General Reguln zum Grund zu setzen, daß die Aestimation und Anschlag der Collectablen Güther und Vermögens, nicht nach dem gemeinen Werth, wie zu vorigen Zeiten geschehen, sondern vielmehr nach dem Ertrag, Commoditaet, Verdienst und Nuzen einzurichten seyen.

7.

Und dann daß ein jedes steuerbare Guth absonderlich anzuschlagen, und nicht unterschiedliche Gattungen zusammen und überhaupt zu traktiren sey; daß auch

8.

sowohl Unkosten des Ertrags als die auf dem Guth haftende Beschwerden und zwar diese von jenem abgezogen, beßgleichen

9.

alle Gebäu und Güther in ihrem Bau und Wesen und nicht im Abgang, weil sonst der Steuer-Fuß einer beständigen Aenderung unterworfen wäre, considerirt. Nicht weniger

10.

10.

Wann einige Güther, so ben Waldungen nahe gelegen, ohnerachtet all anwendenden Fleißes, dem Wildprett Schaden bergestalt unterworfen, daß berselbe gleichsam unvermeidlich, alsbann der Ertrag auf selbigen auch um so ringer geschäzet, unb in bie Besteurung gezogen werben sollte. Dergleichen Beschaffenheit es auch

II.

mit benjenigen Güthern, so bem öfters entstehenden Wasser-Schaben unterworfen, unb durch bas Gewässer bie Wiesen entweder gar weggenommen. oder boch in bem Ertrag merklich geschwächt zu werben pflegen, welchenfalls in ber Aestimation ebenmäßig barauf zu sehen unb selbige nach billigem Erachten in geringern Ansaz gebracht werben möchten. Anlangend aber

12.

bie noch oeb liegenbe Güther unb baufällige unbrauchbare Häuser unb Gebäu, so wäre babei bieser Unterschieb zu halten, baß nemlich biejenige Güther, so noch von ber vorigen ao. 1634. erfolgten Landes-Occupation her, oeb unb ungebaut liegen, zwar auch beschrieben, jeboch, weilen ihrer Cultur halb schlechte Hofnung zu machen, in keine Anlag bißmahl gebracht, gleichwohl aber ben Innwohnern selbigen Orts, unter sicherem Versprechen, baß Ihnen auf etliche Jahre eine völlige Steuer-Freyheit bavon gegönnt werben solle, zu berselben Ausrüstung unb Bauung animirt, unb angefrischt werben möchten. Diejenige Güther aber, so erst von lezterem französischen Kriegs-Heer oeb gelegt worben

E 3   wä-

wären, um den 4ten Theil, wie vor diesem auch ge=
schehen, in die Anlag zu ziehen; es seye dann, daß
einige derselben durch Wasser=Guß oder andere Unfälle
dermaßen ruinirt, daß sie gar nimmer gebaut werden
könnten, welchenfalls sie außer der Collectation gleich=
falls zu lassen. Wofern aber ein oder der andere Be=
sitzer seine Güther als ein übler Haushälter durch Un=
fleiß in Abgang kommen, oder gar wüst liegen lassen
würde, so hat man solches nicht zu attendiren, sondern
selbige andern in solcher Gegend liegenden Güthern
gleich zu astimiren und anzuschlagen. Und damit

13.

es desto gleicher zugehen, und keine Stadt und
Amt für dem andern beschwehrt werde, so sollen alle
liegende Güther, wo es anderst möglich und practicir=
lich durch geschwohrne Feldmeßer (deren Belohnung dem
Morgen nach, und zwar bei den Aekern und Wiesen
zu 4. Xr. bei den Weinbergen aber zu 6 Xr. und bei
den Waldungen und Waiden zu 2½ Xr. geschehen solle;
es wäre dann daß die Städt und Aemter um ein
leidentlichers mit ihnen auskommen, oder auch ein
und anders Geschäft dem Taglohn nach verrichtet wer=
den müßte Quo casu einem fremden Feldmeßer 1 Fl.
20 Xr. einem andern in Loco sizenden aber nur 1 Fl.
des Tages gereicht werden solle) genießen und also eigent=
liche Untersuchung geschehen, wie viel eine jede Stadt,
Fleken, Dorf oder Weyler in jeder Zelg Aeker, in
denen Halben Weingärten, und in denen Thälern oder
sonsten Wiesen und Gärten haben thue. Wann jedoch
erst neuerlich durch geschworne Feldmeßer, bei einigen
Städt und Aemtern solches Abmeßen der Güther er=
folgt wäre, so möchte es dabei billig gelassen, und sie
damit ferner nicht beschwehrt werden.

Und

Und ist der Meßung der Feld-Güther halb Ratione modi folgendes zu beobachten, daß gleichwie

1) allbereits an die Beamte der vierzehen erwählten Städt und Aemter gnädigst rescribiret worden, sie solten bei allen ihren Amts-Orten sonderlich denjenigen, bei welchen zu erst das Revisions-Geschäft vorgenommen wird, durch den geschwohrnen Untergang alle diejenige Güther, so nicht untermarkt, umgehen, und entweder mit Markstein, oder wo es gleich nicht seyn könnte, jedoch mit eichenen Stüken oder Stozen unterscheiden, und die zwischen den Eigenthums-Besizern etwa sich ereignende Strittigkeiten erörtern. Also sind

2) bei jedem Amt zwei oder mehrere verständige, examinirte, und des Schreibens und Rechnens wohl berichtete Feldmeßer, so viel man nemlich zu Fürderung der Commissariorum und Steuersezer, welche die Aestimation der Güther vorzunehmen haben, für nöthig erachten möchte, damit das Feldmeßen und der Güther-Anschlag zugleich für sich gehen könne, zu bestellen, und wie andere, zu dem Werk erforderte Personen leiblich zu beeidigen, welche

3) mit ihren an gehörigen Ort probirten und an beeden Enden beschlagenen Meßstangen sich zu versehen haben. Und weil

4) alle Güther mit ihren Possessoribus und Anstößern auch Gelend und Situation fleißig beschrieben werden müßen, so wäre solches von dem Feldmeßer, welcher hiezu capable seyn solle, zu verrichten, deme dann

5) ein oder 2 Feldverständige, welche zugleich mit Schließung der Meßstangen an die Hand giengen,

und

und der Felder selbiger Revier genugsame Erkundi-
gung hätten zu abjungiren und beyzuziehen seyn,
und stehet

6) denen Eigenthums-Besißern frei, dem Meßen
gleichfalls beizuwohnen. So hat

7) auch der Commissarius jederweilen sich ein-
zufinden und zuzusehen, ob in der Sach recht procedirt
werde, welchem hernach

8) der Feldmeßer, wann er mit dem Meßen in
einer Zelg, Weingart, Halben oder Thal fertig, das
Protocoll zu übergeben hat, um sobann die Aestimation
der Instruction gemäß vornehmen zu können, folgends
auch in andern Gelenden, und zwar continua serie
zu progrediren, wobey

9) zu beobachten, daß in Bergen und Halben
nach dem Wag-Recht und mit aufgehabener Stange
gemeßen werde.

14.

In Specie aber nun auf die collectable Güther
und zwar die Häuser und Gebäu zu kommen, so ist es
zwar an dem, daß bey denselben, um vieler dabei an-
scheinender Difficultæten willen eine accurate Abmeßung
und darauf zu richtende Aestimation nicht wohl zu prac-
ticiren. Es ist aber gleichwol das Meß nicht gar
außer Acht zu laßen, sondern es haben die geschworne
Commissarii und Steuer-Sezer bei jedem Gebäu sowol die Größe als Weite des Plazes und Höhe deßelben, als auch alle andere dabei concurrirende Um-
stand der Nuzbarkeit, Situation und Gelegenheit,
zugehöriger Scheuren, Kellerei und Hofraithin, nicht
weniger die Beschaffenheit des Orts und der gewöhnlichen Hauß- und Scheuren-Zinsen wol zu überlegen
und

und alsdann einen Pflicht = und billigmäßigen Anschlag
nach dem wahren Werth zu machen, folgends die dar=
auf haftende Beschwerden davon zu befalciren, und
sodann das Refultat, wie bisher bei Häufern und Ge=
bäuden gebräuchlich gewefen, nur um die Hälfte in die
Steuer = Aeſtimation zu bringen. Und weil einige
Gebäude, neben der Wohnung auch einen befondern Nu=
zen und Einkommen haben, als bei Mühlen, Keltern
und dergleichen, fo iſt bei folchen der Nuzen daraus zu
unterfuchen, die darauf gehende Unköſten abzuziehen,
und nach dem übrigen der Anfchlag zu reguliren und
einzurichten. Wofern auch bey den Häufern und Ge=
bäuden notable meliorationes mit Aufrichtung eines
neuen Stokwerks, mehrerer Zimmer oder anderer Ne=
ben = Gebäu gefchehen follte, fo iſt beßwegen auch in
der Aeſtimation eine proportionirte Erhöhung zu be=
obachten.

15.

Betreffend aber die Feld = Güther und zwar die
Acker, fo iſt bekannt, daß diefelbige fo wohl ihrer
Situation als Qualitæt halben von unterfchiedlichem
Ertrag, daher die Sach dahin geſtellt worden, daß

1) wenigſtens 6 Claſſes derfelben zu machen,
deren die höchſte, daß ein Morgen jährlich 8 Schl.
Dinkel oder 4 Schl. Habern gebe, in der andern
Claſſe aber 7 Schl. Dinkel und 4 Schl. Habern, in
der dritten 6 Schl. Dinkel und 3 Schl. Haber, in
der vierten 5 Schl. Dinkel und 3 Schl. Habern, in
der fünften 4 Schl. Dinkel und 2 Schl. Habern
und dann in der fechsten 3 Schl. Dinkel und 2 Schl.
Habern, da dann die gefchworne Taxatores und
Steuer = Sezer ihren fchwehren Pflichten gemäß ein

jedes

jedes Gewend, unter seine behörige Claß zu lociren und einzustellen haben.

Indem sich aber auch dabei befunden, daß die Regula Diſtinctionis der Claſſen bei dem winterlichen Ertrag gegen dem ſommerlichen, da dieſes gegen jenem jederzeit auf die Hälfte geſtellt, nicht in Perpetuum angehe, ſondern mancher Aker, ſonderlich wann er einen leichten Boden hat, in dem winterlichen mehr als im ſommerlichen vorſchlage, hingegen bei ſtarkem Boden der Habern mehr, als nur die Hälfte gegen dem Dinkel herausgebe; Als haben die Commiſſarii und Steuer-Sezer bei ſolchergeſtalten ſich ereignenden Caſibus jede Gattung beſonder, nach ihrer pflichtmäſigen Erachtung zu claſſificiren und nicht praeciſe auf die Hälfte bei dem Habern zu reflectiren. Und weil

2) die Unkoſten als Bauen, Haber-Säen, Schnitter-Ernd- und Dung-Fuhrlohn davon in Abzug zu bringen ſind, ſo ſolle an ſtatt einer accuraten Berechnung derſelben, als welche vielen Schwierigkeiten unterworfen in lezterer Inſtruktion ſteht, bei den Aekern durchgehends ⅓ tel des Ertrags für den Bau-Koſten abgezogen werden. Wann auch

3) der Aker entweder gültbar oder theilbar wäre, ſolcher Belauf gleichfalls defalcirt, und das übrige folgends zu Capital geſchlagen, und für den würklichen Anſchlag gehalten ſein. Zu dem Ende

4) der Schöffel Dinkel zu 2 Fl. und der Schl. Habern zu 1 Fl. 30 Xr. gerechnet werden ſolle, und weil

5) die Aeker nicht alle Jahr tragen, ſondern die meiſte in 3 Jahren nur 2 mal Frucht bringen, zu-

zumal gröſtentheils nur alle 6 Jahre gebüngt zu wer⸗
den pflegen; ſo ſolle der Ertrag auf ſolche 6 Jahr be⸗
rechnet, und alsdann nur der 6te Theil in die **Com-
putation** gebracht werden.

6) Nachdeme aber auch hin und wieder im Lande
und ſonderlich gegen dem Schwarzwald dergleichen
Bau⸗Felder ſich befinden, welche nicht den Zelgen
nach gebauet werden können, ſondern wieder etliche
Jahr wüſt liegen bleiben, ſo wäre dieſes bei dem An⸗
ſchlag auch zu beobachten, und die Zeit, ſo lange ſie
Frucht tragen, und ſo lange ſie wieder ungebaut lie⸗
gen bleiben, gleichfalls zu berechnen, und dann
auf ſolche Zeit und Jahr der Austheiler zu machen.
Zumahl

7) dieſes bei denen nicht jährlichen Beſchwerden
in dem Abzug ebenmäßig zu obſerviren.

16.

So iſt auch bei denen Wieſen und Gras⸗Feldern,
weil ſie gleichfalls von unterſchiedlicher Qualitaet
ſind, dieſes zu beobachten, daß

1) der Ertrag zu 3 Jahren gerechnet und fol⸗
gends der Morgen in ſeine behörige Claſſ deren die
höchſte 8. die andere 7. die dritte 6. die vierte 5.
die fünfte 4. die ſechste 3. und die ſiebende 2 Wannen
Futter in ſolchen 3 Jahren ausmachen thäte, locirt.

2) Der Anſchlag einer Wannen zu 4 Fl. ge⸗
nommen

3) für den Unkoſten ⅐ tel des Ertrags abgezogen

4) die darauf haftende Beſchwerden wie bei den
Aekern von den Unkoſten defalcirt, ſodann

5) das

5) das Refiduum zu Capital geschlagen, und für den würklichen Anfaz gehalten werden solle. Was aber

17.

die Weingärten belangt, so ist die Sach dahin verabschiedet, daß

1) der Ertrag von zehen Jahren ineinander gerechnet und die Weingärten in fünf Claßen, deren die höchste dem Morgen nach inner gedachten zehen Jahren zu 40; die andere zu 35; die dritte zu 30; die vierte zu 25; und dann die fünfte zu 20. Aimer zu nehmen wäre, getheilet.

2) der Anschlag des Weins aber gleichfalls in fünf Claßen, als den besten Aimer zu 12 Fl die übrigen aber zu 10. 8. 6. und der geringste 4 Fl. distribuirt.

3) Darauf die Unkosten zu zwei Drittheilen des Ertrags abgerechnet, und

4) die auf den Weingärten haftende Beschwerden ebenmäßig in Abzug gebracht, und dann

5) das Refiduum zu Capital geschlagen, und der Belauf für den Steuer=Anfaz gehalten werden solle.

18.

Bei benen Baum=und Gras=Gärten aber hat man die Sach dahin zu richten, daß

1) dieselben in gute, mittelmäßige und schlechte einzutheilen

2) alßbann der Ertrag von drei Jahrgängen, der ersten Claß zu 8 Wannen, gleich denen besten Wiesen, die andere zu 6 und die 3te zu vier Wannen

nen Futter zu schätzen, hernach aber noch ½ tel des Anschlags wegen des Obsts und genüßenden Bann-Rechts
darauf zu legen, im übrigen aber des Abzugs der Un-
lösten und Beschwerden halber, denen Wiesen ganz
gleich zu tractiren wären. Wie dann auch

19.

was die Küchen - Gärten betrift, diejenige, so
außer der Stadt liegen, den Baum - Gärten ganz
gleich geachtet, die in der Stadt aber um den 4ten
Theil höher; so dann

20.

die Kraut - Hanf - und Flachs - Länder im Anschlag denen besten Wiesen verglichen werden sollen.
Was aber

21.

die Waldungen betrift, so sind dieselbe in Bü-
chen und Eichen, Birken oder gemischte Wälder, und
Tannen - oder Forchen - Wälder zu unterscheiden, und
bei der ersten der beste Morgen zu 20 Fl. der mittere
zu 15 und respve 10 Fl. - und 5 Fl. - bei den lezteren
aber zu 9, 6 und 3 Fl. zu ästimiren, wobei jedoch an
denenjenigen Orten, da entweder das Holz gar wohl
oder fast gar nicht unterzubringen, die geschworene
Aestimatores entweder eine Erhöhung oder Moderation vorzunehmen keine gebundene Hand haben, sondern die Sache nach ihrem pflichmäßigem Erachten
einzurichten befugt seyn sollen. Und weil

22.

die Weyher und See bei denen Privatis gar
rar, und von schlechter Consideration, so möchten
selbige

selbige benen Gütern gleich geachtet werden, doch, daß
das pflichtmäßige Arbitrium der Steuersezer nach
Beschaffenheit der Umstände nicht ausgeschloßen seyn
soll. Hingegen wäre

23.

in dem Anschlag der Fischwasser auf den gewöhnlich daraus erhebenden Bestand-Zinß die Absicht zu nehmen, selbiger zu Capital zu schlagen, und
die sich ergebende Summe für den Steuersaz zu halten.
Was aber

24.

die unzertrennliche Hof-und Lehen-Güter betrifft, so sollen selbige, wie andere Güter nach allen
Speciebus, sie bestehen gleich in Häußern und Gebäuden, Aekern und Wiesen, Weingärten, Baum-
und Graß-Gärten, Waldungen oder dergleichen, besonders nach obigem Reglement angeschlagen, darauf
die Gülten und andere Beschwerden, folgends auch
die Unkosten davon gezogen, das Residuum des Ertrags aber zu Capital gemacht, und dieses für die
rechtmäßige Taxe und Steuer-Ansaz geachtet werden. Was

25.

die ewige Wein-und Frucht- auch Geld-Gül-
ten betrift, so sind solche, wie die ablößige Capitalien
dergestalten zu collectiren, daß die Frucht- und Wein-
Gülten nach dem Kammer-Anschlag berechnet, zu
Capital geschlagen, alsdann von jedem 100 Fl. die
20 Xr. für alle Anlagen angesezt, folgends das ergebende Quantum des Ertrags wieder zu Capital gemacht und zu dem Landschaftlichen Steuer-Fuß geschlagen werden solle. Allermaßen auch

26

26.

wegen ermeldter ablößigen Capitalien es bei
dem f. d. 15 Decemb. 1704. erlaſſenen Fürſtl. Ge-
neral-Reſcript, daß von 100 Fl. vollzinſigem Capital
jährlich für alles 20 Xr. eingezogen werden ſolle, ſein
ohngeändertes Verbleiben hat. Und wäre der Ertrag
erſtgedachter Maſſen zu Capital zu rechnen, und dem
landſchaftlichen Steuer-Fuß zu addiren. Es wäre
dann, daß ein ſolcher Beſizer von Aktiv-Capitalien
auch Paſſiva, davon er den jährlichen Zins zu reichen
hat (dann die unzinsbare Current-Schulden in keine
Conſideration kommen) zu vertretten hätte, welche
dann in allweg von obigen Aktiv-Capitalien zu defalciren. Hierauf

27.

auf die Commercibilia oder Gewerb und Handthierungen zu kommen, ſo ſolle, was die Kauf-und
Handelſchaft betrift, dies Orts vornehmlich auf das
in derſelben ſtekende Capital, ſo entweder von dem
Handelsmann ſelbſt getreulich anzuzeigen, oder im
Verwaigerungs-Fall das Quantum ex Officio nach
Beſchaffenheit der Umſtände pflichtmäßig und ganz
unpartheyiſch anzuſezen wäre, reflectirt, jedoch aus
erheblichen Unſachen allein die Hälfte deſſelben genommen, und alsdann nach Unterſcheid der Qualitaet der
Waaren, auch guten mittelmäßigen oder ſchlechten
Abgangs, entweder um ⅔tel oder wenigſtens den
halben Theil in die Steuer gelegt, und ſolcher An-
ſaz durch alle Umlagen conſiderirt werden.

28.

Die Handwerker belangend, ſo haben die
geſchworne Aeſtimatores dabei forderiſt wohl zu
überlegen: 1)

1) Ob das in die Umlage zu ziehende Hand-werk einen zimlichen Verlag erfodere, und zugleich ein Gewerb treibe, oder ob es sich allein mit dem Verdienst behelfen müße?

2) Ob es das ganze Jahr durch gangbar seye oder nicht? und dann

3) ob es an einen gewißen obrigkeitlichen Preis gebunden. Darauf sollen sie nach ihren pflichtmäßigen Erachten solche zu belegen stehende Handwerker nach einer jeden Gattung in gute, mittelmäßige und schlechte eintheilen, folgends ein billigmäßiges Quantum dafür ansezen, welches durch alle Claßen zu versteuren wäre.

29.

Anreichend aber den Weinhandel, so sind dabei folgende Umstände zu beobachten, daß:

1) allein derjenige Wein, so man zum Wieder-verkauf einlegt, und also pro Commercibili zu halten, zu collectiren und anzulegen, dahero davon 1. das eigene Gewächs, weilen die Weingärten vorhin schon in der Anlag begriffen 2. der Besoldungs-Wein und 3. Was in Ermanglung eigenen oder Besoldungs-Weins zum täglichen Hausbrauch, so nach Größe der Familie und Haushaltung zu determiniren wäre, er-kauft wird, billig davon zu befreyen sind

2) Daß die Kiefer zu getreuer Anzeige des ein-gelegten Weins, gleich nach dem ersten Ablaß anzu-geben verpflichtet;

3) daß die Wein-Verkäufe gleich nach getroffenem Contrakt denen Unter-Käufern angezeigt, die Gebühr davon berechnet und bezahlt, die Käuffe aber in ein-
ordent-

ordentliches Regiſter eingetragen: unb jährlich bem
Stauerſaz vorgelegt.

4) Daß ber Aimer Landwein pro 10 Fl.; ber
Oberländer pro 6 Fl. angeſezt unb ber Belauf bavon allein ein Jahr lang burch alle Species ber Anlagen belegt werben ſolle.

Wofern ſich auch bies Orts einige Special Caſus ereignen, ſo in bieſer Jnſtruction nicht becibirt,
ſo haben bie Steurſezere ſolche mit Umſtänben unterthänigſt zu berichten, unb barüber ſich Beſcheibs zu
erholen.

30.

Bei bem Vieh- Hanbel aber ſolle benenjenigen,
ſo mit Schaafen zu hanblen pflegen ein Hammel jährlich pro 1 Fl. Ein Schaaf pro 40 Xr. unb ein
Lamm pro 20 Xr.; benjenigen aber ſo mit gehörn-
tem Vieh commerciren, eine Kuh pro 3 Fl. unb ein
paar Ochſen ober Stier pro 6 Fl. in Anſchlag gebracht; ber Belauf burch alle Species ber Anlagen
in bie Steuer gelegt; wegen bes Pferbehanbels aber
nach billigem Gutbefinben ber Aeſtimatorum ein gewiſes Quantum bafür angeſezt, unb obiges auch bei
benen Melkereyen unb Schäfereyen beobachtet werben.
So viel aber

31.

ben Bauholz- unb Floz-Hanbel, besgleichen ben
Salz- unb Brennholz-Hanbel betrift, ſo ſolle jener
um bas Drittel bes barinn ſtehenben Capitals, bieſer
um bie Hälfte beſſelben in bie Steuer gelegt, bas übrige
aber für bie babei anzuwenben habenbe Unkoſten paſ-
ſirt werben.

F   32.

32.

Bey Belegung der Wirthschaften, aber haben die verordnete Aeſtimatores und Steuerſezere for= deriſt wohl zu conſideriren, worinn der Schildwirthe ihr Ertrag und Nuzen beſtehe, daß nehmlich ſelbiger von den Logement= Geldern, der Speiſung, dem Vertrieb des Weins, und der Fütterung und Stall= miethe dependire, und folgends nach Beſchaffenheit des Vertriebs ſolche Wirthſchafften in 3. Claſſes, als in gute, mittelmäßige und ſchlechte zu diſtribui= ren, folgends einem jeden ein gewiſſes und billigmäßi= ges Quantum, mit welchen von 100. bis höchſtens auf 1000. Fl. geſtiegen werden könnte, nach ihrem pflicht= mäßigen und ganz unpartheyiſchen Erachten in die Steuer zu legen, auch ſolcher Geſtalt die Bierbraue= reyen zu tractiren.

33.

So ſolle es auch bei denen Gremplereyen der Unter= ſchied unter guten und ſchlechten gehalten, und nach Gutbefinden der Steuerſezere, jene etwan pro 100. Fl. und dieſe pro 50 Fl. in die Steuer gelegt werden. Gleich wie es aber

34.

Mit Belegung des Bürger= Rechts, bishero unterſchiedlich im Land gehalten worden, alſo ſolle in das Künftige in allen Städten und Aemtern jährlich ein gewiſes, und zwar dergeſtalt, für alles und alles determinirt werden, daß in den vornehmſten Städ= ten des Landes 2 Fl. in den andern 1 Fl. 30 Xr. in Fleken und Dörfern aber 45. Xr. bis 1 Fl. - einzu= ziehen wären; eine Wittib aber nicht weiter als die

Hälfte,

Hälfte, die Waisen aber gar nichts zu geben schuldig seyn sollen. Und wie

35.

alle und jede bürgerliche Güter im Lande, so bißhero versteuert worden, oder doch den Land Tags Abschieden vom Jahr 1618. und 1629. gemäß, hätten collectiret werden sollen, in die Besteurung zu ziehen, und keines derselben unversteurt gelassen werden solle; also sind hingegen diejenige Güter, so von unerdenklicher Zeit nur zu denen Extraordinari Collecten gezogen worden, wie sich dergleichen Casus da und dort im Land ergeben dörfteu, dabey ohngeändert zu lassen. Und obschon

36.

an theils Orten bishero practicirt worden, daß die Ausgeseßene von einen Stadt, Amt oder Fleken, welche collectable Güter in derselben Bezirk besessen, um etwas höher als die einheimische, dem Gulden nach belegt worden, so solle es jedoch in das künftige bei dem jüngst ausgelasseuen Reglement sein Verbleiben haben, und ein Contribuent wie der andere, er seye inn- oder ausgeseßen, tractirt, hingegen aber auch alle, zu Vergleichung sich qualificirende Kriegs- und andere Schäden in leidlichem Ansaz mitberechnet werden. Und wann

37.

dieses alles bei einer jeden Stadt, Fleken, Dorf, Weiler oder einzelnen Hof, so einem Amt incorporirt, bewerkstelliget und der Fundus collectabilis in eine Summe gebracht, so sollen sie die geschworne Steuer-Deputirte darüber einen ausführlichen Bericht neben

einer

einer specificirten Tabell über so wol der Stadt als
jeden Amts-Orts belaufendes Steuer-Quantum
pflichtmäßig begreifen, und nicht allein zur Landschaft
förderlichst einschiken, sondern auch die Sache dahin
dirigiren und einrichten, daß, wenn solche ihr Verrich-
tung von gnädigster Herrschaft und dero Treugehorsamsten Landschaft approbirt, der Subrepartitions-
Fuß bei selbigem Stadt und Amt, ob er schon vorhin
anderst gestanden, darnach gemacht, und einem jeden
Amts-Ort, was dem 100. nach betrift, seine Gebühr assignirt, solcher auch ins künftig als eine Regel
und Richtschnur in allen Umlagen, genau beobachtet
werden. Sintemal auch

38.

bekannt, daß viele abgebrannte Hofstätten und
öde Güter hin und wieder im Lande liegen, welche
der Zeit nur in solcher Qualität nemlich um die Quart
der nach obgemeldter Distinction, theils gar nicht zu
collectiren sind, und gleichwol zu hoffen ist, daß
bey von Gott wieder erlangender Friedens-Zeit, und
Vermehrung der Mannschaft ein guter Theil davon
nach und nach wieder aufgebauet und respve in die
Cultur gebracht werden möchte, als sollen die Städte
und Aemter wenigstens alle sechs Jahre ihren gründlichen und ganz ohnpartheyischen Bericht gegen Martini hin specifice erstatten, wie viel Haußpläze indessen wieder überbaut, und dermahlen wüst gelegene
Güther umgebrochen, auch was sie dieser Instruction
gemäß im Anschlag ausmachen, und also um wie viel
sich ihr Subrepartitions-Fuß erhöhet haben möchte.
Deßgleichen haben sie

39.

Auch dieſes wegen der Commercien, Handthie=
rungen und Handwerker, um willen nicht allein ſolche
der ſteten Veränderung unterworfen, ſondern auch an
vielen Orten noch eine zimliche Anzahl der Einwoh=
nerſchaft abgehet, welche etwan mit der Zeit durch
Gottes Gnab und Seegen wieder erſezt werden möch=
ten, zu beobachten, und eben dieſes

40.

auch bei Veränderung der Gülten und Capita=
lien in ermeldten ſechs Jahren, ob das Quantum ge=
ſtiegen oder ſich verringert habe, durch erſtattenden
Bericht ins Werk zu ſezen, damit man ſolcher Ge=
ſtalten den allgemeinen landſchaftlichen Steuer = Fuß
jedesmals der Billigkeit gemäß rectificiren und einrich=
ten, und alſo ſo viel immer möglich, die Aequalitæt
und Gleichheit bei den Städten und Aemtern erhal=
ten könne. Falls auch

41.

ein und anderer Special= Caſus in progreſſu
dieſes Steuer= Reviſions= Geſchäfts ſich ergeben
möchte, welcher aus gegenwärtiger Inſtruction nicht
zu decibiren, und ausfindig zu machen wäre, ſo ha=
ben die geſchworne Steuer=Deputirte ſolchen mit Um=
ſtänden zur Fürſtlichen Canzley unterthänigſt zu be=
richten, und darüber gnädigſten Beſchaib zu erwarten.

42.

Und endlich nach bereits abgelegter Prob zu wei=
terer Erläuterung und Inſtruction folgende Regulas
gene=

generales mit gnädigster Herrschaft Genehmhaltung zu abdiren, für nöthig angesehen worden. Daß

1) nach geschehener Legitimation und Praesentation des Commissarii vorderist von dem Beamten Loci, in seiner des Commissarii Gegenwart, die Bealdigung sowohl der Feldmesser, als anderer zu diesem Geschäft zu gebrauchender vorzunehmen, auch

2) der Commissarius sich zu erkundigen hat, ob an demjenigen Ort, da die Revision am ersten geschehen solle, die Unter-Markung der Güter, wo es nöthig gewesen, bereits vorgegangen, damit der Feldmesser in dem Messen nicht gehindert werde. Folgends und

3) hat er sich dahin zu verfügen, und den Feldmesser und Urkunds-Personen den Modum zu zeigen, wie die Güter ordentlich beschrieben, und sobann gemessen werden sollen; auch wie oben gemeldt, bisweilen zuzusehen, ob man in der Sach recht procedire. Im übrigen aber sich in dieses Geschäft der Feldmesser nicht weiter zu mischen, sondern indessen bis ein Stück Feld gemessen, die Aestimation der Häuser und Gebäude, Commercien und Handwerker unterhanden zu nehmen, damit beedes pari passu tractirt, und dardurch Zeit und Kosten menagirt werden mögen. Es haben sich aber die Commissarii

4) mit Aufrichtung eines Catastri oder Steuer-Fußes, als welches hernach die Stadt- und Amtschreiber zu veranstalten in ihrer Incumbenz haben, nicht aufzuhalten, sondern wenn die Aestimation geschehen, die Sache nach allen Rubriquen in gewiße Tabellen zu bringen, darinn der Possessor, die Anstößer, daß Meß des Guts, der Ertrag desselben, der Abzug der Beschwerden und Cultur-Kosten, und endlich

lich der Auswurf des würklichen Anschlags begriffen;

5) sich mit ihren Resolvirungen auf Geld, Frucht und Wein gefaßt zu machen, damit die Ausrechnung nicht so oft repetirt werden müße. Wobey aber

6) zu Gewinnung der Zeit die Minutissima nicht zu attendiren. Nemlichen wenn 1) das Meß, Viertheil Ruthen nicht erraichet, solche wenige Schuhe nur auszulaßen. 2) an Früchten, was unter 1. Achtel 3) an Wein, was unter 1. Maas und dann 4) an Geld die Heller und Pfenning bis auf einen halben Creuzer in keine Consideration und Berechnung zu nehmen. Und sind

7) nach obigen acht Punkten, die auf den Gütern haftende Beschwerden durchaus bei allen Rubriquen vor den Cultur- Kosten abzuziehen, sodann

8) die bei den Feld- Gütern vorkommende Claßen nicht ohne sonderbare Noth und sonst erscheinende grose Unbilligkeit eigenwillig zu vermehren, zumal

9) auf die Zehendfreye Güter den zehenden Theil noch zu dem Ertrag derselben zu schlagen und

10) die auf den Gütern haftende Gülten und andere an Naturalien schuldige Beschwerden also in Abzug zu bringen, daß die Früchten und Geflügel nach der Cameral- Taxe berechnet werden. Ueber dieses sind

11) die auf dem Hoff- Hueb- und andern dergleichen Lehengütern stehende nicht jährliche Onera, als Weglösin, Handlohn, Fall und Bestand- Gelder zum 20 Theil, weil etwan ohngefähr in 20 Jahren einmahl die Veränderung geschehen mag, defalciren, Falls auch

F 4   12)

12) an ein oder andern Orthen special Casus, die in dieser Instruction nicht deutlich decidirt, sich ergeben möchten, haben die Commissarii solche jedesmals auf halbgebrochenem Papier, in Form eines Defect Protocolls, mit ihren Umständen, aber Puntenweiße zur Fürstlichen Steuer-Revisions-Deputation zu berichten, auch solche jedesmal, damit das eine Exemplar bei den Akten zurükbehalten werden möchte, in duplo einzuschiken und die Decision darüber zu erwarten; und dann

13) alle Quartal, wie weit sie in ihrer Commission avancirt, mit Umständen unterthänigst zu berichten. Wann aber schließlich und

14) in einem ganzen Amt die Steuer-Revision expedirt, alsdann solche der Commissarius von einem jeden Orth solchen Amts eine Tabelle nach allen Rubriquen und folgends eine General-Tabelle des ganzen Amts, und zwar ohne Abzug des Bürger-Rechts und der Commun-Güter, neben einer besondern Tabelle des Unterschieds zwischen dem alten und neuen Meß, auch alten und neuen Anschlag einschiken, zu welchem Ende und damit

15) die Commissarii in einer Conformitaet dergleichen Tabellen sich bedienen, auch die Zeit, so zum liniüren und schreiben erfordert wird, erspart werden möchte, dieselbe gewise gedrukte Formularien sowohl der Tabellen, die bei jedem Ort verbleiben und worauf der Stadt und Amtsschreiber hernach das Steuerbuch zu formiren hat als auch derjenigen halb, die anhero einzusenden sind, zu empfangen haben sollen,

Deßen

Deßen zu währem Urkund ist gemeiner Praelaten und Landschaft gewöhnliches Innsiegel hievorgedrukt. So geschehen Stuttgardt, den vier und Zwanzigsten Ianarii! Anno Ein tausend Siebenhundert und dreyzehen.

General - Repartition des ordentlichen Steuer Quantums, auf die Klöster, auch Städte und Dörfer des Herzogthums.

I. Hinterfaßen der Klöster.

Adelberg	1500 Fl.
Alpirspach	1870
Anhausen	470
Stifft Baknang, wegen Allmerspach	145
Bebenhausen	3000
Blaubeuren	800
Denkendorf	600
St. Georgen	900
Herbrechtingen	55
Herrenalb bleibt salvo jure collectandi unbelegt	¦ ¦ o
Oertingen	830
Merklingen	¦1100
Hirsau	820
Königsbronn	950
Lichtenstern	540
Lorch	1300
Murrhard	970
Pfullingen, wegen Geukingen	100
Priorat Reichenbach	410
Reuthin wegen Ober-Jettingen	110
	16,370. Fl.

F 5   II. Städte

II. Städte und Aemter.

				Fl.	Xr.
Altenstaig	,	,	,	1230	,
Baknang	,	,	,	2700	,
Bahlingen	,	,	,	3800	,
Beßigheim	,	,	,	1385	,
Beilstein	,	,	,	1500	,
Bietigheim	,	,	,	1815	,
Blaubeuren	,	,	,	1450	,
Botwar	,	,	,	1470	,
Böblingen	,	,	,	4900	,
Brakenheim	,	,	,	3060	,
Bulach	,	,	,	80	,
Calw	,	,	,	2200	,
Cannstatt	,	,	,	6206	,
Dornhahn	,	,	,	300	,
Dornstetten	,	,	,	1645	,
Ebingen	,	,	,	1050	,
Eßlabeuren	,	,	,	46	48
Freudenstatt	,	,	,	490	,
Garttach, Steten und Rieberhofen			,	870	,
Göppingen	,	,	,	6100	,
Gröningen	,	,	,	2414	25
Güglingen	,	,	,	1650	,
Heybenheim	,	,	,	3580	,
Helmßheim	,	,	240	,	
Peroufe	,	,	27	,	
				267	,
Herrenberg	,	,	,	4400	,
Heubach	,	,	,	300	,
Hornberg	,	,	,	1750	,
Höpfigheim	,	,	,	150	,
Kirchheim unter Tek	,	,	7600	,	

Kirch-

	Fl.	Xr.	Pf.
Kirchheim am Nekar	600		
Lauffen	2500		
Leonberg	5400		
Liebenzell	675		
Ludwigsburg die Stadt bloß wegen ihrer Commun Effecten, da die vertragmäßige Steuer von Häusern und Gütern besonders einkömmt	70		
s s s s das Amt mit Asperg			
s s s s s	3449	9	
Marbach	3720		
Marschalkenzimmern	55		
Magolsheim	27		
Maulbronner Amt	4850		
Mökmühl	1200		
Mundelsheim	550		
Münsingen	1050		
Nagold	1880		
Neidlingen	275		
Kellerei Nellingen	373	20	
Nellingsheim	80		
Neuenbürg	1900		
Neuenstatt	1590		
Neuffen	2000		
Nürtingen	4300		
Pflummern	18		
Pfullingen	1350		
Rietenau vermög Vergleichs ein beständiges jährliches.			
Rosenfeld	2200		
Sachsenheim	985		
Schertlintsche Lehensfleken, Heutings-			

heim,

	Fl.	Xr.	Pf.
heim, Stammheim, Geisingen und Beihingen	159	45	
Sindelfingen	1200		
Schorndorf	9200		
Steußlingen	150		
Stuttgart, die Stadt	6800		
das Amt	7100		
Sulz	1420		
Thalheim	200		
Tübingen die Stadt			
2900			
das Amt			
5600			
	8500		
Universität Tübingen, krafft Vergleichs zu Friedenszeiten überhaupt 50			
Tuttlingen	2800		
Urach	7550		
Vaihingen	3800		
Waiblingen	3300		
Weinsperg	4150		
Wendlingen	200		
Wildbad	240		
Wildberg	1150		
Winnenden	2550		
Zavelstein	710		
Die Sternenfelßischen Orte, Zaberfeld, Michelbach, Ochsenburg und Leonbronn krafft Vergleichs vom 21. Mart. 1749.	300		

Bönnig-

	Fl.	Kr.	Pf.
Bönnigheim, mit Erligheimund dem Antheil an Kleebronn, krafft Vergleichs v. 17. Jun. 1786	522		
Summe des Steuer-Ertrags von allen Städten nnd Aemtern	167,398	26	2
ben Hinterfaßen der Clöster	16,370		
Total-Summe	183,768	26	2

VII.

Reichshofräthliches Votum ad Imperatorem in Caufa der Wirtembergifchen Land-Stände contra des Herrn Herzogs zu Wirtemberg Durchlaucht, puncto diverforum Gravaminum nunc Transactionis. 1770.

Allergnädigfter Kayfer und Herr Herr!

Bey Euer Kayferlichen Majeftät wird annoch in allergnädigftem Angedenken beruhen, wie in den Wirtembergifchen zwifchen dem Herrn Herzog und feinen Land-Ständen fich angefponnenen fehr beträchtlichen Zwiftigkeiten, zur gütlichen Vermittelung der fämtlichen in 6 Haupt-Claßen abgetheilt gewefenen Land-Ständifchen Befchwerden, eine Kayferliche Hoff-Com

Commißion angeordnet, und von solcher die erste, die Verfaßung des Landes und die Compacta= tenmäsige Art und Regierungs= Form zum Ge= genstand gehabte Claße, gütlich beygelegt worden sey, als worüber gehorsamster Reichs= Hof=Rath un= term 4ten August 1768 sein allerunterthänigstes Gut= achten erstattet, Allerhöchst Deroselben auch unter dem 13ten Okt. besagten Jahrs hierauf die Kayserliche Confirmation salvis Juribus Caesareis et Imperii, et quorumcunque interest in forma priorum Con= firmationum allergnädigst ertheilet haben.

Inzwischen sind nun beyde Theile, in Verfolg der in der ersten Abtheilung vestgesetzten Principien, mit ihren Vergleichs= Handlungen theils zu Stutt= gart, theils und hauptsächlich unter Mediation des Kayserlichen Ministerii, mit solchem Erfolg fortge= fahren, daß endlich sämtliche Strittigkeiten, durch ei= nen von dem Herrn Herzog unterm 27ten Febr., von sämtlichen Land= Ständen aber unterm 2ten Mart. die= ses laufenden Jahres, unterzeichneten vollständigen Re= ceß, gänzlich abgethan und verglichen worden, welcher Euer Kayserl. Majestät zu Dero allerhöchsten Be= stätigung beyderseits in originali allerunterthänigst vorgeleget wird.

In diesem wird gleich anfangs alles dasjenige inserirt, worüber sich der Herr Herzog mit seinen Ständen quoad Classem Imam einverstanden, und obbesagtermaßen die Kayserliche Bestättigung bereits erhalten hat, und da bey dem vorgewesten Abschluß die Accis= Abreichung zur Landschaffts= Caße von den Marquetentern, dem Brauhauß zu Nattheim und den Lotterien ausgesezt verblieben, die nunmehr hier=
über

über getroffene Abkunfft per Modum Supple,
menti dahin nachgetragen, daß dieses Brauhauß zu
Mattheim von dem Landschafftlichen Accis befreyt, je,
doch, wann Wirthe aus andern Dorffschaften von
diesem Brauhauß Bier erkaufften and auszapften,
dieselbe an dem Ort der Auszapffung den Accis an die
Landschafft entrichten, auch die nicht von Herrschaffts,
wegen errichteten Lotterien, nebst den Marquetentern
zur Accis, Entrichtung angehalten werden sollen.

Wie sich dann auch ferner wegen der von Land,
schaft-Einnehmern, Magistraten, Commun, Vorste,
hern, und ganzen Gemeinden ausgestellt gebliebenen
Indemnisation, derer theils beygetriebenen, theils
sistirt gebliebenen Geld,Straffen, Commißions , Ge,
bühren und andern Schäden, auf eine Herzogl. Reso,
lution vom 11ten Jan. dieses lauffenden Jahrs bezo,
gen, und ab Seiten der Landschafft damit ihre gänz,
liche Zufritenheit erhalten zu haben, erklärt wird.

Nun ist aber in Ansehung des erstern Punkts
circa factum zu bemerken, wie das zur Herzogl. Cam,
mer gehörige Guth Oggenhausen eine beträchtliche
Brauerey habe, in welche die Dörffer Fleinheim, Og,
genhausen und Nattheim gebannt sind.

Es kauffte sich aber im Jahr 1761 der Wirth
von Nattheim von diesem Bann loß, und erhielt die
Erlaubniß, eine eigene Braustatt aufzurichten, worauf
sobann die Landschaft von ihm, wie von allen andern
Brauern den gewöhnlichen Bier=Accis abforderte, so
derselbe aber unter dem Vorwand verwaigerte, weil
er die Conceßion von dem Herrn Herzog erhalten habe,
und dahero auch von demjenigen Bier, so er außer
                                                    dem

dem Ort Nattheim verkauffte, solchen zu entrichten, sich nicht schuldig zu seyn erachtete.

Gleichwie nun aber nach den Rechten die Herzogl. Concession sich nicht weiter erstrecken konnte, als soweit die Herzogl. Bann = Gerechtigkeit gegangen: so ist die Sache der Billigkeit nach dahin abgethan worden, daß beyde Theile in die gebührende Gränzen gesezt, der Ort Nattheim selbst von dem Accis befreyt, das außer demselben zu verkauffende Bier aber damit beleget worden ist.

Wo hingegen in Ansehung derer Marquetenter und Lotterien hier anzufügen kommt, wie bereits in der alten Accis=Instruktion enthalten ist, daß dieses extraordinari Mittel aller Orten, ohne einige Dispensation, von männiglichen, er seye, wer er wolle, eingezogen, und sonst nirgendhin, als in die Landschafft=Einnehmerey=Verwaltung geliefert werden solle. Auf welche Instruktion dann auch in verschiedenen Rescripten von 1692 und 1742 den Marquetentern anbefohlen worden, den Accis in die Landschafft abzureichen.

Daher dann auch diser Punkt nach dem alt eingeführten Herkommen berichtigt worden. Auch bey dem 3ten nichts zu erinnern seyn dörffte, da die Herzogliche Resolution vom 11ten Jan. 1770 dahin lautet: daß diser auf 7000 Fl. berechnete Schaden und Kosten aus der Gemeinschafftlich aufgerichteten Schulden=Zahlungs=Casse entrichtet werden solle.

Als

Als schreitet Gehorsamster Reichs-Hoffrath zu der
IIten Claße
des gegenwärtigen Vergleichs, welche von der Geistlichen
Verfaßung des Landes und Verwendung deß Geistlichen Guts handelt.

Votum ad Claſſem IIdam.

Bevor nun Gehorsamster Reichs-Hoffrath über
diese sämtliche Vergleichs-Artikel sein allerunterthänigstes Gutachten erstattet, muß derselbe aus seinem
bereits Anno 1768 überreichten Voto ganz kürzlich
wiederholen, wie dieses Herzogthum eine ganz besondere, durch vielfältige von Allerhöchst Deroselben
Vorfahren am Reich bestättigte, und zu Lands-Funda-
mental-Gesezen gewordene, anerkannte und beschworne
Verträge, eingeführte Landes-Verfaßung habe, wodurch die einem sonstigen Landes-Herrn unumschränk-
ter zuständige Landes-Hoheit und die daraus fließende
Folgen, in verschidenen Stücken Compactatenmäßig
eingeschränkt worden sind. Anbey in Ansehung des
Religions-Zustandes ferner beyfügen, wie dises ganze
Herzogthum samt deßen Regenten, vor und nach dem
anno normali, dann dem Westphälischen Friedens-
Schluß, der protestantischen Religion zugethan gewesen, und erst in neuern Zeiten Catholische Herzoge bekommen habe. Worüber dann verschidene Irrungen
entstanden, biß in dem Jahr 1739 von Herzog Carl
Friedrich, durch Außstellung der von Carl des VII.
Kayserl. Maj. nachhero bestätigten Reversalien, solche
gehoben worden.

Endlich auch wegen des sehr beträchtlichen Geistlichen Kirchen-Guts annoch besonders beirucken, wie
daßelbe nach der im Jahr 1559 errichteten, zu einem
G   Lands-

Landes-Grund-Gesez gewordenen, und von den Herrn
Herzogen anerkannten großen Kirchen-Ordnung, allein
zu Erhaltung der Kirchen-Diener, Schulmeister, des
Ministerii, Kirchen-Gebäude, Steuer der Armen,
und endlich zum Trost, Hülffe und Rettung Land
und Leute gewidmet ist.

In so weit demnach der Innhalt gegenwärtigen
Vergleichs mit den Kayserlich allerhöchsten Orts
bereits bestättigten Verträgen und Receßen vollkommen übereinstimmt, kan solchemnach dermalen die
nachgesuchte Kayserliche Bestätigung um so minder
einigem Zweifel unterworffen seyn, als diese sämmtliche Verträge bereits von dem dermaligen Herrn Herzog bey deßen Regierungs-Antritt anerkannt und be-
schworen worden. Mithin es nur um jene Punkte
zu thun ist, wo entweder diese Receße mehrers erläu-
tert und näher bestimmt, oder mittelst dieses neuen
Vergleichs eine neuerliche Anordnung getroffen worden.

Wofern nun nach disen Principien der gegenwärtige Vergleich betrachtet wird; so ist der §. 2.
3. und ein Theil des 4ten §. in den Reversalien von
1739. S. 13 und 15 wörtlich enthalten. Der §. 10
hingegen, in der den 27ten Martii 1734 dem Ge-
heimen-Raths-Collegio übertragenen perpetuirli-
chen Commission.

§. 12 theils bereits in der Eberhardinischen
Canzley-Ordnung, theils in dem Vergleich ad Classem 1mam theils in dem Landtags-Abschied 1652.
§. 14. in der Kirchen- und Canzley-Ordnung §. 15.
in den Reversalien von 1739. und der §. 16. in den
ältern

ältern und neuern Receßen von 1629. 1632. 1633.
und 1739 wie auch in der Kirchen-Ordnung begriffen.

So ist auch ferner der 1ste Artikel, der sich lediglich auf die Compactata und Reversalien beziehet,
keiner Bedenklichkeit unterworffen.

Wohingegen in Ansehung der §. §. 5. 6. et 7.
wo von dem Catholischen Privat-Gottesdienst des
Herrn Herzogs gehandelt wird, aus den Reversalien
von 1739. hier anzumerken kommt, daß in denselben ein weiteres nicht enthalten ist, als daß kein Simul-
taneum eingeführt, und der geringste Actus eines
Catholischen Gottesdiensts, außer dem Herzoglichen
Privat-Gottesdienste, nicht exerciret werden solle.
Welcher dann auch dahin bestimmet wird, daß in dem
Fürstlichen Schloß eine besondere Capelle erbauet und
eingerichtet, zu Hoff-Predigern verträgliche Personen
genommen, und den Catholischen Unterthanen zu Ludwigsburg blos eine Privat-Devotion eingestanden werden solle. Wordurch demnach in ersagten Reversalien
weder der Privat-Gottesdienst auf die Stadt Ludwigsburg allein, mit Ausschluß der übrigen Herzoglichen Lust-Schlösser, noch auf die alleinige Hoff-Geist-
liche restringirt worden. Mithin ist in diesem Vertrag
ein mehrers enthalten, als die Reversales von 1739.
besagen.

Nach den Principien aller Religions-Theile,
ist auch mit dem Westphälischen Frieden selbst nicht
zu vereinbaren, wie einem Landes-Herrn sein Privat-
Gottesdienst dergestalt eingeschränckt werden könne,
daß Er denselben nicht auch auf andern ihme zugehörigen Schlößern, oder durch andere ihm gefällige Geist-

G 2   liche

liche zu exerciren befugt seyn solle. Da vielmehr nach
dem Innhalt ermelter Reversalien, die Haltung eines
Privat-Gottesdienstes und Hoff-Predigers, als in
dem Instrumento Pacis Westphalicae erlaubt, anerkannt wird, auch Gehorsamsten Reichs-Hoff-Rath
kein Beyspiel bekannt ist, wo die Ausübung desselben
dergestalt eingeschräncket worden wäre.

Allein, wann dagegen in Betrachtung gezogen
wird, daß sich der Herr Herzog in diesen nemlichen
Reversalibus überhaupt dahin anheischig gemacht habe,
in Ansehung der Religion alles dasjenige durchgängig
beyzubehalten, was den Principien der protestantischen
Fürsten und Stände des Reichs gemäs sey, und ferner erwägt, wie sehr solche dermal übertrieben werden,
und wie wenig anzurathen sey, eine Erklärung ihrer
Principiorum anzuverlangen, auch endlich, aus dem
Articulo V. §. 31. des Westphälischen Friedens-
Schlußes, als einen richtigen Saz annimmt, daß
jedem Landes-Herrn mit seinen Unterthanen sich auch
allenfalls gegen den Innhalt dieses Reichs-Gesezes
zu vergleichen, mithin die ihme ansonst competirende
Gerechtsame zu vergeben, verstattet sey; so dörffte
nach der unzielsezlichen Meynung Dero gehorsamsten
Reichs-Hoff-Raths, in Ansehung dieser Artikel die
Allerhöchste Kayserliche Confirmation zwar ertheilt
werden, jedoch, daß bey der zu ertheilenden Bestättigung, sowohl wegen dieser, als verschiedener anderen
annoch folgenden Artikel, allerdings erforderlich seyn
wird, die Befugniße aller Interesenten und Succes-
sorum, die bey dem gegenwärtigen Vergleich nicht mit
concurrirt haben, durch eine Clausulam salvatoriam
ausdrücklich offen zu lassen.

Auf

Auf gleiche Art ist das Ende des 4ten Artikel beschaffen, in welchem der Herr Herzog die Versicherung giebt, daß Er auch an denen Orten, wo Ihme die Annahme der Bürger und Beysizer zusteht, keinen einer andern, als der protestautischen Religion zugethanen annehmen wolle.

Hievon besagen die schon so oft erwehnte Reversalien ein anderes nicht, als daß nach dem Eingange dieses Artikels den Communen in jenen Orten, wo ihnen die Annahm gebührt, kein Catholischer Bürger oder Beysaß aufgedrungen werden solle. Mithin waltet abermal hier ein beträchtlicher Unterschied vor, welcher wohl schwerlich in einem Staat des Teutschen Reichs jemalen noch weder practicirt, noch in Uebung gekommen ist.

Es ist zwar nicht unbekannt, wie in verschiedenen Landen theils durch Pacta vestgesezt, theils aus eigener Bewegung der Landes-Fürsten kein anderer zum Bürger aufgenommen und Immobilia zu besizen befugt sey, als ein solcher, welcher der in dem Lande eingeführten Religion zugethan ist.

Daß aber einem Landes-Herrn nicht einmal gestattet werden solle, einen Beysaßen einer andern Religion auf- und anzunehmen, solches wird wohl bis anhero weder behauptet werden können, noch auch mit denen neuerlichsten Principien und Auslegungen des Westphälichen Friedensschlußes, zu vereinbaren seyn, nach welchen die drey Religionen gleich gedultet, und jedem Landes-Herrn gestattet wird, die der einen oder andern Religion zugethane, als Beysaßen anzunehmen, wofern dardurch nur der in dem Lande eingeführten Religioni dominanti kein Nachtheil erwächset.

G 3   Da

Da jedannoch dieser wichtigen Gründe uner=
achtet, die erst erwehnte sämmtliche Betrachtungen
wiederum eintretten; so wäre obbesagtermaßen auch
dieserhalben die nachgesuchte Kaiserliche Confirmation
nicht zu versagen.

Wohingegen Gehorsamster Reichs = Hoff= Rath
bey dem 8ten und 9ten Artikel nichts zu erinnern fin=
det. Dann nachdem, nach den Reversalibus von 1739.
dem Herrn Herzog ein Privat= Gottesdienst, den Ca=
tholischen Eingesessenen aber, eine Privat= Devotion,
und zwar nach den Principien der Evangelischen Für=
sten und Stände zusteht, so hat der Herzog allerdings
diesen seinen Reversalien zuwider gehandelt, wann
Er den Catholischen Einwohnern zu Ludwigsburg,
ausser seiner Schloß= Capelle, einen Gottesdienst in
dem Frisonischen Gartenhause zu halten, und der Ca=
tholischen Geistlichkeit sogar Taufen, Copulationen
und dergleichen Actus Ecclesiasticos zu verrichten
gestattet hat.

Ad Artic. 10. et 14. ist sowohl nach der Kir=
chen= als Cannzley=Ordnung von 1660. der Kirchen=
Rath jederzeit dergestalt unter dem Geheimen= Rath
gestanden, daß sogar demselben verboten war, nichts
importantes an den Landes=Fürsten zu bringen, wel=
ches nicht zuvor in den Geheimen=Rath gegeben, und
daselbst darüber nach Nothdurft deliberirt worden
wäre. Wovon jedoch der Fall ausgenommen worden,
wenn der Herzog nach ein oder anderen Sache selbsten
fragen, oder solche erfordern laßen würde. Woraus
dann erhellt, daß in dem 10ten, 12ten und 14ten
Artikel nichts enthalten ist, so nicht bereits in diesen
Ordnungen begriffen wäre.

Allein

Allein der 11te Artikel steht nach der Meynung
Dero gehorsamsten Reichs-Hoff-Raths, sowohl dem
obigen in der Canzley Ordnung enthaltenen Vorbehalt,
als auch demjenigen entgegen, was ad Classem I^{mam}
Gravamine II^{do} §. 4. beschloßen worden. Allwo
überhaupt dem Herrn Herzog offen gelaßen, von allen
und jeden Collegien Berichte zu erfordern, wo dann
dermal in Ansehung des Kirchen-Raths eine Ausnahme gemacht, und sowohl die Erlaßung unmittel-
barer Verordnungen, als die Selbs- und Berichts-
Erforderungen, schlechterdings verboten werden.
Wordurch dann der Herr Herzog allerdings an seinen
Landesherrlichen Gerechtsamen etwas vergibt, so ihme
bis anher nach dem klaren Innhalt der Compactaten
zugestanden hat, womit derselbe demnach seinen künfftigen ex pacto et Providentia Majorum succediren-
den Agnatis und andern Nachfolgern in diesem Herzogthum, unmöglich präjudiciren kann, sondern dieser Artikel nicht weiter, als auf die Lebzeiten des dermahligen Herrn Herzogs von einer Verbindlichkeit
seyn dörffte (a).

Die in dem §. 15. stipulirte Communication des
Kirchen-Raths mit der Landschafft, ist bereits in den
Reversalien von 1739 enthalten.

Der 16te, 17te, 18te, 19te und 20te Artikel
handlen von der künfftigen Verwendung des Geistlichen Guts, und was demselben intuitu praeteriti zu
restituiren sey.

G 4   Hier-

(a) Alle diese und ähnliche Punkte haben sich gehoben
    durch die volle und hierinn ganz uneingeschränkte Ac-
    ceptations-Urfuhde, welche beide Brüder des regie-
    renden Herzogs ausgestellt haben. A. d. H.

Hierinn dörfften nun wohl die Landständischer Seits geführte Beschwerden ihren guten Grund gehabt haben.

Es ist bereits oben angemerkt worden, wie das Geistliche Gut dieses Herzogthums durch ältere und neuere Verträge, zu gewißen bereits genannten Ausgaben bestimmt sey.

Diese Anordnung wurde zwar in den Reversallen von 1739. wiederholt; allein, all diesem ungeachtet behandelte der Herr Herzog daßelbe nach seinem alleinigen Wohlgefallen, wendete solches zu Unterhaltung der Jägerey, Hoff-Music, der Operisten, seines erhöheten Militairs und anderen dahin nicht gehörigen Ausgaben an; mag auch wohl durch alle diese Verwendungen solches in einen beträchtlichen Schuldens-Last versenkt haben, nebst deme, daß annoch verschiedene Stücke davon theils veräußert, theils verpfändet worden, da doch bereits in der Kirchen-Ordnung S. 661. und 663. die Veräußerungen verboten, der Gebrauch zu des Herzogs Privat-Nuzen abgestellt, die Verpflichtung des Kirchen-Raths darauf verordnet, die vertragsmäßige Verwendung aber obbesagtermaßen ausgedruckt worden.

Wann sich nun wie nicht zu zweiflen steht, bey Einsicht derer nach so vielen Jahren endlich einmal vorgelegten Kirchen-Kastens-Rechnungen geäußert, daß der Herr Herzog diese Kirchen-Gelder zu einem andern Gebrauch verwendet; so ist auch nichts billigers, als daß Er solche wiederum zu ersezen schuldig sey. Und ist hiebel allerdings eine besondere Vergünstigung vorgegangen, daß man die Einkünffte deßelben in dem

19ten

19ten Artikel auf solche Gegenstände erstreckt hat, worauf dieselbe, nach dem Buchstaben der oben angezogenen Recesse, schwerlich würden haben ausgedehnet werden können.

Der 21te Artikel hat den Beytrag des Kirchen-Guts zu den Gemeinen Anlagen zum Gegenstand. Es sind hierüber von langen Zeiten her in diesem Herzogthum Beschwerden entstanden, und ist sich dißfalls in verschidenen Recessen verglichen worden.

Betrachtet man nun den Receß von 1652 Compactatorum S. 596.; so scheint es allerdings, daß Herzoglicher Seits der britttheilige Beytrag zur Landschafft-Casse zwar eingestanden, aber wegen des schlechten Zustandes des Kirchen-Guts, sich mit der Unthunlichkeit beholffen worden.

Nichtweniger ist in facto richtig, daß im Jahr 1692. den 22ten May zwar ein Kayserliches Rescript erlaßen worden, welches die Präftation dieses britttheiligen Beytrags dem Herrn Herzog aufferlegte; solchem unerachtet aber dieser Beytrag nicht pro tertia Parte, sondern pro tertia Summa, erfolget sey, welcher in neueren Zeiten, in mehrerem nicht, als in 12000 Fl. bestanden.

Bey so bewandten Umständen, und da ohnehin der Herr Herzog von diesem Kirchen-Gut nichts ad Usus privatos verwenden darf, sondern das Residuum der Landschafft zufallen solle, auch in ältern Zeiten der Beytrag eines dritten Theils wohl seinen guten Grund gehabt haben mag, ist demnach allerdings gut geschehen, daß dieser Stein des Anstoßes

einmal

einmal aus dem Grund gehoben, auch was und wie=
viel das Geistliche Gut beizutragen habe, fest gestellt
worden ist.

Der Innhalt der übrigen Artikel von §. 22 biß
27 dürffte übrigens ganz unbedencklich, mithin auch
die Confirmation derselben keinem Anstand unterworf=
fen seyn.

Die IIIte C l a ß e
**des gegenwärtigen Vergleichs enthält die Landständischer
Seits angebrachte**

Gravamina Militaria.

Votum ad Claßem IIIriam

Da diese Gravamina Militaria der eigentliche
Gegenstand, der ab Seiten der Landschafft im Jahr
1764 bey dem Kayserl. Reichs=Hoffrath übergebenen
Klage gewesen, worauf der Herr Herzog mit seinem
Bericht vernommen, und auf denselben sowohl eine
Hoff=Commißion zur Güte, als ein Proviſorium
Caeſareum erkannt worden: Als muß Gehorsamster
Reichs=Hoffrath aus den überreichten Gerichtlichen
Verhandlungen, Allerhöchst Deroselben kürzlich
anführen, wie ab Seiten der Stände, die Vermeh=
rung des Militairs selbst, dem Herrn Herzog niemals
in Zweifel gezogen worden sey, wofern dasselbe, ohne
weitern als Receßmäßigen Landschafftlichen Beytrag,
und mit Aufhebung aller hieraus auf das Land ent=
springenden Lasten und Folgen, aus der Herzoglichen
Cameral=Caße unterhalten werden wolle. Sondern die
Beschwerden reducirten sich, Theils auf den darzu an=
gesonnenen auch via facti exequirten Beytrag der Lands=

schafft,

schafft, und die dem gesamten Lande hieraus zuge= wachsene anderweite große Lasten und Beschwerden.

Bey dem den 9ten May 1765 erkannten Provi= sorio, hat Gehorsamster Reichs=Hoff=Rath die beyder= seitige Gründe in reife Erwägung gezogen, und aus den beygebrachten sowohl älteren als neueren Receßen allerdings so viel wahrgenommen, wie nach dem in diesem Herzogthum eingeführten Statu Pactitio, der Herr Herzog für sich keinen weitern Beytrag, als der von gesamter Landschafft verwilligt worden, einseitig auszuschreiben, noch weniger executive einzutreiben befugt sey, sondern wofern Zeit und Umstände ein mehrers erfordern solten, ein solches der Landschafft anzuzeigen, und sich mit derselben über die Vermeh= rung des Beytrags einzuverstehen habe, wo sodann derselbe Landschafftlicher Seits von dem gesamten Lande eingetrieben, und dem Herrn Herzog zugestellet werden muß.

Mit Uebergehung der älteren Receße, ist aus dem Landtags=Abschied von 1739. §. 1 und 53. S. 4. und 34 ersichtlich, wie damals der Beytrag zu dem Herzoglichen Militair Landschafftlicher Seits gegen Uebernahme von zwei Millionen Cameral=Schulden auf — 460,000 Fl. bestimmet, der allenfalls wei= tere Militair=Last von der Herzoglichen Rent=Cam= mer übernommen, und dieses von dem dermahligen Herrn Herzog selbst in verschidenen Resolutionen an= erkannt worden ist; welches dann Dero gehorsam= sten Reichs=Hoff=Rath bewogen, in dem Concluso vom 9ten May 1765 das Provisorium dahin zu erlaßen, daß sich der Herr Herzog mit diesen 460000 Fl. be= gnügen solle, in so lang die allgemeine Reichs=Wohl= fahrt,

fahrt, oder eine sich ergebende besondere Landes-Ge-
fahr, nicht ein weiteres erfordern solte, als in welchen Fällen dem Herrn Herzog, ein mehrers zur
Kriegs-Armatur von seinen Land-Ständen bey einem
allgemeinen Landtag anzubegehren unbenommen bleibe.

Wann demnach der dermalen getroffene Vergleich
nach dieser in dem Würtembergischen festgesezten Verfassung betrachtet wird; so dörffte wohl an der
Faßung desselben wenig auszusezen seyn, da alles
dasjenige, so à §. 1 biß 8 enthalten, in dem Land-
Tags-Abschied von 1739. S. 4. 5. und 34 enthalten
ist, auch der Herr Herzog in §. §. 3. und 4 zum Be-
huef seines Militairs mehr, als noch niemals, erhalten. Und da auch nach dem §. 8 die Reichs- und
Creyß Anlagen besonders auf das Land umgelegt werden können und sollen; so dörffte in demselben nur
dieses bedencklich scheinen, daß aller weitere Militair-
Beytrag, blos auf einen vorhandenen Nothfall das-
selbst eingeschränckt ist.

Nachdeme aber sich auf dasjenige, was ad Classem I^{mam} Grav. V. et VIII. §. 2. stipulirt worden,
bezogen wird, in demselben aber, bei sich ereignenden
Streitigkeiten, alles der Obrist-Reichs-Richterlichen
Entscheidung Euer Kayserl. Majst. anheimgestellt
worden: als bezieht sich Gehorsamster Reichs-Hoff-
Rath auf sein ad Classem I^{mam} erstattetes Gutachten, worinn Allerhöchst Deroselben des mehreren
vorgestellet worden, wie ersprießlich es jederzeit für
den allerhöchsten Kayserlichen Dienst sey, wann nach
Zeit und Umständen Kayserlicher Seits, sowohl dem
Herrn Herzog als der Landschafft, durch allerhöchste
Verfügungen Ziel und Maas vorgeschriben werden kan.

Der

Der 9te §. enthält bis auf den 13ten die Lan-
des-Werbungen.   Hierüber hatten die Stände die
bitterste Beschwerden geführet, wie nemlich der Herr
Herzog alle grosgewachsene Leute mit Gewalt zum Militair gezogen; keine Capitulation gehalten; die ihm
anständig gewesene zu verbleiben gezwungen, und wenn
dieselbe durchgegangen, auf ergangenen Generalpardon
aber sich wieder eingefunden, dessen ungeachtet ihnen
ihr ganzes Vermögen confiscirt; die unanständige und
kleinere hingegen, sich loß zu kaufen genöthigt, und
solchen um einen versprochenen aber niemals bezahlten
Lohn, die schwerste Arbeiten, ohne alle Kleidung,
aufferlegt habe.

Nun hat aber der Herr Herzog bereits in dem
Receß vom 22ten Sept. 1753. der Landschafft zuge-
sichert, daß kein Unterthan anders, dann freywillig,
und ohne daß Er auf eine oder andere gewaltsame
Weise, oder heimliche List dahin verlaitet worden wäre,
zu Kriegsdiensten genöthiget, auch keine Lands-Aus-
wahl in Zukunfft mehr vorgenommen werden solle,
außer in Nothfällen, da es sodann bey dem Innhalt
der Landesverträge sein verbleiben haben, und die zu
solcher Zeit ausgewählte Unterthanen so bald die Noth
vorüber, wieder zu den Ihrigen nach Hauß gelassen
werden sollen; wordurch damals dasjenige erschöpffet,
und der Herzog bereits krafft dieses Recesses das zu
erfüllen verbunden ist, was in diesen §. §. neuerlich
stipulirt worden. Da hiernächst ohnehin Recht und
Billigkeit erfordert, daß den Capitulanten ihre Capi-
tulations-Zeit gehalten, kein Lösegeld abgefordert,
und der versprochene Lohn für ihre Arbeit bezahlt werden solle, auch wann gegen ein- oder andern die Con-
fiscations-Strafe zur Ungebühr wäre verhängt worden, das rechtliche Gehör nicht versaget werden kan.

Der

Der 14te §. ist lediglich auf die ältern Receße
gegründet, und kan nach der dermaligen Faßung keinem Bedencken unterworffen seyn, nachdem dieselbe
bereits von Euer Kayserl. Majst. Vorsahren am
Reiche bestättigt worden. Wo ansonst dieselbe verschiedenen Bedencklichkeiten unterworffen seyn dörffte, da
die Land-Stände dem Herrn Herzog so gar das Recht,
Bündniße ohne ihr Vorwißen einzugehen, bestritten,
und sich mithin auch in diesem Punct eines vollkom-
menen Corregiminis anzumaßen, befugt zu seyn,
geglaubet haben.

Der 15te bis 21te Artikel handelt von Ein-
quartirung des Militairs, sowohl pro praeterito, als
futuro, weßhalben dann aus dem Receß von 1739.
zu bemercken ist, wie bereits damals die Quartiers-
Last eines deren Landschafftlichen Gravaminum gewesen, zu deßen Hebung sich so dann verglichen worden, daß die Landschafft zu Erbau- und Unterhaltung
der nöthigen Casernen, das erforderliche prästiren solle.

Obschon dieses inzwischen Landständischer Seits
geschehen, auch der Herzog sich in dem Receß von
1753. weiters verbunden hatte, seine Garde zu Pferd,
so bald die zu erbauende Caserne fertig seyn würde,
in dieselbe zu verlegen, so blieb doch fast das ganze
Militair bey Bürgern und Bauren im Quartier, und
wurden dieselbe noch über das angehalten, gegen Abgab des Brod-Groschens nicht nur den Soldaten,
sondern auch, da der Herr Herzog seinem Militair
ohne Unterschied das heurathen erlaubt, deßen Weib
und Kindern Quartier und Kost zu geben, welches
dann nicht nur dem gesammten Land zu großer Beschwerde

schwerde gereichte, sondern auch zu vielen Exceßen die
Veranlaſſung gab. Zog der Mann in das Feld, ſo
blieb das Weib und die Kinder dem Bürger zur Laſt,
welchem man zwar dafür ſewol, als für die Inva=
lid gewordene Soldaten, eine ſichere Vergüthung bey
dem Ober=Kriegs=Commiſſariat zuſicherte, allein, ſo
bald die Communen diesfalls ſich meldeten, wurden
ſie ſchlechterdings abgewieſen.

Es befindet demnach Gehorſamſter Reichs=Hoff=
Rath in all dieſen §. §. nichts enthalten, ſo nicht den
bereits vorhandenen Receßen, auch Recht und Billig=
keit gemäs wäre. Dann nachdem die Landſchafft auf
ihre Koſten und zu Aufhebung des Quartiers=Laſt die
Caſernen erbauen müßen, ſo folgt daraus von ſelbſt,
daß nunmehr der Soldat darein verleget werden, und
die Quatiers=Laſten aufhören ſollen.

Zu dem 22ten §. hat die Gelegenheit gegeben,
daß man nebſt dem Receßmäßigen Beytrag zu dem
Militair, auch noch für Holz, Licht, Bettwerck,
Kochgeſchirr ꝛc. zu den Thor=Wachten und Caſernen,
desgleichen zu Erbauung neuer Wacht=Häußer, Her=
zoglicher Seits beträchtliche Summen auf das Land um=
gelegt, da doch alles dieſes, als Militair=Ausgaben
von der Herzoglichen Kriegs=Caße und dem darzu ver=
willigten Beytrag beſtritten werden ſollen, auch vor=
mals jederzeit davon beſtritten worden iſt; Dahero
dann auch an dieſem ſo wenig, als an dem folgenden
§. auszuſtellen ſeyn dörffte.

Und da endlich ad §. §. ſubſequentes aller=
dings unbillig war, daß der Herr Herzog, um ſeine
Cavallerie beritten zu machen, und die Artillerie zu
den

den Luſt-Campemens zu bringen, den armen Bau-
ersmann meiſtens in den bringendſten Feld-Geſchäfften
genöthigt, ſeine Pferde herzugeben; ſo offt ein
Mann deſertirt, über 2000 Bauren zu beßen Attra-
pirung auf den angewieſenen Poſten 24 Stunden zu
wachen angehalten; und nach geendigtem Krieg, alle
untaugliche Pferde in einem veſtgeſezten ſehr hohen
Preiß anzunehmen gezwungen: So iſt ganz wohl
geſchehen, daß dieſe Mißbräuche in Zukunft abgeſtellt
worden ſind.

Die IVte Claße
des gegenwärtigen Vergleichs; macht die Einrichtung
des Herzogl. Cameral-Weeſens aus.

Votum ad Claſſem IVtam

Nun iſt, Allergnädigſter Kayſer und Herr!
eine Reichskündige Sache, mit welchem großen Schul-
den-Laſt der Herr Herzog, durch allerhand unnüze
und verderbliche Ausgaben, ſeine Cammer-Güter beladen habe, wie dann derſelbe theils an Reſtituendis,
theils anderley Paſſivis, über fünf Millionen ſchuldig
zu ſeyn, bekennet.

Sowohl in älteren Receßen, als in dem zu einem Landes-Grundgeſez gewordenen Teſtamento Eber-
hardi IIItii von 1664. Compactatorum pag. 798.
iſt verſehen, daß ohne erfordernde äußerſte Noth,
ohne vorgehende Berathſchlagung und Mit-Einwilli-
gung der Landſchafft, das Land und die Fürſtliche
Cammer mit neuen Schulden (es wäre dann, daß
durch einige Aufnahme zu Vermehrung des Herzogthums und Landen neue Herrſchafften, Güter und
Unterthanen erhandlet und herbey gebracht würden)
nicht beſchweret werden ſollen.

Im

Im Receß 1739. aber heist es: daß der Herr
Herzog die Cammer = Wirthschafft also einrichten wer=
de, damit der Kammer = Zustand verbeßert, und die
Regenten nicht Ursache haben mögen, die Landschafft
mit einigerley neuen Anmuthungen zu beläftigen, son=
dern vielmehr die Cammer von den vielen Schulden zu
befreyen.

Obwohl nun sonst keinem Landstande gebührt, sich um
die Cameral= Schulden seines Regenten zu bekümmern,
oder ihm dißfalls Ziel und Maaße zu sezen: so scheint
doch dißfalls allerdings in diesem Herzogthum aus ob=
angezogenem eine Ausnahme, und die Landschafft da=
bey um so mehr intereßirt zu seyn, als am Ende bey
überhäufften Schulden die Landschafft concurriren,
solche mit bezahlen helffen, und daher im Jahr 1739.
zwei Millionen und dermahlen noch mehreres über=
nehmen müßen. Dahero dann die von Artik. 1. bis 9.
getroffene Uebereinkunfft des Schuldenzahlungs=Plans,
so lange der dermahlige Herr Herzog regiert, zu be=
gnehmigen, außer allem Anstand, und nur zu wün=
schen seyn dörffte, daß demselben ohnabbrüchig nach=
gegangen werde, da alles, so in diesen §§phis enthal=
ten, theils mit ausdrücklichen Worten in den ältern
Receßen begriffen, theils auf die Abtilgung der Schul=
den, worzu die Landstände zu concurriren sich anhei=
schig gemacht, abzielet; wo es übrigens darauf an=
kommen wird, ob die Landschafft den Consens der
Herrn Agnaten hierzu auszuwürken vermögend seyn
werde.

Der 10te Artikel handlet von dem Salzwesen.

Nach dem landschafftlichen Angeben sollen die
Communen, von unfürdenklichen Zeiten her die Frey=

H   heit

heit gehabt haben, einen eigenen Salz-Stadel zu halt
ten, um die Einwohner daraus mit dem benöthigten
Salz zu versehen. Diese Befugniß soll auch in der
Lands-Ordnung von 1567. bestätiget, durch verschiedene
dene ältere und neuere Herzogl. Resolutionen anerkannt, die Städte und Communen in der beständigen
Possession dieses Juris biß 1759. gelaßen, und diese
Benuzung sogar incatastrirt worden seyn. Wogegen
der Herr Herzog ein Monopolium eingeführt, jedem
Unterthanen ein weit größeres Quantum, als er be-
nöthigt, und zwar in einem übermäßig hohen Preiße
und schlechter Qualität anzunehmen gezwungen, und
dadurch dem Land eine mehr als Zwey Jahres-Steu-
ren importirende Last aufgebürdet habe.

Ob nun wohl gehorsamstem Reichs-Hoffrath unbekannt, ob und in wie fern die Landschafftlicher Seits
angezogene Lands-Ordnung und übrige Resolutionen
gegründet seyen, da solche den Akten nicht beygelegt
worden; so dörffte doch dieser Artikel intuitu des
Herrn Herzogs darum ohnbedenklich zu confirmiren
seyn, weil er sich simpliciter auf die Landes-Ordnung
und die Herzogliche Resolutionen beziehet.

Ad Artik. II. wird sich in Ansehung des Tabak-
Monopoliums lediglich auf die Lands-Ordnung be-
gründet, welche dann in einem andern nicht bestehen
kan, als daß der Herr Herzog ohne Einwilligung der
Landschafft keine neue Lyst auf das Land zu legen befugt sey.

Diesem tritt annoch bey, daß überhaupt nach
den Reichs-Gesezen, die Einführung solcher Mono-
polien verboten, und als den Commerciis schädlich
erkannt

kannt worden. Auch haben Sich Euer Kayserl.
Majst. in Dero Wahl= Capitulation verbunden,
Niemanden ein berley Privilegium oder Monopolium
zu ertheilen; daher dann auch die Bestätigung dieses
Artikels keiner Schwürigkeit unterworffen ist.

Ad Artik. 12. beziehet sich die Landschafft wegen
des Mühlwesens auf das alte Herkommen, die Mühl=
Ordnung, die Lagerbücher, Bestandbriefe und ver=
schidene Res judicatas. Sie beschwerte sich haupt=
sächlich, daß allem diesem entgegen, denen Müllern
das Mahlerlohn zu erhöhen verstattet, dagegen aber
höhere Conceßions=Gelder angesezt, und gegen Erle=
gung einer Summe Geldes verschidene Bannmühlen
errichtet worden.

Da nun nach gegenwärtigem Vergleich alle diese
Neuerungen bereits durch die Herzogliche Resolutionen
von 1767. aufgehoben worden, und in würklich har=
ten, meistens den armen Landmann betreffenden Be=
druckungen bestanden; so wußte auch gehorsamster
Reichs=Hoffrath hiebey nichts zu erinnern.

Der 13 und 14te Artikel, ist in dem Receß von
1739 S. 29. und 30., der 15te aber, in dem von
1600 Compactatorum S. 553. enthalten.

Ad §. 16. solle vor diesem, jedem Unterthanen
frey gestanden seyn, seine Pferde ohnentgeltlich außer
Landes zu verkauffen, wogegen der Herr Herzog auf
solche Verkäuffe, ein gewißes Conceßions=Geld ge=
legt, zum öfftern auch die Unterthanen gezwungen ha=
ben solle, die Ihm anständige Pferde um einen sehr
geringen Preiß demselben zu überlaßen.

Da.

Da nun in diesem Artikel das Recht des Herrn Herzogs, solche Conceßions-Gelder zu fordern, anerkannt, und sich nur über die Erhöhung derselben verglichen worden; so fände auch gehorsamster Reichs-Hoffrath hiebey nichts zu erinnern.

Der §. 17. biß 21. handelt von den Frohnen, und ist das Wesentliche davon schon in dem Receße von 1739. Art. 32. enthalten, anbey in der natürlichen Billigkeit gegründet, daß diesen armen Handwerksleuten ꝛc. ihre Mühe und Arbeit bezahlt werden müße.

Der 22te Artikel ist den Reichs-Gesezen gemäs, und die in dem 23. Artikel festgesezte Communication mit der Landschafft, der Landes-Verfaßunge onform.

Die im 24ten Artik. zugesagte Enthaltung der Dienst-Verkauffungen, als welche ohnehin ohnanständig, ist billig, und der Vorzug der Landes-Kinder in den ältern und neueren Receßen, in specie dem von 1739. 46. Art. enthalten. Anbey

Ad Art. 25. unerhört, daß ein Landesherr seine Unterthanen, zu geschweigen pia Corpora, einen Antheil an Lotterien zu nehmen, gezwungen hätte. Und da im 26ten Art. aller Orten herkommlich, daß derjenige, der die fructus jurisdictionis genießt, auch die onera zu prästiren verbunden sey; so ist auch bey diesem §. nichts ohnbilliges enthalten. Wie dann auch intuitu

Art. 27. und 28. da alles noch auf die erfolgende Untersuchung ausgestellet, der

Artik.

Art. 29. aber, in dem Receß von 1739. §. 51.
enthalten ist, hierbei nichts zu erinnern seyn dürffte.

Die Vte Claße

gegenwärtigen Vergleichs betrifft das Forst-Weesen.

Votum ad Claſſem Vtam

Gehorsamster Reichs-Hoff-Rath erachtet hiebey
nicht nöthig, sich bey jedem Artikel dieses Vergleiches
besonders aufzuhalten, da fast alles und jedes in dem
Receß von 1739 in Artic. 4. 7. 8. 9. 10. 18. 19.
und 20. enthalten, auch alles zur Erhaltung der
Waldungen und Verhütung des übermäßigen Wild-
pret-Schadens, eingerichtet ist.

Die VIte und lezte Claße

machen endlich die Gravamina Communia und Miscel-
lanea aus.

Votum ad Claſſem VItam

Nachdem Allergnädigster Kayser und Herr!
diese Claße der Gravaminum in verschiedenen Ge-
genständen besteht, und sich der Innhalt des Vergleichs
nicht wohl begreiffen läßt, wofern nicht die landschafftlichen Beschwerden, mit zu Hülffe genommen
werden:

Als soll Gehorsamster Reichs-Hoff-Rath, zur
allerhöchsten Belehrung Euer Kayserlichen Majestät, dißfalls bey jeder vorkommenden Materie, ganz
kürzlich die landschafftliche Beschwerden und deren
Gründe anführen, um Euer Kayserl. Majestät
in den Stand zu sezen, desto füglicher urtheilen zu

H 3 kön-

können, ob die nachgesuchte allerhöchste Confirmation einem Anstand unterworffen seyn dörffte; Wo dann Gehorsamster Reichs-Hoff-Rath

ad §. 1. des allerunterthänigsten Dafürhaltens ist, daß, nachdem jeder Herr Herzog bey Antritt seiner Regierung, die Schüzung der Geseze, Privilegien und des Herkommens zugesagt, die Confirmation desselben keinem Anstand unterworffen seyn dörffte. Wohingegen

ad 2. Aus den ältern Receßen dißfalls zu bemerken ist, wie die Worte des Münsinger Vertrags von 1482 dahin lauten: daß die damalige zwey Herzoge, Eberharde von Wirtemberg für jezo Stuttgard bequem zu seyn erachtet, mit samt ihren Gemahlinnen bey einander einen Hof, eine Canzley und einen Land-Hoffmeister zu halten, der mit seinen Räthen die Herzogliche und des Landes-Geschäffte handlen und ausrichten solte.

In der Declaration des Tüblnger-Vertrags von 1520 heißt es: daß die Landschafft gebetten, daß des Landes Ausrichtung und Regiment fürterhin im Lande bleiben, zu Stuttgard gehalten, und aus diesem Fürstenthum in keine Wege gezogen und verruckt werden solle, sondern alle Regierung und Ausrichtung der Landschafft, es sey, gegen wen es wolle, stracks in diesem Lande gehalten, und um keinerley Sache willen, für kein ander ausländisch Regiment gezogen und gewiesen werden möge.

Der Herr Herzog erklärte hierauf, daß Er diesen Artikel zugebe, doch mit der Regierung zu Stuttgardt also: daß, wann durch Sterbens-Läuffte oder andere

andere Zufälle, die je zu Zeiten würden einfallen, die Nothdurfft erheischen solte, auf eine Zeitlang die Regierung von dannen zu verrucken, es bey dem Herzog stehen solle, in demselben Aenderung zu thun, doch nicht anders, dann im Lande zu Wirtemberg.

Wann dannenher, wie es fast allem Begriff nach, nicht anders möglich, durch diesen §. festgesezt worden, daß der Siz samtlicher Canzleyen in Stuttgard seyn, die Expeditionen des Landes aus diesem Ort ergehen, und solcher für die eigentliche wahre Residenz-Stadt anzusehen sey; so ist alles dieses schon in ersagten älteren Recessen enthalten. Wohingegen gegen alle Vernunfft anlaufen würde, wann diesem §. durch das beygefügte Wort, Hoff-Siz, der Mißverstand gegeben werden wolte, daß der Herr Herzog sich andurch verbindlich gemacht habe, auch für seine Person nirgendwo anders, als in Stuttgardt zu wohnen, und anderuch einen auf diesen Ort verwilligten Stabt-Gefangenen abzugeben.

ad §. 3. war eine der vorzüglichsten Beschwerden, daß man die Commun-Vorstehere, wann Sie nach ihren Pflichten gegen die einseitige Herzogl. Resolutionen, Ansinnungen und Forderungen, Pflichtmäßige Vorstellungen gethan, mit Worten und Wercken mißhandelt, sie mit Geld und Gefängniß-Strafen belegt, und alles dieses, durch das Militair, ohne alle Untersuchung exquiret habe.

Es ist daher auch bey dem Gravamine I^{om} §. 3. et 4. ad Claſſem I^{mam} bereits beschloßen worden, daß der Herr Herzog von den Beamten, Magistraten und Eingeseßenen, keinen weitern, als einen Reichs- und Landesverfaßungsmäßigen Gehorsam erfordern

H 4   solle;

solle; Dahero dann in Verfolg des angebrachten Gravaminis und desjenigen, was ad Classem I^mam verabredet worden, auch bey diesem §. nichts auszusezen wäre. Wie dann auch dasjenige, so in

§. 4. und 5 enthalten ist, mehr aus einem Ueber-Muth und Arroganz der Herzoglichen Beamten, als aus einem Landesherlichen Befehl hergerühret haben mag;

ad §. 6 aber zu mercken, daß nach dem Herkommen das Land zu Aufzugs-Kosten ihrer anzustellenden Beamten beizutragen habe.

Da nun aber währender Regierung des dermaligen Herrn Herzogs sich vielfältig ereignet, daß ein an einem Ort angestellt gewesener Beamter sich um Geld eine andere Stelle erkauft, oder auch sonsten durch Protection, sich weiters zu bringen gesucht; so veranlaßte solches nicht nur häuffige Translocationes, sondern auch Kösten, welche den Communen zur Last fielen, und verursachte, daß die meiste Aemter mit Beamten besezt waren, die keine genugsame Wißenschafft, weder von dem Lokal, noch den Gerechtsamen ihrer untergebenen Gemeinde hatten. Um nun diesem für das künfftige vorzubeugen, ist dieser §. dem Vergleich inseriret worden, wobey dann, da die Translocation dem Herrn Herzog aus erheblichen Ursachen ohnbenommen bleibet, die Confirmation gleichfalls ertheilet werden könnte.

ad Art. 7 biß 12 ist bereits in den ältern und auch im Receß von 1739 Art. 48 versehen, daß den Städten und Communen das ihnen competirende Nominas

minations-Recht derer zu vergeben habenden Bedien=
stungen ohngekränckt gelaßen werden solle. Wogegen
aber Landschafftlicher Seits beschwehrend angebracht
worden, daß alle und jede derley Dienste von dem Herrn
Herzog verkaufft, den Communen ihr Nominations=
Recht genommen, und die Dienste mit den untüchtig=
sten Subjecten besezt worden seyen.

Es ist jedoch babei nach dem Herkommen in
Ansehung dieser Wahlen eingeführt, daß, was grö=
sere Amtirungen betrifft, die erwählte Subjecte dem
Herrn Herzog zur Confirmation präsentirt werden
müßen, welche bey geringeren Bedienstungen hinge=
gen, nicht erfordert wird. Daher dann ab Seiten
des Herrn Herzogs allerdings gegen den Receß von
1739 gehandelt worden, da Er den Communen ihr
Nominations= und Wahl=Recht genommen, und aus
einem derley meistens schadhafften Verkauff, eine
Cameral-Revenue gemacht hat. Daher dann, und
da bey obwaltenden erheblichen Ursachen, welche ein
Landes=Herr zu entdecken nicht verbunden, dem Herrn
Herzogen die Confirmation abzuschlagen oßnbenommen
bleibet, auch hierbey kein gegründeter Anstand übrig
bleiben dörffte.

Der 13te §. hat gleichfalls seinen Ursprung in
den häuffigen Dienstverkaufungen und der daraus ge=
machten Cameral=Revenue, wodurch geschah, daß
auf vielen Dörffern, in welchen niemalen ein Herzog=
licher Beamter gewesen, die untauglichste Subjekte ge=
gen Erlegung eines Stück Geldes, als Unter=Beamte
gesezt wurden, welche, da sie ab Seiten des Herrn
Herzogs keine Besoldung gezogen, die Unterthanen,
durch Ansezung vieler Diäten= und Schreib=Gebühren,

so

so bedruckten, daß die Landschafft diese Bedruckungen auf eine ganze Jahres-Steuer rechnete, und verschibene Orthschafften, um sich nur dieses Last's zu befreyen, sich wieder davon bey dem Herrn Herzog los kaufften, besonders, da diese neuerlich aufgestellte Unter-Amts-leute die Schultheißen und Anwälbe von ihren Aem-tern vollkommen verdrängeten. Daher dann [ganz wohl geschehen, daß diese dem Land unnüze und schädliche Leute wieder abgeschafft worden sind, mithin hierbey dieses allein zu erinnern wäre, daß in Zukunfft die Wieder-Aufstellung dieser Unter-Amtleute gänzlich unterbleiben solle, indeme jedem Herrn Herzog unbe-nommen bleibt, wofern derselbe an ein oder anderm Ort der Nothdurfft gemäs zu seyn erachten solte, ei-nen Herzoglichen Beamten neuerlich aufzustellen, eine derley Aufstellung in ber Maaß vorzunehmen, daß Er denselben besolbe, und dem Land andurch keine neuerliche Last und Beschwerde zuwachse.

ad §. 14 und 15. Wie verschiedene Dorffschaff-ten theils neuerlich zu biesem Herzogthum gekommen, theils ab Erectione Ducatus babei gewesen, wur-ben dieselbe biesem ober jenem Amt einverleibet, und hiernach samtliche onera, Frohnen, Steuren und alle andere Praestationes, theils zu dem Laube, theils zur Amts-Cass repartiret.

Es ist sich biesemnach leicht vorzustellen, was für eine große Unordnung entstanden, und welche Verwirrung sich eingefunden, da ber Herzog gegen biese alte Verhältniße, durch Ablegung eines Stück Gelbes, verschibene Dorffschafften einem Amt abnahm und bem andern zulegte. Die Acta und Registra-turen mußten separirt, das Catastrum Provin-
ciale,

ciale, Frohn = und Vorspann = Regiſter verändert,
und die Abrechnung zwiſchen den Communen und
der Amtö= Pflege getroffen werden, worbey eö jeder=
zeit zu vielen Vorwürffen kam, auch dardurch geſchah,
daß verſchidene Aemter außerſt geſchwächet worden.

Da nun nach ſo geſtalteten Umſtänden, die Land=
ſchafft bey einer derley vorzunehmenden Abtrennung
hauptſächlich intereſſiret iſt, und ſonſt nothwendig
viele Unordnungen erfolgen müſſen; ſo iſt auch aller=
dingö billig, daß eine ſolche Diſmembration nicht an=
derö, dann mit Rath und Zuthun der Landſchafft,
und nicht von dem Herrn Herzog einſeitig geſchehe.

ad §. 16. et 17. Iſt durch eine uralte in deh
Receßen beſtätigte Ordnung in dieſem Herzogthum
löblich eingeführet worden, daß eine jede Gemeinde
auf gewißen dazu beſtimmten Speichern, einen ſichern
Vorrath an Früchten, aufbehalten muß, welcher dazu
gewidmet iſt, daß bey entſtehenden Miß= Jahren,
oder anderen Nothfällen, die Früchte hierauö genom=
men, daö Brod in einem leidentlichen Preiß erhal=
ten, und bey geſeegneten Jahren dieſer Vorrath wieder
ergänzt werde; welcher Gewohnheit man in dieſem
Herzogthum auch jederzeit nachgegangen iſt. Woge=
gen dem Herrn Herzog auf einmal eingefallen, ſich
dieſeö Vorrathö zu bemächtigen, und daö darauö ge=
löste Geld, für Sich zu verwenden.

Wo hingegen wegen der Reſtitution der einge=
triebenen Steuer = Auöſtände circa factum zu be=
mercken ſteht, wie die Landſchafft dem Herrn Herzog
alljährlich daö verabſchidete Quantum auö der Land=
ſchafftlichen Caſſe abzuführen verbunden iſt, anbey
aber

aber nach. Zeit und Umſtänden der Gemeinden, die
Erlegung ihrer Ratorum nachſieht, und deren Be⸗
zahlung auf beßere Zeiten verſchiebet; wodurch dann
die Communen und einzelne Unterthanen, intuitu
der Landſchafft in einen anſehnlichen Steuer⸗Reſt
verfallen ſind. Als nun der Herr Herzog ſolches
erfahren, ſo ließ Er ſich eine Deſignation ſämtlicher
Reſtantiariorum von ſeiner Landſchafft behändigen,
und als Er ſolche erhalten, ſo exquirte Er dieſelbe
bey den Schuldnern, behielte aber dieſes Geld zum
Behuf ſeines Militairs zurück, bekam mithin dieſe
Steuren doppelt. Daher dann auch in via Iuris dem
Herrn Herzog die Reſtitution. dieſer Gelder unum⸗
gänglich würde haben aufferlegt werden müßen. Und
da auch

 der 8te §. lediglich auf das beſte des Landes
abzielet,

ad §. 19. et 20. aber ohnehin die Billigkeit erfor⸗
dert, daß wenn der Herr Herzog, zu ſeinen Gebäu⸗
den, Alléen, Remiſen, oder auch bei Grabung des
Erzes, den Eigenthümern Häuſer und Güter hinweg⸗
nimmt, ſolche von ihm vergütet werden müßen; ſo
iſt an der Faſſung dieſer §. §. nichts auszuſezen. Hin⸗
gegen

ad §. 21. zu bemercken, wie vormalen jedem
Handwercks⸗Purſch das Wandern erlaubt geweſen,
nachher aber in einem Reſcripto des Herrn Herzoges
vom 5ten April. 1760. verboten worden ſeye. Ob
nun gleich ſolchergeſtalt das Wandern verboten war,
ſo mußte doch ein Jeder, der Meiſter werden wolte,
wegen der nicht ausgeſtandenen Wander⸗Jahre, einen
Dis-

Dispensations-Tax zahlen, der zu der Herzoglichen Cammer gezogen worden ist.

Es hat daher der Herr Herzog wohl gethan, daß Er dieses auf eine bloße Bedruckung der Unterthanen und auf den privat-Nuzen seiner Cammer abzielende Verbot wieder aufgehoben, und solches ohne Rath und Zuthun der Landschafft, in Zukunfft weiters nicht zu erlassen, versprochen hat.

Ad §. 22. Ware vormals durch ein **Refcript** de 12ten Iulii. 1736. festgesezt worden, daß dieser Dispenſations-Tax gänzlich ceſſiren solle. Es war auch dieses mit eine der landſchafftlichen Beſchwer= den, bey dem im Jahr 1739. vorgeweßten Landtag, worauf sich damals zwar specifice nicht verglichen, doch aber in dicto **Receſſu** ſtipuliret worden, daß die alte einmal abgeſtellte Beſchwerden nicht wieder recurriren sollen; dahero dann allerdings dieses, als' eine bereits abgethane Sache, zu betrachten, und dar= auf hätte beſtanden werden können, daß dieſe Taxe gänzlich ceſſiren sollen, wo doch durch gegenwärtigen Receß solche nur moderirt worden sind. Bey dem

§. 23. iſt ein weiteres nicht zu bemerken, als was Gehorſamſter Reichs=Hoffrath bereits ad Clas= sem II^dam §. 4. erinnert hat. Und da endlich

ad §. 24. ex jam supra deductis, denen Stadt= und Amts=Schreibern die angemuthete Geldt=Anleh= nungen zu bonificiren, die Billigkeit erfordert: so werden Euer Kayſerl. Majſt. aus all dieſem allers gnädigst zu beurtheilen geruhen, wie zwar in dieſem ganzen Receß nichts enthalten sey, so Euer Kayſerl. Majſt

Majſt. und des Reichs allerhöchſten Gerechtſamen auf
einige Art zu nahe träte, jedoch darinnen verſchidene
Stellen vorkommen, durch welche denen zukünfftigen
ex pacto et Providentia Majorum folgenden Agnatis, auch andern titulo ſingulari ſuccebirenden Ständen, neuerliche, in den vorigen Receßen nicht befindliche, mithin von ihnen nicht anerkannte Einſchränckun-
gen der jedem Landesherrn anſonſt zuſtehenden ſupe-
rioritatis Territorialis und derſelben Folgen gemacht
werden wollen. Worunter dann Gehorſamſter Reichs-
Hoffrath hauptſächlich dasjenige nechnet, ſo er ad
Claſſem II^{dam} §. 4. 6. et 7. dann ad Claſſem IV^{tam}
§. 1. = 9. zu erinnern, der Nothburfft gemäß zu ſeyn,
erachtet hat.

Hierbey kommen nun hauptſächlich zweyerley, ein
Recht auf die zukünfftige Folge in dieſem Herzogthum
habende, Succeſſores in Betrachtung, welche von
einander unterſchiben werden müßen.

Die erſte ſind des dermaligen Herrn Herzogs
zwey Gebrüdere und deren Deſcendenz, welche ver-
muthlich bey der unfruchtbaren Ehe des Herrn Herzogs
Ihme in der Regierung als proximi agnati folgen
werden.

Die zweyte aber macht das allerdurchlauchtigſte
Erz = Hauß Oeſterreich ſelbſt aus, als welchem, nach
bereits in priori voto gethaner Anzeige die Anwart-
ſchafft und das Succeſſions-Recht, nach Abgang des
Würtembergiſchen Manns = Stamms gebühret.

Obſchon nun in Anſehung dieſer beyden titulo
ſingulari folgenden ſucceſſorum alle dieſe obberührte
Anſtände

Anſtände gleich eintretten, mithin der dermalige Herr
Herzog durch dieſen neuerlichen Vergleich dieſelbe weiter
nicht, als in ſo weit ein oder anderer Theil und deßen
Vorfahrer die Verbindlichkeit der vorigen Receße aner=
kannt, verbinden könneu, ſo waltet doch in Anſehung
dieſer verſchiebenen Succeſſorum der beträchtliche Un=
terſchieb ob, daß den leztern anno 1739. geſchloße=
nen und von Kayſer Carolo VII.mo beſtättigten Receß,
die Vor=Eltern dieſer Agnatorum agnosciret, und
für Ihre Nachfolgere als verbindlich anerkannt haben;
Wohingegen das allerdurchlauchtigſte Erzhauß dabei
auf keine Art concurriret, oder einigen Antheil daran
genommen hat, als woraus ſich dann der fernere Schluß
ergibt, daß, in ſo ferne auch in dem Receß vom Jahr
1739. etwas inſerirt worden, ſo in den vormaligen,
von Euer Kayſerl. Majſt. Vorfahrern am Reich
in der Qualitaet als Erz = Herzogen in Oeſterreich
anerkannten und beſtätigten Verträgen, nicht enthal=
ten, dieſes allerdurchlauchtigſte Erzhauß, bey dem
ſich in Zukunfft ergebendeu Anfall nicht verbinden kan.
Wohingegen die proximè Succeſſuri Agnati, wegen
der ab Seiten ihrer Vor= Eltern beſchehenen Agni-
tion und darauf erfolgten Kayſerlichen Confirmation,
zu deren Nachlebung allerdings gehalten ſind.

Nun ſind aber in bereits erwehntem Receß
von 1739 verſchidene Puncta enthalten, wovon in
den vorigen Verträgen nichts vorgekommen, wie dann
der ganze Religions-Punct ſolchen neuerlich erſt inſe=
riret worden, und Euer Kayſerl. Majeſt. ſo wenig,
als Dero Nachfolger geneigt ſeyn dörfften, Sich in
puncto Religionis, die Principia der Proteſtanti=
ſchen Churfürſten, Fürſten und Stände, zur Richt=
ſchnur vorſchreiben zu laßen; Dahero dann allerdings
erfor=

erforderlich ist, dieser nachgesuchten Kayserlichen Confirmation eine Clausulam reservatoriam beyzufügen, wodurch sowohl den proximis Agnatis, in so weit, als in gegenwärtigem Vergleich etwas weiters enthalten, als den vorigen mit Innbegriff deßjenigen von 1739 inserirt gewesen, als auch dem durchlauchtigsten Erzhause selbst, in so weit dieser und der Receß von 1739 gegen die vorige etwas neuerliches in sich faßten, ihre allenthalben competirende Gerechtsame offen und aufrecht erhalten werden.

Da nun *Euer Kayserl. Majest.* disfalls ad Classem Imam Dero allerhöchste Resolution dahin zu ertheilen geruhet, daß die nachgesuchte Kayserliche Confirmation salvis Iuribus Caesareis et Imperii, et quorumcunque interest, erfolgen solle: Als hat gehorsamster Reichs-Hoffrath vor dermalen diese formulam die schicklichste zu seyn erachtet, indem anburch sowohl des allerdurchlauchtigsten Erzhauses, als der proximorum Agnatorum, und überhaupt aller und jeder Iura offen erhalten, auch, wann sich etwa außer dem bereits erinnerten, annoch ein oder das andere vorfinden solte, welches zu übersehen nicht möglich gewesen, verwahret, zugleich aber alles, aus einer specifiqueren und all und jedes nicht wohl begreiffenden Restriktion ohnvermeidlich erfolgendes Aufsehen, vermieden würde.

Wobey jedoch Gehorsamster Reichs-Hoffrath unangezeigt nicht laßen kan, daß, wofern *Euer Kayserl. Majestät* die Confirmation gegenwärtigen Vergleichs in forma priorum Confirmationum zu ertheilen geruhen solten, hieraus nicht ohne Grund geschloßen werden könte, daß *Allerhöchst Dieselbe* nicht

nicht nur ben Receß von 1739 fondern auch ben ge=
genwärtigen, in feinem ganzen Umfang agnosciret,
und Sich und Dero Nachfolgere in bem allerburch=
lauchtigſten Erzhauſe zu beßen Nachlebung anheiſchig
gemacht hätten, ba alle ältere Confirmationes und
noch jene ſub Carolo VIto piiſſimae Memoriae, nicht
nur in ber Kayſerlichen, ſondern auch Erz=Herzog=
lichen Qualitaet, auch unter bem Ausdruck

"von jebermänniglich, inſonberheit aber auch
"auf ben Fall eröffneter Oeſterreichiſcher Anwart=
"ſchafft, von benen künfftigen Succeſſoren unſers Löb=
"lichen Erzhauſes Oeſterreichs, ber Herzogen von De=
"ſterreich, ohnverhinbert. 2c." ertheilet worden.

Gehorſamſter Reichs=Hoff=Rath muß bemnach,
ba ſich beſonbers intnitu puncti Religionis, theils
in bieſem, theils in bem Receß de ao. 1739. ſo
wichtige Bebenken ergeben, ber allererleuchteſten Ein=
ſicht Euer Kayſerl. Majeſtät anheimſtellen, ob bey
ſo bewanbten Umſtänben Allerhöchſt Dieſelben auf
bieſe vorige Art bie allerhöchſte Confirmation, auch
in ber Qualitaet als Erz=Herzog von Oeſterreich und
unter ber erſt angezogenen Extenſion, zu ertheilen,
bem Intereſſe bieſes allerburchlauchtigſten Erzhauſes
erſprießlich zu ſeyn erachten börfften, ba inzwiſchen
berſelbe in bieſer Ungewißheit ber allerhöchſten Kay=
ſerlichen Geſinnungen, ſeine Pflichtmäßige Rückſicht
auf alle bieſe wichtige Bebenklichkeiten genommen,
und bahero aus bieſen angeführten Urſachen Aller=
höchſt Deroſelben nicht anrathen könnte, bem von
beyben tranſigirenben Theilen alhier geſtellten Petito
zu beferiren, und Dero allerhöchſte Kayſerliche Confirmation bahin zu erſtrecken, baß in Gemäßheit ber

J   Wür=

Würtembergifchen althergebrachten Landes Verfaßung,
des Tübinger=Vertrags, des Pacti Rudolphini de
ao 1599. und anderer darauf gefolgten Landes=Ge=
fezen, befonders auch des Landtags=Abfchtds de ao.
1739. Prälaten und Landfchafft keinem der künftigen
Landes=Regenten eher die Huldigung zu leiften fchul=
big und gehalten feyn follen, bevor derfelbe nicht, wie
die andere Landes=Compactaten und Reverfalien nach
allen ihren Punkten, alfo auch gegenwärtigen Receß
fteiff, veft und unverbrüchlich zu halten, bey Fürft=
lichen wahren Worten, Treue und Glauben, fich
förmlich reverfirt habe.

Dann, obgleich nicht ohne, daß diefe Claufula
der Confirmationi Caefareae von 1742. beygerücket
worden; fo erhellt doch ex jam deductis, daß, da
die Agnati zu demjenigen, was über die vorige Receße
diefem Vertrag neuerlich beygerücket worden, weder
ex propria noch Antecefforum agnitione, das aller=
durchlauchtigfte Erzhauß aber, auch zu Erfüllung des
Receßes von 1739. nicht gebunden, benenfelben ein
fo bedenklicher Revers nicht aufgedrungen, noch wen=
ger aber der Landfchafft die Verweigerung der Hul=
bigung geftattet werden kan, als welche fie jedem
Succeffori, fobald Er die von feinen Vorfahrern
agnoscirte Receße zu halten zugefaget, ohnweigerlich
zu leiften fchuldig ift.

Nun gehöret zwar diefer Punkt zu der eigent=
lichen Confirmation nicht, da in dem Vergleich nur die
Zufage gefchiehet, diefes Anfuchen bey Euer Kayferl.
Majft. zu thun, welchem dann durch die übergebene
gemeinfchafftliche Vorftellung ein Genügen gefchehen,
und der Vergleich in diefem Punkt erfüllet worden. Es
kan

Tan auch dieſes Petitum nicht gånzlich abgeſchlagen
werden, da daſſelbe in der Kayſerlichen Confirmation von 1742. bereits enthalten; mithin in ſo
weit dieſer gegenwårtige Vergleich mit denen vorigen
übereinſtimmet, und dieſe Receſſe ein - oder andern
Succeſſorem verbinden, gegründet iſt.

Da es aber aus den bereits angeführten Gründen, in einen weitern Umfang nicht erſtrecket werden
mag, als wåre auch nach der Meynung Dero Gehor-
ſamſten Reichs = Hoff = Raths, dieſes Petitum in
ſeine gebührende Schrancken zu ſezen, und dahero in
Membro 2do Concluſi, die Kayſerliche Reſolution
dahin zu faßen.

Wird die nachgeſuchte Erſtreckung, jedoch nur
in ſo weit verwilliget, als entweder ein künfftiger
Succeſſor durch beſondere ohnumſchränckte Ratiha-
bition gegenwårtigem Vergleich beygetretten, oder noch
künfftig accedire, oder aber derſelbe denen vorigen,
von benen Vorfahrern jedes künfftigen Succeſſoris
agnoscirten Receßen conform, und in ſolchem ein
mehrers nicht enthalten iſt.

Wo übrigens das Membrum Imum Concluſi
Caeſarei, inſoweit nehmlich ſolches die bloſe Kayſerliche Confirmation betreffen thut, lauten müßte.

Fiat petita Confirmatio Tranſaction is Salvis
Iuribus Caeſareis, Imperii et quorumcunque intereſt, in forma priorum Confirmationum.

Jeban-

Jedannoch beruhet alles auf der allererleuchtesten Entschließung Euer Kayserl. Majstät, wobey sich zugleich Gehorsamster Reichs-Hoff-Rath zu aller-höchsten Kayserlichen Hulden und Gnaden allerunter-thänigst empfihlet.

VIII.

Vertrag zwischen Wirtemberg und Taxis das Land-Kutschen-Fuhrwesen betreffend. Stuttgart den 13ten Nov. 1775. Regens-purg den 18ten Nov. 1775.

Zu wissen seye hiemit! Nachdem die von bem Herz. Hauße Wirtemberg unterm 11ten Märß. 1761 auf zwölf Jahre lang dem Fürstl. Hauß Taxis zugestandene weitere Aufstellung einer fahren-den Post von Stuttgart über Schorndorf nach Nürns-berg und so weiter nach Baireut, sofort von dar zu-ruk, wie auch eines ordentlichen Postwagens von Augspurg über Ulm nach Stuttgart und Straßburg und wieder zuruk, schon in dem Monat Mai 1773 zu Ende gegangen, und dem Fürstlichen Hauße Taxis die Nachricht zugekommen, daß man bei der Herz. Wirtembergischen Rentkammer des davorhaltens sey, als ob durch die Fürstlichen Taxischen Post-Wägen die eigenen Herzoglichen Wirtembergischen Lands-Kut-schen an Paßagiers und Befrachtung geschwächt wür-den, so ist das Fürstliche Hauß Taxis veranlaßt wor-den, bei dem Herz. Hauße Wirtemberg um Verlän-

gerung

gerung der Conceßion über die durch die Wirtember=
gischen Lande führende Post= Wägen, zugleich auch
auf die Ueberlaffung der samtlichen Herzoglichen Lands=
Kutschen mit den erforderlichen Bei=Wägen auf eine
bestimmte Zeit, und zwar die Lands= Kutschen und Bei=
wägen gegen einem jährlichen billigen Locario, den
Antrag zu machen.

Gleichwie man nun zu diesen Anträgen Wirtem=
bergischer Seits die Hände gebothen: so ist durch En=
des unterschriebene als hierzu von beeden Höchsten
Herrschafften bevollmächtigte Deputirte, salva Ratifi-
catione beeder Höchsten Committenten, folgende Punc=
tation und Receß abgeschloffen worden.

I.

Wird von beederseitigen Höchsten Contrahenten
für Sich und Höchst Dero Nachfolger in der Regie=
rung folgendes verabredt; daß S. H. D. zu Wir=
temberg dem Fürstl. Hauße Taxis die fernerweite
Führung der im Receße vom Jahr 1761 bestimmten
und seithero bestandenen Geschwind=Kutschen, welche
von Nürnberg über Aalen, Gmünd, Schorndorf,
Stuttgart, Knittlingen, und sofort weiters, ingleis=
chem von Aalen aus über Heidenheim, und von Stutt=
gardt über Göppingen nach Augspurg, auch von
Straßburg durch das Kinzigerthal über Hornberg,
Doneschingen, Tuttlingen nach Ulm und von allen
diesen Orten wieder zurükgegangen sind, bergestalt
bewilligen, daß statt vorheriger zwölf Jahre die Con=
ceßion nunmehr auf dreißig Jahre, nemlich von
Martini 1775 bis Martini 1805 andauren, und
hiebei der ganze Innhalt der s. d. 11ten Mai 1761

errich=

errichteten Conventioh nach allen ihren Theilen wie⸗
derholt seyn solle.

II.

Da das Herz. Hauß bißher selbst in den Her⸗
zogl. Landen aus Landesherrlicher Macht die Anstal⸗
ten gemacht, daß eine eigene Herzogl. Land⸗Kutsche
von Stuttgart über Heilbronn bis Sinzheim auf
Frankfurt und zurük, von Stuttgart bis Durlach
auf Straßburg und zurük, von Stuttgart auf Ulm
und zurük, und von Stuttgart über Tübingen, Ba⸗
lingen, Schafhaußen und zurük, durch aufgestellte
Admodiateurs geführt worden ; so werden zwar diese
vier Land⸗Kutschen mit den bißher dazu geführten Bei⸗
wagen an das Fürstl. Hauß Taxis gleichfalls von
Martini c. a. an bis Martini 1805 mithin dreißig
Jahrelang beständerweiße dergestalt überlassen, daß das
Fürstl. Hauß Taxis sich aller dem H. Hauß Wirtem⸗
berg in Ansehung dieses Fuhrwesens zustehender Rech⸗
te innerhalb dieser Bestandzeit bedienen solle.

Es wird aber zugleich Wirtembergischer Seits
expresse bedungen, daß von dem Fürstl. Hauß Taxis
diese Ueberlassung der Land⸗Kutschen niemals als ein
eigenes Recht oder Anhang von dem Kaißerli⸗
chen Post⸗Generalat ausgebitten, sondern nur da⸗
hin angenommen werden solle, daß dermalen, so lange
die Bestandzeit fürdauret, im Nahmen des H.
Haußes Wirtemberg Fürstl. Taxischer Seits das
vorherige Land⸗Kutschen⸗Fuhr⸗Weßen durch die H.
Wirtemberg. Lande auf Art und Weiße, wie in fol⸗
gendem verglichen worden, besorgt werde. Wie dann
auch nach zu Ende gegangener Bestandzeit dem H.
Hauße

Hauße Wirtemberg frei stehen solle, entweder wiederum
wie vormals die Land-Kutschen anzuordnen, oder eine
anderwärtige Verleihung oder Prolongation des Be-
standes vorzunehmen.

III.

Diese vier Land-Kutschen mit den bisher dabei
üblich gewesenen Beiwägen werden dem Fürstl. Hauß
Taxis mit Ausschließung alles andern so inn- als
ausländischen Fuhrwesens auf denen von Stuttgardt
nach Frankfurt, Straßburg, Ulm und Schafhaußen
gehenden Haupt- oder anderen Neben-Routen in den
Herz. Wirtembergischen Landen überlassen. Daß demnach kein Ordinari Fuhr-Werk mit Kutschen, Cala-
schen, Wägen oder Kärren, nach Frankfurt, Heidelberg, Heilbronn, Durlach, Ulm, Tübingen,
Schafhaußen, wie bei den Herz. Wirtembergischen
Land-Kutschen-Abmodiationen ebenfalls verboten gewesen, angestellt und gedultet, vielmehr ernstlich verboten, unter einem Ordinari Fuhrwerk aber diejenige
verstanden werden sollen, welche das Jahr hindurch
alle Wochen, oder alle vierzehn Tage oder Monate
an einem gewißen Tag ab und zufahren, und Personen, Waaren oder Colli, ohne von jemand vorher
expresse bestellt zu seyn, hin und her führen.

Doch ist die von Stuttgart nach Ludwigsburg
täglich ab und zugehende Ordinari-Kutsche jedoch dergestalt auszunehmen, daß sich dieselbe mit keinen Gütern, Paquets, Briefen, Geldern oder Colli, die
weiters als nach respective Stuttgart oder Ludwigsburg gehören, befrachten solle.

Wie

Wie denn auch durch diese bestandweise Verleihung der Land-Kutschen an das Fürstl. Taxische Hauß
dem in den Herzogl. Wirtembergischen Landen subsi-
stirende Boten-Wesen kein Eintrag geschehen, vielmehr die reutende und fußgehende Boten, auch auf
den Stationen, auf welchen die Land-Kutschen paßiren, wie bißher also auch künfftighin verbleiben sollen.

IV.

Die dem Fürstl. Hauße Taxis auf die Bestand-
Zeit der dreißig Jahre alleinig und gänzlich überlas-
sene Land-Kutschen, nebst den zu den schweren Frach-
ten bißher üblich gewesenen Beiwägen, sollen durch
die schon in dem Lande aufgestellte Cautionsfähige
Reichs-Posthalter und die bei selbigen in Kayserl.
Post-Livree befindliche oder noch anzunehmende Post-
knechte nötig erachtenden Falls aber durch andere in
Wirtemberg verburgerte Cautionsfähige Personen
besorgt werden. Dagegen ist dem Fürstl. Hauße
Taxis überlassen, was daßelbe für sichere Leute zu
Conducteurs und Paker, da ohnehin dieselbe keinen
Sedem fixam haben, hiebei anstellen wolle.

V.

Diejenige, welche sich ein Ordinari-Fuhrwerk
anmaßen, es geschehe, unter was Vorwand es immer wolle, sollen auf jedesmahliges Betretten mit
einer Strafe für den H. Wirtembergischen Fiskus zu
14 Fl. angesehen und zum Ersaz der Fracht an die
Postwagens-Abmobiation unnachläßig angehalten, zu
dem Ende jedes Oberamt, durch welches eine derer
vorkemeldten Land-Kutschen paßirt, angewiesen werden, durch die Haupt-Zoller oder sonst, die von den
Post-

Poſt: Aemtern anzeigenbe verdächtige Wägen und
Fuhren anhalten und viſitiren zu laſſen, auch ſobann
mit den Strafen ſogleich vorzugehen, oder die Berichte
unaufhältlich zu weiterer Abwendung an die Herz.
Regierung zu erſtatten.

VI.

Wird zwar wie bisher dem Nürnberger Ordi-
naris Fuhrmann nicht verwehrt, von hieraus oder
unterwegs Frachten, die das Gewicht eines Centners
überſteigen, aufzuladen, auch Perſonen und deren
Hardes zu führen, dagegen aber mag demſelben nicht
zukommen, Gelder, Briefe und Colli unter einem Cent-
ner, ſo viel denen auf den Kutſchen befindlichen Paßagiers erweißlich nicht zuſtändig, in den H. Wirtembergiſchen Landen zu weiterer Beſtellung zu übernehmen oder abzugeben; daferne auf dieſe Weiſe das
Fürſtl. Hauß Taris mit dem Magiſtrat der Reichs-
ſtatt Nürnberg die Auskunfft treffen wird.

VII.

Zur Bequemlichkeit des Publici und zur Beför-
derung des Commercii in den H. Wirtembergiſchen
Landen werden während der Beſtandzeit, außer denen
allſchon beſtellten wochentlichen zwei Geſchwind-Kut-
ſchen von Stuttgart nach Nürnberg, iugleichem der
wirklich ſubſiſtirenden wochentlichen Geſchwind-Kut-
ſchen von Stuttgart nach Ulm und Augſpurg, auch
von Stuttgart über Bruchſal nach Straßburg und
Frankfurt von Martini c. a. an noch weiter angeordnet werden: wochentlich

J 5   Eine

Eine oder zwei Geschwind-Kutschen von Stuttgart über Tübingen, Balingen, Tuttlingen nach Schaf-haußen.

Eine oder zwei Geschwind-Kutschen von Stuttgart über Vaihingen, Pforzheim, Durlach nach Straß-burg.

Eine oder zwei Geschwind-Kutschen von Stuttgart über Ludwigsburg, Heilbronn, Sinzheim nach Frankfurt und

Eine oder zwei Geschwind-Kutschen von Stuttgart nach Ulm, welche Geschwind-Kutschen die Ein- und Ausspann-Stationen in den H. Wirtember-gischen Landen,

a) die Schafhaußer Land-Kutschen zu Wal-tenbuch, Tübingen, Balingen, Tuttlingen,

b) die Durlacher Kutschen zu Enzweihingen oder Vaihingen, Pforzheim zu,

c) die Ulmer zu Plochingen und Göppingen, und

d) die Frankfurter zu Ludwigsburg, Heilbronn zu beibehalten solle. Und weil

VIII.

Bei den Land-Kutschen zu Transportirung der schweren Frachten auch Beiwägen angeordnet gewesen; so solle auf diesen Routen und zwar auf jeder wö-chentlich einer oder zwei Wägen abgehen, und dem Fürstl. Hauße Taxis überlassen seyn, diese Wägen, wie auch auf der Nürnberger Route wochentlich einen oder zwei Wägen, entweder gleichfalls durch Cautions-fähige Posthalter im Land, oder andere in den Her-zoglichen Landen verburgerte Cautionsfähige Personen

zu

zu beſtellen, oder aber an ſolcherley Perſonen durch
eine zu treffende Subadmodiation zu verpachten.

IX.

Da die bisherige Land = Kutſchen = Abmodiatoren
die Einrichtung ſo gemacht haben, daß ſie mit Pfäl=
ziſchen Land=Kutſchen zu Sinzheim, und mit der
Durlacher zu Durlach angeſtoſſen haben; ſo hat das
Fürſtl. Hauß Taxis mit denen auf die Beſtand=Zeit zu
übernehmenden Kutſchen und denen dazu zu führenden
Beiwägen auf gleiche Weiſe anzuſtoſſen. Wogegen
wenn wider Vermuthen dieſe Kutſchen und Wägen
an dem Ordinari - Cours und Anſtoßen beeinträchtiget
werden ſollten, man das Fürſtl. Hauß Taxis, ſo
viel davon von Wirtemberg abhängt, wirkſamſt und
thätigſt unterſtüzen wird. Wie man ſich dann Fürſtl.
Taxiſcher Seits verbindlich macht, daß wenn nach
Verfluß der dreißigjährigen Beſtand=Zeit die Frank=
furter Land=Kutſche wieder anderwärts beſtellt oder
verliehen werden wollte, an dieſelbe alsdann zu Sinz=
heim mit der Pfälziſchen Kutſche angeſtoſſen, auch
daß auf den Fall, daß von dem Fürſtl. Hauß Taxis
mit dem Innhaber des burlachiſchen Land=Kutſchen=
privilegii eine Auskunft getroffen würde, ſolche der=
geſtalt eingerichtet werden ſolle, damit das H. Hauß
Wirtemberg, wann daßelbe nach Verfluß der dreißig
Jahre gleichfalls wieder eine Land=Kutſche nach Dur=
lach durch andere Admodiatores abgehen laſſen woll=
te, mit ſolcher Land=Kutſche die von Straßburg nach
Durlach oder von dortaus nach Straßburg abgehet,
unbehindert anſtoſſen könne.

X.

X.

Wird das Fürstl. Hauß Taris von selbst dahin
bedacht seyn, und die Seinige ernstlich dazu anhalten,
daß während der Bestandzeit die Kutschen und der
Transport der Güter in richtigem Cours und Besorgung erhalten werde, mithin dem Publikum hierunter kein Nachtheil zugehen möge, inmaßen man Wirtembergischer Seits sich andernfalls vorbehält, nach
vorheriger freundschafftlicher Erinnerung, um das
Publikum nicht Noth leiden zu lassen, anderwärtige
Bestellung zu machen.

Wie dann auch, wann von den Herzogl Unterthanen, Handelsleuten und Commercianten, welche sich
künfftighin der Geschwind-Kutschen bedienen müßten,
es betreffe ihre eigene, oder Commißions-Waaren,
Beschwerungen oder Strittigkeiten mit den Conducteurs, Posthaltern oder anderen, so bei diesem neuen
Fuhrwesen gebraucht werden, etwan entstehen sollten,
daß entweder ein oder das andere verlohren gehen,
oder sie der Fracht halber gegen die Gebühr übernommen, oder durch die Beiwägen vorsezlich nicht ge-
fördert, sondern in dem Transport zuruk, oder überhaupt sonst in einen Schaden gesezt werden wollten,
dem H. Hauß Wirtemberg allezeit die Befugsame
verbleibt, darüber allein Richter zu seyn, und
wenn vorhero die in diesem Artikel oben specificirte
Fälle dem Fürstl. Hauß Taris angezeigt, und darüber nicht in Zeiten Hülfe geleistet worden, die Entscheidung zu geben, eben so wol als es vorhin mit
den von Wirtemberg aufgestellten Land-Kutschen-Ab-
mobiationen und denen dabei entstandenen Strittigkeiten gehalten worden. Und was solchergestalt die
Ent-

Entſcheidung mit ſich bringen wird, daran hat das
Fürſtl. Hauß Taxis, wann die Poſthalter, Conducteurs, oder ſonſten Taxiſcher Seits dabei zu gebrauchen-
de Perſonen dazu nicht vermögend, ſelbſten zu hafften.

XI.

Da in den H. Wirtembergiſchen Landen wegen
Conſervation der Straßen nach Beſchaffenheit der
Zeiten ohnehin die nöthige Vorſehung geſchiehet; ſo
will man ſich jedoch in kein Onus extraordinarium
der Straßen-Reparation einlaſſen, die Geſchwinds-
Kutſchen hingegen haben das eingeführte Chauſſee-
Geld, jedoch nur auf wirklich chauſſirten Straſſen,
die Beiwägen aber neben dem Chauſſee-Geld auch das
bißher berechtigte Weg-Brüken-oder Pflaſter-Geld zu
entrichten.

XII.

Von den Kutſchen wird der Zoll nach der Convention vom Jahr 1761 §. 4 dergeſtalt entrichtet,
daß bei ſamtlichen Poſtwägen jedesmal eine ordentli-
che und accurate Charte mit Benennung des Gewichts
von den führenden Waaren befindlich ſeyn und denſelben mitgegeben werden, welche ſowol bei der Ab-
farth, als Ankunfft bei dem Haupt-Zoll allhier in
Stuttgart producirt, und von allen ein-aus- und durch-
führenden zollbaren Gütern, nichts davon ausgenommen, der Zoll, als von einer Waar, richtig und
unweigerlich entrichtet und abgeſtattet werden ſolle.

Was aber die auf den Beiwägen führende Waaren anbetrifft, ſo ſollen auch dieſe mit ordentlichen
und accuraten Charten und Frachtbriefen, worinnen
alle

alle Gattungen von Waaren und deren Gewicht ge=
treulich angezeigt, versehen, auf den geordneten
Zollstätten in dem Land unmangelhafft vorgelegt, und
der Zoll nach der im Jahr 1669 ausgekündeten Zoll=
Ordnung nebst dem Aufwechsel, auf den geordneten
Zollstätten abgereicht werden.

Wie dann die Profeßion der Waaren des Zolls
halber unmangelhafft und richtig geschehen, zu dem
Ende die accurat zu führende Post=Charten mit den
Fracht=Briefen jedesmalen vorgelegt, in praejudicium des Zolls aber von den Postbedienten weder auf
den Geschwind=Kutschen, noch Beiwägen keine Neben=
Charten geführt, und bei einer wider Vermuthen er=
scheinenden Unrichtigkeit die Visitation vorgenommen,
dadurch aber dem Cours der Geschwind=Kutschen
kein geflißentlicher Aufenthalt gemacht, auch sodann
bei einer sich ergebenden Verfehlung oder Defraudation
nach denen in medio liegenden Herz. Verordnungen
verfahren werden solle.

XIII.

Was auf den Postwägen und Kutschen vor Per=
sonen, Waaren und Gelder, nach Ulm, Straßburg,
Schafhaußen, Frankfurt, Nürnberg und die auf
diesen Stationen dazwischen gelegene Orte abgesendet,
oder von dort aus in die Wirtembergischen Lande trans=
portirt wird, davon soll der Tax=oder Frachtkosten
nach dem schon vormals errichteten und bisher subsi=
stirten Tarif und ein mehrers nicht gefordert und ent=
richtet, solcher auch während der Bestandzeit unter
keinerlei Vorwand einseitig erhöht, noch auch weitere
und Neben=Abgaben erfordert werden.

Von

Von den auf den Beiwägen hingegen zu versendenden Colli und Waaren solle ein mehrers nicht als der
regulirte Land = Kutschen = Tax beträgt, entrichtet, zu
dem Ende auch der allbereits entworfene und beederseits agnoscirte Tarif dem publico durch den Druk
bekannt gemacht werden. Wobei insonderheit bedungen wird, daß dem Versender der Waare frei stehen
solle, ob er solche auf der Geschwind=Kutsche oder den
Beiwägen abgehen lassen will.

XIV.

Wie nun das Fürstl. Hauß Taxis der Herz.
Wirtemberg. Rentkammer durch die Uebernehmung
des Land=Kutschen=Fuhrwesens nichts zu entziehen
verlangt, so wird dasselbige für diese Ueberlassung
von Martini a. c. an jährlich durch das allhiesige
Kayserliche Postamt 800. Fl., und gleich nach Erfolg
der beederseitigen Höchsten Ratification dieser Punctation einen fünfzehnjährigen Betrag zum voraus
mit 12000. Fl. zur Herzogl. Rentkammer gegen Quittung bezahlen, sofort im Jahr 1790. wieder auf
gleiche Weise continuiren lassen, es wäre dann, daß
dieses Land=Kutschen= Etablissement entweder im
Ganzen, oder zum Theil durch Krieg oder andere un-
vorgesehene Zufälle behindert, und eingestellt würde,
wo sodann nach Billigkeit ein proportionirter Nachlaß
oder Aufhebung des Canonis, solange die Sistirung
währet, statt finden solle.

XV.

Wann auf den samtlichen Kutschen und Wägen,
Briefe und Acten, für S. H. D. Höchst Dero Herrn
Ministres, oder Herzogliche Dicasteria und Collegia
aufge-

aufgegeben werden, sollen selbige zwischen Stuttgart, Nürnberg, Frankfurt, Straßburg, Schafhaußen und Ulm, nach und zu franco paſſiren, jene Sachen hingegen, welche Prozeße und Partheien betreffen, folgs lich die Höchſteigene Geſchäfften nicht belangen, bes zahlt werden. Wie dann

XVI.

für die an die Herz. Caßen zu verſendende Gels der das bisher üblich geweſene Porto, ingleichem für die kommende und abgehende herrſchaftliche Waaren und Effecten die Bezahlung nach dem Tarif an die fürſtl. Taxiſche Poſt · Wagens ₅ Expedition quarta= liter richtig geſchehen ſolle. ,

XVII.

Wenn nach zu Ende gehender dreißigjähriger Bes ſtandzeit das Herz Hauß Wirtemberg gegenwärtigen Beſtands=Accord dem Fünſtl. Hauß Taxis nicht auf eine neue Friſt prolongiren wollte; ſo iſt ſolches ein Jahr zuvor dem Fürſtl. Hauß Taxis zu verkünden. Wenn aber das H. Hauß Wirtemberg· für zuträglich finden würde, daß dieſer Beſtandaccord dem Fürſtl. Hauß Taxis auf weitere Jahre überlaſſen werde; ſo wird es darauf ankommen, wie man ratione Locarii ſich alsdann weiters verſtehen wird. Endlich und

XVIII.

wird noch ferner bedungen, daß kein Fürſtl. Taxiſches Fuhrweſen wider die verkündete Creiß=Edicte und die Herz. Weg · Ordnung nicht über 60. Ctr. ſchwer beladen werden ſolle.

Zu

Zu Urkund des vorstehenden ist dieser Receß von beederseits Bevollmächtigten eigenhändig unterzeichnet und besiegelt, auch jedem Theil ein Exemplar zu Besorgung der baldmöglichsten Ratification bei denen Höchsten committirenden Herrschafften übergeben worden. So geschehen zu Stuttgart den 13ten Nov. 1775.

Herzogl. Wirtembergische   Hochfürstl. Taxischer Man-
    Deputirte   datarius

(L. S.) Johann Friedr.   (L. S.)   W. Zech.
   Stoecmajer,   Obrist - Lieutenant und Creiß-
Regierungsrath und Cammer-   Ober-Kriegs-Commißarius.
  Procurator.

(L. S.) Ludwig Eberhard
   Fischer,
  Regierungsrath.

Vorstehenden Receß, welcher mittelst unserer ausgestellten Vollmacht und nach genugsamer der Sache Einsicht verabredet, niedergeschrieben und beschlossen worden, approbiren uud ratificiren wir hiemit auf das Rechtsbeständigste, als es immer beschehen mag, jedoch mit dem ausdrüklichen Vorbehalt, daß die nach Abschluß gegenwärtigen Recesses annoch in einem besondern hier anschlüßigen Conferential- protocolle vom 13. Nov. 1775. von des Herrn Herzogs zu Wirtemberg, Unsers freundlich geehrtesten Herrn Schwagers Liebden, beliebte, mit dem Receß nicht gleichlautende Modificationen und wesentliche Abaenderungen und zwar quoad Punctum I. IX. X. XI. XII. XIII. XIV. so wie dieses Protocoll nach seinem

K   gan-

gånzen Innhalt als verbindlich und eben so rechts:
kräfftig angesehen werden sollen, als wenn solche beim
Receß selbst einverleibt wåren.

Wir fügen solchemnach Unserm fürstlichen Wort
noch weiter bei, daß darüber von Uns und den Unsri:
gen jedesmal getreulich solle gehalten, und die darinn
beliebte Einrichtung mit Ausgang des gegenwärtig
laufenden Jahrs bewerkstelliget werden.

Urkundlich unserer eigenen Unterschrifft und bei:
gedruckten fürstl. Innsigel. Regenspurg den 18 Nov.
1775.

(L. S.) Carl, Fürst von Thurn und Taxis.

IX.

IX.

Actum in einer Conferenz Herz. Wirtemb. und Fürstl. Taxischer Deputirten. Stuttgart den 13ten Nov. 1775.

Herzogl. Wirtemb. Deputirte.
Regierungs-Rath und Cammer-Prokurator Stoccmajer.

Regierungs-Rath Fischer.

Fürstlich Taxische Deputirte.
Obrist-lieut. und Kreiß-ober-Kriegs-Commiß. Zech.

Hofrath und Post-Commißarius Grund von Frankfurt.

Nachdem in der mit dem Fürstl. Hauß Taxis schon seit einiger Zeit vorseyenden Geschwind- und Land-Kutschen-Abmobliations-Sache die weitere Herz. gste Resolution unterm 9ten huj. erfolgt ist; so hat man ab Seiten der hierzu gst abgeordneten Herzogl. Hrn. Commißarien dem Fürstl. Taxischen Herrn Mandatario hievon Nachricht gegeben, und den heutigen Tag zur gänzlichen Berichtigung dieser Sache bestimmt.

Nun hat sich zwar ermeldter Fürstl. Taxische Herr Mandatarius in Begleitung des gegenwärtig

K 2   allhier

allhier anwesenden Fürstl. Tarischen Herrn Hofraths
und Post-Commissarii Grund von Frankfurt anheute
in der Conferenz eingefunden, bei Vorlegung des in
Gemäßheit der bisherigen Conferential-Verhandlungen und der hierauf sich gründenden lezteren Herz. Resolution nunmehr zur beederseitigen Unterschrifft aus-
gefertigten Receßes aber declarirt:

Daß er auf seine von der leztern auf Ratification
ausgesezten Verhandlung gemachte Anzeige erst gestern
die Resolution erhalten habe, in welcher zerschiedene
Ausstellungen gemacht worden, um derentwillen nötig seye, daß gedachter Receß noch vor der erfolgenden Unterschrifft gemeinschafftlich durchgangen, und
dasjenige, was von seinem Durchl. Herrn Mandanten
diesfalls desiderirt worden, zuvor darinn abgeändert
werde.

So unerwartet nun zwar den Herz. Wirtemberg.
Herren-Deputirten gewesen, daß Fürstl. Tarischer
Seits noch einige Einwendungen gegen die Faßung
dieses Receßes gemacht werden wollen, welcher durchaus nach der in den bisherigen Conferenz-Handlungen
getroffenen Uebereinkunfft aufgesezt worden: so haben
solche gleichwol sich gefallen lassen, ermeldten Receß
mit dem Fürstl. Tarischen Herrn Mandatario noch
einmal von Punkt zu Punkt zu durchgehen, und sofort, um endlich in dieser Sache einmahl ein ganzes
zu machen, die jenseits gemachte Anstände noch folgen-
dermaßen zu berichtigen.

Vorderist hat der Fürstl. Tarische Herr Mandatarius verlangt, daß der Termin, auf welchen das
Fürstl. Hauß Taxis das Land-Kutschen-Fuhrwesen
wirk-

wirklich übernehmen solle, statt des in dem Receß bestimmten Tags Martini auf das künfftige neue Jahr
1776 gesezt werden solle, und zur Ursache angegeben,
daß das Fürstl. Hauß Taxis die hierzu nötige Ein-
richtungen nicht bälder, als bis auf ermeldtes neue
Jahr zu Stand bringen könne, mithin allerdings nöthig
sey, daß die bisherige Land-Kutschen-Entrepreneurs
bis dahin mit ihrem accordirten Fuhrwesen continuiren.

Die Herzoglich Wirtembergische Herrn Deputirte haben hierauf declarirt, daß zwar die Faßung
des bereits in das reine gebrachten Receßes nach der
disfalls gnädigst erlassenen Resolution nicht mehr
abgeändert werden könne, daß sie sich aber um so mehr
gefallen laßen wollen, daß die bißherige Admodiateurs
mit dem Landkutschen-Fuhrwesen, annoch bis auf das
nächstkünfftige neue Jahr continuiren sollen, als ohnedieß das Fürstliche Hauß Taxis nach der von dem
jenseitigen Herrn Mandatario ad protocollum con-
ferentiale gegebenen Versicherung die Entschädigung
ermeldter Admodiatorum übernommen habe, mithin
dem Herzoglichen Hauße gleichgültig seyn könne, ob
das Fürstliche Hauß Taxis dieses Fuhrwesen von ermeldten Admodiatoribus einige Wochen bälder oder
später übernehme.

Bei welcher Erklärung sich dann auch der Fürstlich Taxische Herr Mandatarius beruhiget hat.
Ad punct. IX. aber

Aeußerte der jenseitige Herr Mandatarius, daß
das Fürstliche Taxische Hauß sich ratione des künftigen Anstoßens mit den Pfälzischen und Durlachischen
Kutschen nicht weiter verbindlich mache könne, als von

K 3   dem-

demſelben ſelbſt abhange, und verlangte dahero, daß die=
ſem Punkt annoch in fine angehängt werden möchte:
"undzwar in beden Fällen, ſo weit es von dem Fürſt=
"lichen Hauß Taris abhangen mag. Hierauf huben die
Wirtembergiſche Herren Deputirte erwiedert: daß
zwar die Faßung dieſes Punkts von ihnen nicht mehr ab=
geändert werden könne, daß aber die Abſicht des
Herzoglichen Haußes nicht dahin gehe, dem Fürſtli=
chen Hauß Taris eine Verbindlichkeit aufzulegen,
deren Erfüllung nicht von demſelben abhänge, wie
man dann zu ſolchem Ende in Anſehung der Durlacher
Kutſche expreſſe den Fall geſeßt habe, wann ermeld=
tes Fürſtliche Hauß auch die daſige Land= Kutſche
übernehmen werde.

Es ſey dahero auch dieſer paſſus nicht anderſt
zu verſtehen, als in ſo fern ſolches von dem Fürſt=
lichen Hauß Taris abhangen werde, und beglaubigen
ſie ſich daher, daß bei dieſer ad protocollum beſche=
henen Erklärung der jenſeitige Herr Mandatarius
ſich beruhigen werde. Ad punct. X. aber

Wünſchte der Fürſtl. Tariſche Herr Mandatarius, daß in Anſehung der gegen die Geſchwind=
und Land= Kutſchen= Abmodiation vorkommenden Kla=
gen eine Zeit von drei Monaten geſezt werden möchte,
inner welcher dem klagenden von dem Fürſtl. Tariſchen
Hauße Genugthuung verſchafft, und nach deren Ver=
fluß erſt bei den diſſeitigen Gerichten Klage erhoben
werden ſolle.

Da es nun wirklich an dem iſt, daß bei der=
gleichen gegen die Geſchwind= und Land= Kutſchen= Ab=
modiation vorkommenden Beſchwerden, manchmal
weit=

weitläufige Recherchen und öfters an entlegenen Orten vorzunehmen nöthig seyn könnte; so haben sich auch die Wirtembergischen Herren Deputirte dieses Tarische Desiderium gefallen lassen, und solchen Termin von drei Monaten vollkommen agnoscirt, sich aber mit dem Fürstl. Tarischen Herrn Mandatario dahin verstanden, daß, um keine Abänderung in denen bereits ins reine gebrachten Receßen vornehmen zu dürfen, gegenwärtige ad protocollum gegebene Declaration eben so viel Krafft haben solle, als wann in dem Receß selbst, statt der Worte „und darüber nicht in Zeiten gesezt „worden wäre, und darüber nicht in Zeit von drei Monaten„

Ad punct. XI. et XII. Hat zwar der Fürstl. Tarische Herr Mandatarius den Vorschlag gethan, zu Abschneidung aller künfftigen Weitläufigkeiten etwas gewißes jährlich für den Zoll und die Chaußee-Gelder zu bezahlen, mit der weitern Aeußerung, daß man Fürstl. Tarischer Seits hoffe, es werde der Zoll von den aufgebenden Waaren nicht weiter als einfach eingezogen werden.

Es haben ihm aber die Herz. Wirtembergische Herren Deputirte zu erkennen gegeben, daß sie hierzu nicht instruirt seyen, und dahero ein dergleichen Accord keine Connexion mit gegenwärtiger Verhandlung haben könne; daß man aber Herz. Wirtembergischer Seits, im Fall das Fürstl. Tarische Hauß dießfalls einen Accord zu treffen verlange, nicht entstehen werde, die Hände hierzu zu bieten, wenn einmal das Geschwind- und Land-Kutschen-Fuhrwesen regulirt sey, und man eine Berechnung werde entwerfen können.

K 4   Was

Was aber das jenseitige Desiderium wegen
einfacher Einziehung des Zolls betrefe, so werde der
Taxische Herr Mandatarius aus der Herz. Zoll-
Ordnung ersehen haben, daß in den Herz. Wirtembergischen Landen die Waaren, die durch das Land
paßiren, nur einmal durchs Land, nicht aber von einem Amt in das andere verzollt werden, und daß daher in dem Wirtembergischen nur ein einfacher Zoll sey.

Ad punct. XIII. Hat der Fürstl. Taxische Herr
Mandatarius durchaus darauf bestehen wollen, daß
alle Gelder und Colli auf die Geschwind-Kutschen und
nur allein die schweren Güter den Land-Kutschen aufgegeben, mithin die in diesem Punct dem Versender
gelassene freie Wahl bloß auf leztere, die schweren
Güter, restringirt werden solle.

Die Herz. Wirtembergische Herrn Deputirte aber
haben demselben hierauf declarirt, daß es hierinn ein
für allemal bei der Faßung dieses Punkts bleiben müße,
als welchen der Fürstl. Taxische Herr Mandatarius
ja lezthin nach der ihm hierüber umständlich gegebenen
Erläuterung als billig erkannt habe. Wie dann die
Wirtembergische Herren Deputirte, da der Fürstl. Taxische Herr Mandatarius von seinem postulato nicht abgehen wollte, sich geaeußert, daß sich das ganze Geschäfft
zerschlage, wann jenseits hierauf beharret, und den
Versendern nicht auch in Ansehung der Gelder und
Colli die freie Wahl gelassen werden wolle, und daß
mithin nichts übrig sey, als daß man die Conferenz
anmit ohne weiters abbreche.

Von

Von welcher Declaration solche auch, aller von dem Fürstl. Taxischen Herrn Mandatario gemachten Einwendungen; ungeachtet, nicht abgewichen, so daß ermeldter Taxische Herr Mandatarius in Hofnung, daß solches von seiner Höchsten Principalschafft werde ratificirt werden, sich endlich auch diesen Punkt gefallen laffen.

Hingegen hat derselbe verlangt, daß der entworfene Land-Kutschen-Tarif vorzüglich in Ansehung des Gewichts der Colli näher bestimmt, auch solcher durchgängig dem bisherigen Land-Kutschen-Tarif, der bei den Acten ligt, gemäß eingerichtet, mithin das Geld-Porto von Stuttgart nach Frankfurt nicht auf 24. Xr. heruntergesezt, sondern es hierinn bei dem alten Tax à 30. Xr. von 100. Fl. belaffen, auch die Fracht der Centner-Güter van Stuttgart nach Heidelberg nicht vermindert, und das Geld-Porto dahin von 18. Xr. auf die vormalige 20. Xr. hinaufgesezt werden solle, indem ja ohnedies bei größern Summen von 800. bis 1000. Fl. oder mehr Gulder den Versendern ein Nachlaß von ⅓ tel und nach befindenden Umständen noch mehr zugesagt worden, mithin sich solches damit wohl begnügen könnten.

Die Herz. Wirtembergische Herren Deputirte haben hierauf declarirt: daß sie ein für allemal darauf bestehen müßten, daß der alte Land-Kutschen-Tarif in Ansehung des Geld-Porto von Stuttgart nach Frankfurt und Heidelberg, und die Fracht von Centner-Gütern von Stuttgart nach dem leztern Ort, auf die in dem neuerlich entworfenen Tarif bemerkte Summen heruntergesezt werde, und daß sie hierinn nur im mindesten nachzugeben nicht ermächtiget seyen.

Was

Was aber die Fracht von denen Colli anbelangt,
so haben ermelbte Herz. Wirtembergische Herren Deputirte für billig erkannt, daß solche genauer außge-
rechnet unb auf die Pfunde bestimmt werde, damit
allen dißfalls mit den Post-Officianten entstehen kön-
nenben Zwistigkeiten künfftig vorgebeugt werden möge;
wie sie dann auch dißfalls mit dem Fürstl. Taxischen
Herrn Mandatario unb bem zu diesem Endzweck hie-
her gekommenen gleichfalls anwesenden Fürstl. Taxischen Herrn Hofrath und Post-Commissarius Grund
sich auf die hienach in fine hujus protocolli ange-
hängte Repartition verglichen, unb dabei festgesezt
haben, daß diese von Stuttgart biß Frankfurt besche-
hene Berechnung bei sämtlichen Routen pro Typo
genommen, und solchergestalt auf alle Stationen, nach
Proportion der in dem Geschwind-Kutschen-Tarif
bereits enthaltenen Entfernung eines Orts von dem
andern, in Außwurf gebracht werden solle.

Hiemit waren nun zwar die Fürstl. Taxische
Herrn Mandatarii zufrieden, hingegen wollten solche
wegen des Geld-Porto von Stuttgart biß Frankfurt
durchaus nicht nachgeben unb ein für allemal auf dem
alten Land-Kutschen-Tax beharren.

Da aber auch die Wirtembergische Herrn Deputirte von dem verminderten Tax nicht abgehen wollten,
so ließen sich jene endlich diese Verminberung von 30 Xr.
auf 24 Xr. von den nach Frankfurt versendenden Geldern gefallen, verlangten aber dagegen, daß der ver-
minderte Tax auf die von Stuttgart nach Heidelberg
gehende Gelder unb Centner-Güter auf den bisher
üblich geweßten Tax mit 20. Xr. von 100. Fl. unb
3. Fl. vom Ctr. erhöhet werden sollte.

Aber

Aber auch hierinn wollten die Wirtembergische
Herrn Deputirte von dem neuerlich aufgestellten Typo
nicht abweichen, bis endlich, nachdem beede Theile
lange auf ihrer Meinung beharrt, sich solche dahin
verglichen, daß zwar die Calwer und Stuttgarter Häns
delsleute nicht weiter als 18. Xr. von 100. Fl. Geld
und 2. Fl. 30. Xr. vom Ctr. Güter von Stuttgart
bis Heidelberg bezalen, daß aber solches in dem Tarif
nicht bemerkt, sondern solchem der alte Tax mit respve
20. Xr. und 3. Fl. einverleibt, mithin den Kaufleuten
von dieser Verminderung nur privatim Nachricht ges
geben werden solle.

Ad Punct. XIV. Aeufferte der Fürstl. Tarische
Herr Mandatarius, daß die Faßung desselben in Anses
hung der nach den ersten fünfzehen Bestand=Jahren cons
tinuirenden Bezalungsfristen etwas dunkel sey, und
solche leicht dahin interpretirt werden könnte, als ob
das Fürstl. Hauß Taxis sich verbindlich mache, nach
Verfluß der ersten fünfzehen Jahre abermals ein Avan-
co von zwölf tausend Gulden auf die übrige fünfzehen
Jahre zu thun. Er verlangte dahero, daß post verba
„auf gleiche Weise gesezt werden möchte, mit den jährli=
„chen 800. Fl. continuiren laffen.„

Da aber die Herz. Wirtembergische Herrn Des
putirte demselben beclarirten, daß die dißeitige Intens
tion nicht auf ein weiteres Avanço, sondern nur das
hin gehe, daß nach Verfluß der ersten fünfzehen Jahre
sodann mit Bezalung der 800. Fl. jährlich und bis
zu Ende des Contrakts continuirt werden solle; so
hat sich der Fürstl. Tarische Herr Mandatarius mit
dieser ad protocollum gethanen Declaration begnügt,
und

und auch disfalls auf der verlangten Abänderung des Receßes nicht insistirt.

Nachdem nun solchergestalt sämtliche von dem Fürstl. Taxischen Herrn Mandatario vorgebrachte neuerliche Desideria ihre abhelfliche Maße erhalten; so wurden nunmehro die ausgefertigte brede Exemplarien des errichteten Receßes von beeden Theilen unterschrieben und gesiegelt, und so fort gegen einander ausgewechselt, hierauf aber die auf die Colli berechnete Fracht von Stuttgart nach Frankfurt gegenwärtigem Protokoll annoch einverleibt.

Und zwar solle auf der Land-Kutsche bezalt werden:

von Stuttgart bis Frankfurt

von	1	bis	4	Pf.		Fl.	24	Xr.
	5		8				36	
	9		12				48	
	13		16				58	
	17		20		I		8	
	21		24		I		18	
	25		28		I		28	
	29		32		I		36	
	33		36		I		40	
	37		40		I		56	
	41		44		2		6	
	45		50		2		15	
	51		65		2		30	
	60		75		3			
	76		100		4			

Womit

Womit dann gegenwärtige Verhandlung beschloſ=
ſen worden, actum ut supra.

(L. S.) Hochfürſtl. Taxiſcher bevollmächtigter
Mandatarius,

W. Zech

Obriſt = Lieutenant und Creiſ=
Ober = Kriegs = Commiſſarius.

X.

Vergleich des regierenden H. Herz. Karl mit
ſeinen beeden Brüdern H. Ludwig Eugen
und H. Friederich Eugen den 11ten Febr.
1780.

Zu wiſſen: Nachdem zwiſchen Uns, von Gottes
Gnaden Karl, regierendem Herzog zu Wirtem=
berg und Teck, rel. rel. einer Seits, und andrer Seits
Unſern freundlich vielgeliebteſten Herrn Herrn Gebrü=
dern, Ludwig Eugen, und Friederich Eugen, auch
Herzogen zu Wirtemberg rel. rel. Durchl. Durchl. über
verſchiedene Angelegenheiten des herzoglichen Hauſes
und Landes, Mißverſtändniſſe entſtehen wollen, wel=
che durch den Weg einer ſchriftlichen Unterhandlung
nicht haben gehoben werden können: Und nun hier=
auf beede höchſte Theile unbeſchadet dem, was ſonſt
in dergleichen Fällen und bey entſtehenden Differen=
zien unter den hohen Perſonen des herzoglich Wir=
tembergiſchen Hauſes, in dem fürſtbrüderlichen Ver=

glei=

158

gleiche vom 28. May 1617. §. damit aber rc. in
Ansehung der bießfallsigen gütlichen oder compromissa-
rischen Verfahrungs - Art verordnet worden und enthalten ist, sich dahin gütlich vereinbart haben, daß
biesmalen bey denen gegenwärtig ganz besonders vor-
gewalteten Umständen, ohne dies der jetzig beliebte
modus für das zukünftige zu irgend einem Beyspiel
oder Nachfolge niemals angezogen, sondern daß vielmehr fernerhin und auf alle künftige Zeiten der Vorschrift gedachten fürstbrüderlichen Vergleichs, in welchen Sachen es immer wäre, sträcklich und beständig
nachgegangen werden soll, durch eine gütliche Zusam-
mentretung der ad acta Bevollmächtigten von beeden höchsten herzoglichen Haupt-Theilen und Interessenten, unter dermaligem Beyzug einiger bevollmächtigten Deputirten von einem treu-gehorsamen
landschaftlichen grössern Ausschuß in allhiesiger herzoglichen Residenz-Stadt Stuttgart eine freundschaftliche Uebereinkunft und Vergleichung gestiftet und erzielt
werden möge:

Als ist durch göttlichen Beystand und Seegen
und durch die in dem abgewichenen und diesem Jahr
gepflogene gedeihliche Unterhandlungen die Sache dahin gekommen, daß die bisher obgewaltete Irrungen
zwischen den höchsten herzoglichen Interessenten glück-
lich gehoben, und eine dauerhafte und gänzliche
Ausgleichung erzielt worden, wie dann so wohl
Seine des regierenden Herrn Herzog Karl zu Wirtemberg herzogliche Durchl., als auch Höchst Dero
freundlich vielgeliebteste Herrn Herrn Gebrüder, Ludwig Eugen und Friederich Eugen, Herzoge von Wirtemberg Durchl. Durchl. unter dem Beytritt eines
treu gehorsamen landschaftl. grössern Ausschusses, hiemit

mit und kraft dieses für sich und ihre herzogliche Nachkommen und Nachfolger am Regiment, sich dahin
verstanden, festiglich einander zugesagt, und für beständig verglichen und unter einander verabschiedet
haben, wie folgt.

I.

Seine regierende herzogliche Durchl. und die
Durchl. Agnaten bestättigen auch bey dieser Gelegenheit
für Sich und Dero Nachkommen alle bey der Wirtembergischen Haus = und Landes = Verfassung zum
Grunde liegende Privilegien, Verträge, Recesse, Te-
stamente, Reversalien, Affecurationen, und was sonst
dahin zu rechnen ist; erneuern ihre Verbindlichkeit,
dagegen nichts zu thun, noch zu gestatten; und erklären insonderheit, daß solche auch in Ansehung der
Verwaltung des herzoglichen Cammer = Guts, nach
allen seinen Theilen jetzt und künftig genau beobachtet und ernstlich gehandhabt werden sollen.

II.

Je weniger aber, auch bey den löblichsten landesherrlichen Gesinnungen, das gemeine Beste befördert,
und denen in dieser Absicht eingegangenen Verbin-
dungen und ertheilten Versicherungen ein Genüge
geschehen kann, wenn diejenigen, denen die Vollziehung anvertraut werden muß, ihre Schuldigkeit nicht
beobachten: um so mehr erkennen es Seine herzogl.
Durchl. für einen wesentlichen Theil ihrer landesväterlichen Obliegenheit, verbinden sich auch dazu noch-
mals für sich und Höchst Dero Nachfolger in der Regierung, zuvorderst Dero Geh. Raths = Collegium,
welchem alle übrige Collegien und Deputationen un-
ter-

tergegeben ſeyn und bleiben ſollen, und ingleicher Maaſ=
ſe Dero Regierung, Rent= Cammer, Kirchen=Rath,
ſo wie alle Dero Collegien, mit Perſonen von geprüf=
ter Geſchicklichkeit und Treue zu beſeßen, und diejeni=
ge Ihrer Räthe, und übrige hohe oder niedere Die=
ner, die ihre aufhabende Pflichten auſſer Augen zu
laſſen, Uneinigkeit und Wiberwillen in dem herzogli=
chen Haus oder Land zu erwecken oder zu unterhalten,
oder ſonſt in einige Wege gegen die Haus= oder Lan=
des=Verfaſſung oder zu deren Nachtheil, in Eccleſia=
ſticis oder Politicis, beſonders aber auch in Finanz=
oder Cameral=Angelegenheiten, Rath oder That zu
erweiſen ſich unterfangen haben oder unterfangen ſoll=
ten, nach Maaßgab der Haus = und Landes = Geſeße
mit der verbienten Strafe zu belegen. Wie dann
auch Se. herzogliche Durchl. von ſelbſt wiſſen werden,
gegen untreue Diener nach den Landes = Verordnun=
gen ohne geſtattende Verzögerung und dahin abzwek=
kende Weitläuftigkeit zu verfahren.

<h2 style="text-align:center">III.</h2>

Was die verſchibenén Gegenſtände, welche zu
den bisherigen Mißverſtändniſſen Anlaß gegeben haben,
inſonderheit betrifft, ſo iſt in Anſehung der Verwal=
tung des herzoglichen Cammer=Guts überhaupt,
als des erſten Haupt = Objects, zwiſchen beeden
höchſten Theilen, nach vorausgegangenen freundbrü=
derlichen Unterhandlungen, folgendes verabredt, ver=
glichen, und für jetzt und künftig in Kraft eines un=
verbrüchlichen Haus=Vertrags feſtgeſtellt worden.

<h2 style="text-align:center">IV.</h2>

Es werden bey jener Verwaltung des herzogli=
chen Cammer=Guts die in vorſtehendem erſtem Artikel
beſtä=

beſtätigte Hauſ= und Landes=Verfaſſung, beſonders
aber die herzoglichen Teſtamente und die Land=Tags=
Abſchiede von 1629, 1739 und 1770 zum Grunde ge=
legt, und ſoll davon zu keiner Zeit und unter keiner=
ley Vorwand abgewichen werden.

V.

Unter dieſer Vorausſetzung wird der im Jahr
1777 entworfene Plan der Einnahme zur Grundlage
der künftigen Adminiſtration angenommen. Es
wird aber auch von Seiner regierenden herzoglichen
Durchl. auf deſſen weitere Cameralmäſſige Berichti=
gung und Befeſtigung, ſo wie auch dahin das lan=
desväterliche Abſehen gerichtet werden, damit der
jährliche Ertrag des Holz=Verkaufs auf die neu ver=
faßte und noch weiter zu prüfende Forſt=Etats gegrün=
det, und ſo fort nach deren Erfund dieſe wichtige Ru=
brik der Einnahme genau beſtimmt werden möge.

VI.

In Anſehung der Ausgaben ſoll unabweichlich
darauf geſehen werden, daß zuvorderſt die nothwendi=
gen Staats= Ausgaben zur rechten Zeit ihre ohnfehl=
bare Berichtigung erhalten, die übrigen aber nach ihrer
mehr oder weniger weſentlichen Beſtimmung einge=
theilt, und nach der Einnahme alſo abgemeſſen wer=
den, daß nicht nur neuen Schulden, es ſeye durch
baare Geld= Aufnahmen oder Anticipationen oder Re=
tardate oder wie es Namen haben könnte, vorge=
beugt, ſondern auch ſo wohl auf auſſerordentliche Fälle,
als zu Vermehrung der Revenüen und ſonſt zum
Flor des herzoglichen Hauſes und zum Beſten des

 L   Lan=

Landes immerhin ein baarer Geld-Vorrath vorhanden
seyn möge.

VII.

Wenn sich auch bey dem zum Grunde gelegten
Entwurf der Ausgaben vom Jahr 1777 in der Folge Mängel zeigen, und sich ergeben sollte, daß nothwendige Artikel einen erhöhten Ansatz erfordern dörf-
ten; so wird auf die von der herzogl. Rent-Cammer,
welche dazu auf ihre geleistete Pflichten hiedurch ernstlich angewiesen wird, durch das herzogliche Geheime-
Raths-Collegium gemachte unterthänigste Anzeige,
von Sr. regierenden herzoglichen Durchl. das erfoder-
liche ohne Verzug vorgekehrt; auch von Höchst-Denenselben von selbst der gnädigste Bedacht genommen
werden, falls die zu Erhaltung der herzogl. Land-
Gebäude ausgesetzte Summe nicht hinreichen sollte,
solche nach den Umständen und dem wahren Bedürfniß
zu erhöhen.

VIII.

Damit aber die immer mehr zu bewirkende gute
Einrichtung durch aufschwellende Rückstände niemals
unterbrochen oder vereitelt werden möge; so wiederholen Seine herzogliche Durchl. den bereits vor ge-
raumer Zeit ertheilten höchsten Befehl, nach welchem
alle und jede Special- und subordinirte Cassen ihren
wirklichen Zustand der herzoglichen Rent-Cammer
jährlich nach Georgii pflichtmässig anzeigen sollen, um
versichert zu seyn, daß solche nicht im Rest verbleibeu.
Im Falle sich aber dennoch das Gegentheil zeigen
würde, so soll Seiner herzoglichen Durchl. bey dem
von der herzogl. Rent-Cammer zu eben dieser Zeit zu

erstat-

erstattenden jährlichen General-Rapport hievon die
unterthänigste Anzeige gemacht werden, um Höchstdieselbe zu Verfügung der nöthigen gleichbaldigen Re-
mebur in den Stand zu setzen.

IX.

So wie Seine regierende herzogliche Durchl. die
preiswürdigste Absicht haben, bey herzoglicher Rent-
Cammer mittelst vorbesagter Maaßregeln eine dauerhafte Ordnung zu erhalten: Also werden auch Höchst-
Dieselbe das herzogliche Cammerschreiberey-Gut dergestalten verwalten lassen, daß nicht nur weder durch
Alienationen oder Verpfändungen, noch sonst in einige Weise, der Fond desselben geschwächt, sondern
auch alle darauf liegende jährliche Prästationen richtig
abgetragen, mithin weder durch Rückstände noch durch
Geld-Aufnahmen das Cammerschreiberey-Gut mit
Schulden beschwert, viel weniger solche auf die herzogliche Rent-Cammer transferirt werden. Zu welchem Ende der herzogl. Cammer-Schreiber bey dem
jährlichen Rechnungs-Schluß Seiner herzogl. Durchl.
einen umständlichen Bericht von dem Zustande seiner
Casse unterthänigst vorzulegen hat.

X.

In Ansehung des Militair versichern Seine regierende herzogliche Durchl., daß Sie das zum Dienst des
Reichs erforderliche Contingent, nach der Verfassung
des Schwäbischen Kreises, vollständig und in Ordnung
erhalten, auf die Festungen nach den herzogl. Testamenten das nöthige verwenden, und ernstlich darüber
halten lassen werden, daß bey der herzoglichen Kriegs-
Casse keine neue Schulden oder Rückstände entstehen.

L 2   XI.

XI.

Da auch das wichtige Corpus des geiſtlichen Guts und deſſen Aufrechterhaltung eine vorzügliche Aufmerkſamkeit verdient; ſo werden Seine herzogl. Durchl. nicht ermangeln, Höchſtdero Geh. Raths - Collegio gemeſſen aufzugeben, und Dero genaueſtes landesherrliches Augenmerk darauf zu richten, daß allen bey demſelben vorwaltenden Mängeln und Gebrechen, beſonders bey der Adminiſtration der Waldungen, Maiereyen und anderer liegenden Güter ungeſäumt auf den Grund geſehen, und ſolchen zum allgemeinen Beſten des herzoglichen Hauſes und Landes die abhelfliche Maaſſe gegeben werde.

XII.

Eben dieſe Grund-Sätze werden Seine herzogliche Durchl. in Anſehung der gefürſteten Grafſchaft Mömpelgard und deren dahin gehörigen Herrſchaften genau befolgen laſſen.

XIII.

In Anſehung derer auf den herzoglichen Caſſen haftenden Schulden, als des zweyten in Erörterung gekommenen Haupt-Objects, iſt zuvorderſt wegen der herzogl. Eberhard- Ludwigiſchen Schulden verabredt und feſtgeſetzt worden, daß es bey der zwiſchen Seiner regierenden herzoglichen Durchl. und Höchſtdero Landſchaft nach Ausweis eines beſondern Neben- Receſſes d. d. 8 Febr. 1780 getroffeuen Uebereinkunft ſein Verbleiben haben ſolle.

XIV.

XIV.

Auch soll das zu fernerer Vollziehung gelangen, was in dem Recesse von 1770 wegen der gemeinschaftlichen Schulden=Zahlung verglichen worden.

XV.

So viel aber diejenigen Zahlungs=Artikel anbelangt, welche theils auf den gemeinschaftlichen Fond wegen der dabey angenommenen Summe von vier Millionen nicht gelegt werden konnten, und mithin auf die herzogliche Rent= Cammer zurückfallen mußten; theils aber seit 1770 im Rückstande geblieben sind: So werden Seine regierende herzogliche Durchl. den hierzu ausgesetzten Fond von jährlichen Einhundert und zehen tausend Gulden nicht nur auch in Zukunft gänzlich dahin verwenden, sondern auch je nach Zulassung der Umstände und der Rent= Cammerlichen Einnahme zu diesem Behuf noch ein weiters zu thun sich angelegen seyn lassen.

XVI.

Die auf dem herzoglichen Cammerschreiberey=Gute und der Kriegs=Casse annoch haftende Schuld= Posten sollen ebenmässig ihre baldmöglichste Berichtigung erhalten.

XVII.

Um auch die Recette der gefürsteten Grafschaft Mömpelgard und derer dazu gehörigen Herrschaften in wenigen Jahren von Schulden zu befreyen, wird von den dortigen Einkünften alle Jahr die Summe

L 3   von

von fünfzig tausend Livres zur Schulden-Zahlung verwendet werden.

XVIII.

Seine herzogliche Durchl. werden hiernächst die höchste Verfügung treffen, daß gleich wie Höchstdieselbe auf die vorzüglichen Abgaben solcher Rubriken, wobey es auf Einlösung verpfändeter Gefälle oder Abführung im Ausstand verbliebener nothwendiger Staats-Ausgaben ankommt, bereits die Einleitung gemacht haben, also auch auf diesem Weg unabweichlich fortgegangen werde.

XIX.

Um endlich von der stäcklichen Vollziehung alles obigen desto mehr versichert zu seyn, so wird so wohl der herzoglichen Rent-Cammer als der Recette zu Mömpelgard aufgegeben werden, alle Jahr nach Georgii ein pflichtmässiges Verzeichniß der bezahlten Schulden nach ihren verschiedenen Rubriken an Seine herzogliche Durchl. einzusenden, welches Verzeichniß Höchstdieselbe nebst dem von dem Cammerschreiber zu erstattenden Cassen-Bericht beiden Prinzen Durchl. Durchl. freundbrüderlich mitzutheilen geruhen werden.

XX.

Was den dritten Haupt-Gegenstand, nehmlich das Fideicommiß des herzoglichen Hauses anbelangt, so erneuern und bestätigen Seine regierende herzogl. Durchl. für Sich und Dero Nachfolger die darüber in den älteren und neueren Haus- und Landes-Verträgen enthaltene Verordnungen, und soll

in

in deren Gemäßheit alles, was dahin an Immobilibus
oder Mobilibus gehört, oder in der Folge hinzukom=
men möchte, es habe Namen wie es immer wolle,
unzertrennt bey einander bleiben, nichts davon hin=
weggegeben, verkauft, verpfändet oder in einige an=
dere Wege vermindert, sondern vielmehr auf dessen
Erhaltung, Verbesserung und bestmöglichste Vermeh=
rung zur Befestigung und immer mehrerer Emporbrin=
gung des Flors des herzoglichen Hauses der ernstliche
Bedacht genommen werden.

XXI.

Es soll insonderheit das Fideicommiß selbst we=
der in der Absicht, Schulden abzutragen, oder Aus=
gaben zu bestreiten, die auf irgend eine Weise als
Folgen der landesherrlichen Regierungs=Obliegenhei=
ten, mithin als onera territorii et regiminis anzu=
sehen, oder zu Anschaffung entbehrlicher Stücke, oder
zum Behuf laufender Ausgaben unter keinerley Vor=
wand angegriffen, und in seinem Fond geschwächt wer=
den. Wie dann auch zwischen vorgegangenen Aliena=
tionen oder Deteriorationen und denen auf einer an=
dern Seite gemachten Acquisitionen oder Meliorationen
keine Compensation statt finden soll.

XXII.

Wenn es auch bey einer sich ergebenden schweren
Landes=Nothdurft nach eingeholtem schriftlichem Gut=
achten der herzoglichen Collegien und nach gepflogener
Communication mit denen Durchl. Agnaten, auch der
Landes=Verfassungsmäßigen Berathschlagung und Mit=
Einwilligung der Landschaft unvermeidlich seyn würde,
das Fideicommiß zu Hülfe zu nehmen: so soll doch

L 4   auch

auch in diesem Fall alles vermieden bleiben, was eine gänzliche Veräusserung im grossen oder im kleinen nach sich ziehen könnte.

XXIII.

Würde sich aber eine Gelegenheit zu einem nußbaren Kauf ereignen, woburch Land und Leute vermehrt oder in weiteres Aufnehmen gebracht, oder das Fideicommiß sonst ansehnlich verbessert werden könnte, so soll vor allen Dingen getrachtet werden, den erforderlichen Kauf=Schilling von dem Ueberschuß der laufenden Revenuen zu bestreiten. Wofern aber diese zu Erreichung des Zwecks nicht hinreichend wären; so kann zu einer in unbedenklichen und billigen Conditionen zu veranstaltenden und nach und nach wieder abzuführenden Geld=Aufnahme geschritten werden.

Im Fall jedoch nach reifer Ueberlegung es für vortheilhafter erachtet werden würde, minder wichtige und weniger einträgliche Fideicommiß=Stücke zu veräussern, oder auch zu jenem Behuf Fideicommiß=Capitalien abzulösen: so bleibt solches einem jeweiligen regierenden Herrn unbenommen. Es sollen aber auch hieben jederzeit die Haus= und Landes= Verfassungsmässige Wege eingeschlagen, von den herzoglichen Collegien so wohl über die Sache selbst, als über die Mittel pflichtmässige schriftliche Gutachten erfodert, und in Fällen von Beträchtlichkeit, der Consensus Agnatorum nicht auf die Seite gesetzt werden.

XXIV.

Eben dieses wird die Regel seyn, wenn von Austauschung einiger Fideicommiß= Güter gegen andere,

wodurch

woburch entweber die herzoglichen Lanbe merklich ver=
mehrt, ober auch anstatt ber abgelegenen nähere, glei=
che ober noch bessere zum Herzogthum gebracht werben
könnten, bie Frage entstehen sollte.

XXV.

Um aber auch allen bisherigen Mißverständnissen
über ben Zustand bes Fideicommisses auf einmal bie
abhelfliche Maaße zu geben; so ertheilen Seine bes
regierenden Herrn Herzogs Durchl.

a) bie Versicherung, baß, wie Höchstbieselbe
bereits rühmlichst ben Eingang gemacht haben, eini=
ge verpfänbete Stücke zu bem Fideicommiß wieber
einzulösen, also auch Seine herzogliche Durchl. bamit
fortfahren, und so balb es nach ben Umstänben mög=
lich seyn wird, alle noch verhypothecirte Stücke von
biesem Nexu burch Heimzahlung berer barauf vorge=
stehenen Capitalien ebenfalls frey machen werben.

b) Erklären Höchstbieselbe, baß alle unb jebe von
Ihnen während Dero Regierung an Immobilibus bis=
her gemachte Acquisitionen ohne Unterschied beim Fi=
deicommisso et Domanio Domus et familiae cum
omni effectu förmlich unb feierlich einverleibt seyn unb
bleiben sollen.

c) Die zum Fibeicommiß gehörigen Mobiliar=
Stücke betreffenb; so soll nach benen vorhanbenen
Inventarien ber bisherigen Anorbnung gemäß alle
Jahr ber gewöhnliche Sturz vorgenommen werben.
Es werben auch Seine herzogl. Durchl. in Ansehung
ber barunter begriffenen Meublen bie bey einigen her=

L 5

zoglichen Gebäuden und Schlössern etwa noch abgän=
gige Jnventarien ergänzen, und so fort alle drey. bis
vier Jahr und öfters, wenn es die Umstände erlau=
ben, durch die gewöhnliche Deputation bey Sturz
veranstalten lassen, und soll dem regierenden Landes=
Herrn von all obigem durch jene herzogliche Deputa=
tion ausführlicher Bericht von dem wahren Zustande
erstattet, der Zuwachs oder Abgang dabey bemerkt,
und dieser von Successoren zu Successoren ersetzt
werden.

d) Was insonderheit von den Stamm=Kleinodien
des herzoglichen Hauses nach pflichtmässiger Schätzung
abgängig erfunden werden sollte, werden Seine her=
zogliche Durchl. durch andere von Höchstdenselben ac=
quirirte Stücke wieder ergänzen, und obigen Jnven=
tarien einverleiben lassen.

e) Wie übrigens des regierenden Herrn Herzogs
Durchl. nichts zum grössern Vergnügen gereichen
kann, als in allen Gelegenheiten Dero unablässige
Vorsorge für das Beste des herzoglichen Hauses an
den Tag zu legen: Also werden auch Höchstdieselbe
nach Zeit und Umständen ein vorzügliches Augenmerk
dahin nehmen, damit das Fideicommiß durch neue
Acquisitionen an Land und Leuten verstärkt, und auf
alle mögliche Weise immer in mehreres Aufnehmen
gebracht werde.

XXVI.

Gegen diese von Seiner regierenden herzoglichen
Durchl. ausgestellte Assecurationen und Erklärungen
sollen die Durchl. Agnaten allen und jeden ex Capite

Redin-

Redintegrationis Fideicommiſſi, formirten Forderungen entſagt, auch ſich derſelben auf alle Fälle, unter Beziehung auf die bey der gemeinſchaftlichen Vergleichs-Deputation abgegebene Aeuſſerungen gänzlich und feierlich begeben haben. Mit dem Vorbehalt, daß der im Jahr 1769 mit der unmittelbaren Reichs-Ritterſchaft geſchloſſene Vergleich, als worüber Sie Sich dermalen zu äuſſern nicht vermögen, darunter nicht verſtanden ſeyn ſoll.

XXVII.

Um endlich auch in Anſehung des vierten Haupt-Puncts, die herrſchaftliche Waldungen betreffend, künftigen Mißverſtändniſſen vorzubeugen: So erklären Se. des regierenden Herrn Herzogs Durchl. für Sich und Dero Nachfolger in der Regierung, daß alles, was die Regeln einer guten Forſt-Wirthſchaft in Verbindung mit der Wirtembergiſchen Landes-Verfaſſung jetzt oder in Zukunft erfordern möchten, jederzeit genau beobachtet und gehandhabt werden ſolle.

XXVIII.

Und wie Höchſtdieſelbe ſo wohl nach genommener Höchſteigener Einſicht, als auf Veranlaſſung deſſen, was über dieſen wichtigen Theil des Fideicommiſſes bey der gemeinſchaftlichen Vergleichs-Deputation verhandelt worden iſt, ſich bewogen geſehen haben, verſchiedene proviſoriſche Einſchränkungen, Aenderungen und Anordnungen zu verfügen: Alſo erklären Seine herzogliche Durchl. inſonderheit, daß dieſe gemachte Verfügungen ſowohl denen herzoglichen Collegien, als den ſämmtlichen hohen und niedern Forſt-Bedienten, in ſo lange bis und dann durch die Reviſion des

Came-

Cameral-Forst-Etats eine vollständige und dauerhafte
Einrichtung gemacht seyn wird, zur beständigen Richtschnur und Vorschrift dienen sollen.

XXIX.

Es soll dem zu Folge in den herzoglichen Waldungen nicht nur an allen Orten bem Holzschlag eine
forstmässige Einrichtung gegeben, und über solche unter keinerley Vorwand, er habe Namen wie er immer
wolle, hinausgegangen, sondern auch immerhin das
unabänderliche Absehen dahin gerichtet werden, damit
auf der einen Seite in dem Lande selbst niemals ein
Mangel an Holz entstehen, oder dieses nothwendige
Bedürfniß zu einem allzuhohen Preis ansteigen, auf
der andern aber auch der so wichtige Holz-Handel
ausser Landes nach allen seinen Gattungen, so weit
die Natur der Sache es erlaubt, beständig conservirt
werden möge.

XXX.

Zu desto festerer Begründung des obigen soll in
den Cameral- und kirchenräthlichen Waldungen weder
ein Holzschlag vorgenommen, noch in Accords sich ein-
gelassen, noch zu irgend andern das Wald-Wesen betreffenden Verfügungen von einiger Beträchtlichkeit
geschritten werden, ohne daß die Sache zuvor nicht
nur von denjenigen herzoglichen Collegien, wohin sie
gehört, in reifliche Erwägung gezogen, und der Erfünd
zu den herzoglichen Geh. Rath berichtet, sondern auch
von diesem das weitere an Seine regierende herzogl.
Durchl. zu Einholung der landesherrlichen gnädigsten
Genehmigung gebracht worden sey.

XXXI.

XXXI.

In gleichmäffig landesväterlicher Abficht werden Seine herzogliche Durchl. Dero Rent-Cammer-Collegium und fämmtlichen Ober-Forft-Aemtern bey ihren geleifteten Pflichten aufgeben, den jährlichen Holzefchlag einftweilen nach denen auf Höchftdero Befehl feit 1777 errichteten neuen Forft-Etats zu reguliren, auch, wie diefes gefchehen, alljährlich die umftändlichfte unterthänigfte Berichte an Seine herzogl. Durchl. zu erftatten.

XXXII.

Gleichwie aber Seine regierende herzogl. Durchl. für nöthig erachten, eben diefe Forft-Etats noch einer nähern Prüfung und Abjuftirung untergeben zu laffen: Alfo werden auch Höchftdiefelbe redliche und der Sachen erfahrne Räthe und andere unpartheyifche Forftverftändige ungefäumt ernennen, um mit Zuziehung derer zu einem jeden Forft gehörigen Bedienten den wahren Zuftand der herrfchaftlichen Waldungen mit möglichfter Sorgfalt und Genauigkeit zu unterfuchen, und nach den bekannten Grund-Sätzen der Forft-Wiffenfchaft, unter reifer Erwägung aller eintretenden Neben-Umftände, den jährlichen Holzfchlag, nach zuvor gefchehener unterthänigfter Anzeige und Anfrage, in folcher Maaffe feftzufetzen, damit zu dauerhafter Begründung des Ertrags in der Schätzung ein ficherer Mittelweg beobachtet werden möge.

XXXIII.

XXXIII.

Nach Vollendung dieses Geschäffts werden Seine herzogliche Durchl. einen allgemeinen Forst=Etat über Dero Cameral=Waldungen zur unabweichlichen Richt= schnur des künftigen Holzschlags bestimmen, und sol= chen der beiden Prinzen Durchl. Durchl. aus freund= brüderlichem Vertrauen mittheilen lassen.

XXXIV.

Was die kirchenräthliche Waldungen insbesonde= re und die darüber errichtete Forst=Etats betrifft, so werden Seine herzogliche Durchl., nachdem Höchstdie= selbe letztere nicht zuverlässig gefunden haben, dem herzoglichen Kirchen=Rath den Befehl ertheilen, an= derweite Etats nach einer gründlichen Vorschrift ver= fassen zu lassen, und solche durch das herzogliche Geh. Raths=Collegium an Seine herzogliche Durchl. ad approbandum unterthänigst einzuschicken, einstweilen aber den Holzschlag in diesen Waldungen nach dem unterm 16. Jun. 1779. ergangenen gnädigsten Decret unabweichlich einzurichten.

XXXV.

In Ansehung des mit in Vorwurf gekommenen Holländer und übrigen ausländischen Holz=Handels, so wohl im Neuenburger und Altensteiger, als im Freudenstädter Ober=Forst auf der obern und untern Murg; bleibt es bey denen durch die unterm 27. April 1779. erlassene herzogliche Resolution gemachte Ver= ordnungen und Einschränkungen, und soll insonder= heit aus dem Neuenburger Forst, so lang als auf der

obern

obern und untern Murg geflößt wirb, nicht mehr als
das durch erſterwähnte herzogliche Reſolution beſtimm⸗
te Quantum an Holländer und anderem Holz abgege⸗
ben werden.

XXXVI.

Es werden hiernächſt Seine regierende herzogli⸗
che Durchl. auf diejenige Waldungen, woraus die
herrſchaftlichen Eiſen⸗Werker mit dem benöthigten
Holz verſehen werden müſſen, ein vorzügliches Augen⸗
merk richten, auch ſolche Maaßregeln ergreifen laſſen,
damit nicht nur die zu dieſen Werkern gehörige Ge⸗
bäude, ſondern auch überhaupt alles, was zu deren
Betreibung erfoderlich iſt, in gutem Stande beſtän⸗
dig erhalten, und der ſich daran ergebende Abgang
von Zeit zu Zeit ergänzt werden möge.

XXXVII.

Im übrigen ſoll alles dasjenige zur baldmöglichen
ſträcklichen Vochziehung gebracht werden, was Seine
herzogliche Durchl. wegen der Holz⸗Pflanzungen und
Wald⸗Verbeſſerungen bereits unterm 10. Jul. und
9. Aug. 1779. zu verordnen geruhet haben, und wer⸗
den Höchſtdieſelbe zu dieſem Ende ſich alljährlich von
dem Zuſtande ſo wohl der Rent⸗Cammerlichen als
kirchenräthlichen Waldungen den ausführlichen unter⸗
thänigſten Bericht erſtatten laſſen.

Alles voranſtehende nun haben Eingangs Höchſt⸗
ermeldte Herrn Herzoge; nehmlich Seine des regie⸗
renden Herrn Herzog Karls, Herrn Herzog Ludwig
Eugen, und Herrn Herzog Friederich Eugen, her⸗
zogliche Durchl. Durchl. Durchl. unter dermaligem
Bey⸗

Beyzug eines löblichen landschaftlichen grössern Ausschusses nach reiflicher Erwägung aller dabey eingetre-
tenen Umständen, mit gutem Vorbedacht, Wissen
und Willen zu dauerhafter Fortpflanzung eines freund-
brüderlichen Einverständnisses und glücklicher Harmo-
nie zwischen Herrn, Haus und Land, für sich und alle
ihre herzogliche Nachkommen und Nachfolger am Regiment, als welche sie so wohl als sich selbsten auf
alle künftige Zeiten kräftigst hierzu verbunden haben
wollen, und hiemit verbinden, dergestalten und also
untereinander fest verabredt, aufrichtig zugesagt, verglichen und verabschiedet, daß alles und jedes, was
in obigen Puncten und Artikeln enthalten ist, nichts
davon ausgenommen, von nun an die Kraft eines un-
verbrüchlichen Haus- und Landes-Vertrags haben
und behalten, folglich auch demselben in künftigen
Zeiten strässlich nachgefolgt, alles getreulich beobachtet, all solches zur Norm und Richtschnur der herzoglichen Regierungs-Verwaltung der jeweiligen Durchlauchtigsten regierenden Herrn Herzoge angesehen und
angenommen, auch demselben in der Zukunft genau
nachgelebt werden soll.

Diesem allem zu wahrer Urkund und mehrerer
Bekräftigung haben des regierenden Herrn Herzogs herzogl. Durchl. und Höchstdero Durchl. Herrn Herrn Gebrüder diesen Vertrags-Abschied Höchsteigenhändig
unterschrieben, und jeder derselben ihr herzogliches
Insiegel, wie auch treu gehorsame Prälaten und Landschaft Wirtemberg, indem solche diesen Haus-Vertrag
als ein Landes-Compactatum angenommen haben, ihr
gewöhnliches Innsiegel daran gehängt. Und sind dieses Abschieds vier gleichlautende Originalien ausgefertigt worden, von welchen eins des regierenden
Herrn

Herrn Herzog Karls herzogl. Durchl., das andere
Herrn Herzog Ludwig Eugen Durchl., das dritte
Herrn Herzog Friederich Eugen Durchl. und das
vierte einem löblichen landschaftlichen engern Ausschuß
zugestellt und ‧ behändigt worden. So gegeben und
geschehen zu Stuttgard, den 11. Febr. Anno 1780.

Karl, Herzog zu Wirtemberg,

Ludwig Eugen, Herzog zu Wirtemb.

Friederich Eugen, Herzog zu Wirth.

XI.

Vergleich des regier. H. Herz. Carls wegen Bezahlung der Eberhard-Ludwigischen Schulden. Stuttgart den 12ten Mai 1780.

Zu wissen: Nachdem bey denen im ver-
gangenen und diesem Jahr allhier vorgewesten
gütlichen Conferential-Verhandlungen zwischen Seiner des Regierenden Herrn Herzogs Carl von
Wirtemberg ꝛc. Herzoglichen Durchlaucht und
Höchstdero beeden Durchlauchtigsten Hrn. Hrn.
Gebrüdern, Prinzen Ludwig Eugen, und Friederich Eugen, auch einer treu gehorsamsten Landschaft, neben andern Puncten auch ins besondere die
dato ‧ noch unbezahlte Herzog Eberhard Ludwigische
Schulden und die damit verbundene Forderungen, so
M   wohl

wohl einer treu gehorsamsten Landschafft, als auch
des Geistlichen Guts oder des Herzogl. Kirchen-Raths
in Vorwurff gekommen, und in behörige Untersuchung und Prüfung gezogen worden sind; Hiebey aber
sich so viel ergeben hat, daß einerseits nach der ad acta
gegebenen Rentkammerlichen specifiquen Consignation
gedachte Herzogl. Eberhard Ludwigische Schulden sich
ad Georgii 1779 noch berechnen auf

$$1,046, 681 \text{ Fl. } 40 \text{ Xr. } 4\tfrac{1}{2} \text{ Hl.}$$

worunter aber in specie begriffen

a) Capitalien subpacto antichretico	=	24,972 Fl.	8 Xr.	=
b) Verzinsliche Capi- talien, = =		126,803 —	25 —	3 Hl.
c) Forderungen des Herzoglichen Kirchen- Rats und feiner Be- amtungen, =		384,420 —	31 —	=
d) Forderungen der Land- schafft und der Com- munen, = =		443,905 —	19 —	3 —
e) Forderungen von Privat-Personen =		41,101 —.	18 —	5 —
und				
f) nicht zu bezahlende Posten = =		25,478 —	58 —	=
= =		1046,681 Fl.	40 Xr.	5 Hl.

Hingegen anderer seits der von treu gehorsamster
Landschafft im Jahr 1739 vermög des Landtag-Ab-
schieds von diesem Jahr und dessen ersten Punctep
verwilligte Beytrag von zwey Millionen Gulden zu
Tilgung obgedachter Herzoglich Eberhard Ludwigischen
Schul-

Schulden auf Georgii 1779 nach der Landschafftl. Berechnung bereits biß auf

144,228 Fl. 17 Xr.

abgeführt worden, welche Summe aber weit nicht hin= reichen würde, die Herzogl. Eberhard Ludwigische Schulden vollsam in Richtigkeit zu bringen; zumalen da auch fernerweit von Seiten des Herzogl. Kirchen= Raths, in benen von ihme erforderten und den 3ten Decemb. 1779 übergebenen Consignationen von Lit. A. biß G. einschließlich, eine weit größere und biß auf 2,725,219 Fl. 51 Xr. angestiegene Summe von For= derungen zusamen getragen worden.

In Ansehung welcher sich jedoch veroffenbaret hat, daß darinn

a) nicht nur zu denen Herzogl. Eberhard Ludwi= gischen Schulden noch ältere Prätensionen hinzuge= than, sondern auch

b) viele illiquide und strittige Forderungen an die Herzogl. Rent=Kammer und die Herzogliche Cam= merschreiberey eingeführt, und

c) vollends solche Posten eingebracht worden, welche durch den im Jahr 1770 abgeschloßenen Land= tags=Abschied ad §. 11. et 18 bereits ihre Erledi= gung erhalten haben, mithin gar nicht mehr in den Rechnungen des Geistl. Guts lauffen, noch weniger aber mit Zins=Anrechnungen gehäufft werden sulten. Ueber biß aber vornemlich

d) jene Summe sich dardurch am meisten ver= größert hat, weil allein an vorgeschoßenen Geldern

M 2 zum

zum Ludwigsburger Herzoglichen Schloßbauwesen und
zum Canzlei-Kauffschilling von 17⁹⁰/₁₇
$$1,674,047 \text{ Fl. } 28 \text{ Xr.}$$
aufgerechnet worden sind, da doch einestheils diese
Forderung bey den vorgewesten Landtags-Handlungen
vom Jahr 17¹²/₁₇ und 17⁶⁶/₅₈, bey welchen von allen Kirchenräthlichen Forderungen die Rede war, nichts vor-
gebracht worden, anderntheils aber zu der damahligen
Zeit, als das Geistliche Gut oder der Herzogl. Kirchen Rath und dessen untergebene Beamtungen zu jenem Ludwigsburger Bauwesen gezogen worden, daß-
selbe keinen Beyträg zur Landschafft prästirt hat.

Und man nun hierauf allerseits die vorliegende
vorangezeigte Umstände in reifliche Erwägung gezogen hat, auch die gänzliche Berichtigung und Erlebi-
gung der Herzog Eberhard Ludwigischen Schulden allen
interessirten Theilen gleich angelegen, und nicht in
Abrede zu ziehen gewesen ist, daß eines Theils in den
vorigen Jahren viele beträchtliche Posten, welche die
Eigenschafft der Herzog Eberhard Ludwigischen Schulden nicht gehabt, gleichwohlen aus dem zu Bezalung
der zwei Millionen bestimmten Landschafftlichen Fond
des Surrogati Tricesimarum, Herr und Landschafftl.
Seits verglichener maßen, bestritten worden, und
deswegen um so vielweniger an berührten Schulden
abgetragen werden können, anderntheils, daß unter
oben angezeigt vorliegenden]
$$1,046,681 \text{ Fl. } 40 \text{ Xr. } 4\frac{1}{2} \text{ Hl.}$$
beträchtliche Posten begriffen sind, welche offenbar
von Seiten der Herzogl. Rent-Cammer noch nicht als
liquid und zur Zalung anerkannt worden, und wovon
auch manches wirklich niemalen zu bezalen gewesen
seyn würde.

Also

Also wurde vorberist ein Vorschlag zur Zahlung, und eine Ordnung derselben ins Mittel gebracht, und über denselben allschon unterm 13ten Julii 1779 vermög eines geführten gemeinschafftl. und in vim Recessus unterschriebenen Protocolli eine vorläuffige Uebereinkunft getroffen, der würkliche Receß aber damalen noch auf die von dem Herzogl. Kirchen-Rath verlangte specielle Consignation seiner Forderungen ausgesetzt. Nach deren Erhaltung und in dieselbe genommenen Einsichten aber ist nunmehro, vorwaltenden Umständen nach, von allerseits hiezu Bevollmächtigten zu Ende unterschriebenen, Nahmens- und von wegen Ihrer Höchsten Herrn Herrn Principalen und Committenten, zu Abwendung aller weitläufigen Liquidationen und Berichtigungen, und zu gänzlicher Tilgung sämtlicher Herzogl. Eberhard Ludwigischen Schulden, hiemit und in Krafft dieses Recesses nachfolgendes mit Vorbehalt der resp. gnädigst und untertänigsten nochmaligen Genehmigungen verabschiedet und verglichen worden. Es solle nemlich

I.

der in dem Landtags-Abschied vom Jahr 1739 und dessen 1sten Puncten und in dem Landtags-Abschied vom Jahr 1770 cl. III §. 3. pag. 78 et cl. IV. §. 9. pag. 97. bestimmte Herzogl. Eberhard Ludwigische Schulden-Zahlungs-Fond von 70,000 Fl. von dem Jährl. Surrogato Tricesimarum annoch acht Jahr von Georgii 1779 an biß Georgii 1787 fortlauffen, ehe und dann solcher zur gemeinschafftlichen neuen Schulden-Zahlungs-Casse gezogen werden mag, welches also eine Summe von 560,000 Fl. beträgt.

M 3   II.

II.

Diese Summe der 560,000 Fl. aber soll auf nachfolgende Art und Weise vertheilt, entrichtet und verwendet werden, und zwar

a) zu Capitalien sub pacto antichretico   24,972 Fl. 8 Xr.

b) Verzinsliche Capitalien   126,803 — 25½ —

c) für die Forderung des Kirchen = Rätlichen GeistlichenGuths und seiner Beamtungen insgesamt   100,000 —

d) für die Forderungen einer treu gehorsaumsten Landschafft und der Communen der Städte und Aemter in den Herzoglichen Landen, und zwar letzteren den Con munen,   75,000 —

Einer treu gehorsamsten Landschafft aber selbst der Beytrag wegen ihrer Zwifalter und Nellinger Forderung (wovon zwar in ob= allegirter Herzogl. Rent=Kammerlicher Verzeichniß nur —— 130,631 Fl. 57 Xr., hingegen das weitere

unter

unter den neuern her-
zogl. Rentkammerli-
chen Schulden gelof-
fen) mit   ;   ;   188,939 Fl.   ;   ;
e) zu Tilgung jener
41,101 Fl. 18 Xr.
welche die Privat-
Perſonen zu fordern,
der Herzogl. Rent-
Cammerl. General-
Caße,   ;   ;   29,285 — 26 Xr 3 Hl.
derſelben ferner zu Be-
ſtreitung der Zinſe
aus den obgedachten
Capitalien,   ;   ;   15,000 Fl.   ;   ;
und
f) für die nicht zu beza-
lende Poſten,   ;   _____
           S. 560,000 Fl.   ;   ;

III.

In Anſehung der Zahlung obiger 560,000 Fl.
ſelbſt aber ſolle nachgeſezte Ordnung und Zeiten beobachtet werden, daß nemlich

Im 1ſten Jahr
von Georgii 17⁷⁸⁄₇₉

Die Herzogliche Gene-
ral-Caße zu Abſtoſ-
fung der Capitalien
ſub pacto antichre-
tico,   ;   ;   16,472 Fl.   8 Xr.   ;
           M 4   Zu

Zu Bezahlung verzinsli=
cher Capitalien und
Zinse auch anderer Po=
sten,   =   =   32,803 Fl. 25½ Xr.   =
und
Eine treu gehorsamste
Landschafft, an ihren
Forderungen erhalte, 20,724 Fl. 26½ Xr.   =

— 70,000 Fl.   =   =

Im 2ten Jahr
Von Georgii 17⁸⁰⁄₈₁

Die Herzogl. General=
Caße zur Capital=Ab=
lesung Zins und ande=
rer Zalung   =   =   40,000 Fl.

Das geistl. Gut oder der
Herzogl. Kirchen=
Rat an 100000 Fl.   =   10,000 Fl.

und die Landschafft, incl.
der Städte und Aem=
ter,   =   =   =   20,000 Fl.

70,000 Fl.

Im 3ten Jahr
Von Georgii 17⁸¹⁄₈₂

Die Herzogliche Gene=
ral=Caße   =   =   =   39,000 Fl.
Das geistl. Gut,   =   =   10,000 Fl.
und die Landschafft,   =   =   21,000 Fl.

70,000 Fl.

Im

Im 4ten Jahr
Von Georgii 17$\frac{82}{87}$

Die General-Caße,			35,000 Fl.
Das geistl. Gut			10,000 —
Die Landschafft aber			25,000 —
			70,000 Fl.

Im 5ten Jahr
Von Georgii 17$\frac{84}{85}$

Die General-Caße,			20,000 Fl.
Das geistliche Gut,			15,000 —
Die Landschafft,			35,000 —
			70,000 Fl.

Im 6ten Jahr
Von Georgii 17$\frac{86}{87}$

Die General-Caße,			4000 Fl.
Das geistliche Gut,			20,000 —
Die Landschafft,			46,000 —
			70,000 Fl.

Im 7ten Jahr
Von Georgii 17$\frac{85}{86}$

Die General-Caße,			4000 Fl.
Das geistliche Gut,			15,000 —
Die Landschafft,			51,000 —
			70,000 Fl.

M 5

Im

Im 8ten Jahr
Von Georgii 17⅚⅞

Die General=Caße,	4785 Fl.	26 Xr.	3 HL
Das geiſtliche Gut,	20,000 —	,	,
Die Laubſchafft, ,	45,214 —	33 —	3 HL
	70,000 Fl.	, ,	,

alſo und dergeſtalt erhalten und empfangen ſollen, daß die jedesmalige jährliche Zalungen, wie bißher alſo auch künfftighin, von der Landſchafft= Einnehme=rei präſtirt, zu dem Ende von der Herzoglichen Came=ral= General= Caße die übliche Repartionen und reſp. Aßignationen zur Landſchafft= Einnehmerei ausgeſtelt werden.

IV.

Durch die Bezalung vorgedachter verglichener und beſtimmter Summen auf und in bemelten Jahren ſollen hingegen die ſämtliche Herzog Eberhard Ludwi=giſche Forderungen der Städte und Aemter oder deren Communen gänzlich abgetan ſeyn; zugleich hat ſich auch noch über diß eine treu gehorſamſte Landſchafft gegen den Empfang der ihro im vorhergehenden 3ten Artikul angewieſenen 188,939 Fl. aller derjenigen weiteren Forderung von 11,592 Fl. welche ſie an Groß=Gartacher Steuer=Gelbern an die Herzogl. Rent=Cammer formiren können oder mögen, gänzlich und endlich begeben und ſich derſelben feyerlich verziehen. Wohingegen

V.

Ratione des auf die Herrſchaft Weiltingen von Seiten treugehorſamſter Landſchafft beſonders ange=
liehe=

liehenen Capitals der 330,000 Fl. es bei dem bis=
falls errichteten Pfandschaffts Contrakt d. d. Lud=
wigsburg den 18ten Martii 1729 sein ferneres
Verbleiben behält; und da es

VI.

der hiemit treffenden Verabschiedung und ber
dabey hegenden Absicht gemäß ist, daß so wohl
durch den gegenwärtigen Vergleich, als auch durch
den Landtags = Abschied von 1770. alle und jede Her=
zoglche Eberhard Ludwigische und ältere Forderun=
gen des Geistlichen Guts bis 1739. ohne Ausnahme,
und deßen Prätensionen von neueren Zeiten bis 1770.
ihre völlige und gänzliche Erledigung erhalten sollen;
also wird zu Verhütung alles Mis = Verständnißes
und künftigen Streits hiemit ausbruckentlich bedungen,
daß von Seiten des Geistlichen Guths bis Georgii
1770. an die Herzogl. Rennt= Cammer unter keiner=
ley Rubrik und Vorwand lediglich keine Forderungen
gemacht werden, sondern vielmehr alles auf immer
und ewig tod und abgethan seyn und bleiben, In Ge=
folg deßen auch die in den Herzogl. Kirchen=Kastens
und Geistl. Land= Beamtungs= Rechnungen bisher
nachgeführte Forderungen bis 1770 samtlich durch=
strichen und künftig aus denselben gelaßen werden sol=
len. Hierunter sollen insonderheit auch

VII.

diejenige Anrechnungen und Fructus percepti
bis Georgii 1770. verstanden und begriffen seyn,
welche auf einen streitigen Bezug von Gefällen und
Gütern oder auf bestreitende Jurisdiktionalien und
andere Rechte sich beziehen, und wo mithin noch in
Caufa

Caufa principali lis verfirt, jedoch mit der ausdrücklichen Erklärung, daß in Anfehung derfelben pro futuro von Georgii 1770 an, der gegenwärtige Vergleich keinem Theil nachtheilig feyn, vielmehr wegen folcher famtlicher zwifchen der Herzogl. Rent-Cammer eines, und andern theils dem Herzogl. Kirchen-Rath oder dem Geiftl. Guth über Jura, Gefälle und Güter vorwaltender Differentien und Streitigkeiten, eine Rennt-Kammerl. und Kirchen Räthliche Deputation gft. angeordnet, und durch folche wo möglich auch diesfalls eine gütliche Uebereinkunft getroffen, in deren Entftehung aber das ftreitig verbleibende der Rechtlichen Erörterung und Entfcheidung untergeben, und auf einen oder den andern Fall die Berichtigung aller jener bezielten Differentien beftens befchleuniget werden follen. Dagegen follen aber auch

VIII.

Unter dem wechfelfeitigen gleichen Rent-Cammerlichen Vorbehalt alle und jede Forderungen, welche die Herzogliche Rent-Cammer bis Georgii 1770. an den Herzogl. Kirchen-Rath oder das Geiftliche Gut noch hätte machen können oder mögen, hiemit ebenmäßig aufgehoben und abgethan feyn.

IX.

Zu noch mehrerer Beruhigung und Satisfaction des Geiftlichen Guths aber wird von einer treu gehorfamften Landfchaft hiemit erklärt und zugefagt, daß alle diejenige in ihrer fub figno ☉ ad acta gegebenen Confignation vom 19 Ian. diefes Jahrs begriffene Poften, welche bisher von folcher als eine Forderung an das Geiftliche Guth in den Landfchaft-

schaft = Einnehmerey = Rechnungen mit dem Belauff
von 2,259,244 Fl. 12 Xr. nachgeführt worden
sind, gleichfalls werden in Abgang verrechnet und
aus den Rechnungen weggelaßen werden. Wogegen

X.

von dem Herzogl. Kirchen = Rath, im Fall
wider Verhoffen und Vermuthen einige Anforderun=
gen gegen die Landschaft in deſſen Rechnungen vorhan=
den ſeyn sollten, ein gleiches beobachtet und einer
treu gehorsamſten Landschaft hievon die Nachricht
gegeben werden solle.

Daß nun vorstehender Vergleichs = Receß obi=
ger gestalt wiſſent = und wohlbedächtlich abgerezt und
beschloſſen, so fort wann und so bald darüber die
abgſte und unterthſte Ratification von den Höchsten
Herrn Herrn Principalen und Committenten erfolgt
ſeyn wird, deßen ganzer Junhalt und ſämmtliche
Punkte ſträcklich erfüllt und zu solchem Ende das wei=
tere der Herzogl. Rent = Cammer, dem Herzogl.
Kirchen = Rath und der Landschaft = Einnehmerey be=
hörig zu vollziehen ausgegeben und anbefohlen werden
solle, daſſelbe wird einsweilen durch die nachgeſezte
Unterschriften bekräftiget und beurkundet.

So geschehen, Stuttgart den Achten Febr.
Eintauſend, Siebenhundert und Achtzig.

Von

Von wegen und in Vollmacht Nahmens Seiner des
Regierenden Herrn Herzogs Carl zu Wirtemberg Herzoglichen Durchlaucht

Eberhard Freyherr von Kniestedt.

Ad. Henr. Weikersreuter.

Ludw. Eberh. Fischer.

F. B. Pfaff.

Von wegen und in Vollmacht Nahmens der beeden H.
Herrn Herzoge Ludwig Eugen und Frie-
rich Eugen zu Wittemberg Hochfürstlichen Durchlaucht, Durchlaucht

Friderich Amandus Stockmaier

Von wegen und in Vollmacht Nahmens einer treu gehorsamsten Landschaft Wirtemberg Grösseren
Ausschusses.

Christo. Phil. Müller.

Joh. Frid. Eisenbach.

Joh. Frid. Hoffmann.

Demnach voranstehender Anfangs in Vollmacht Nahmens Seiner des Regierenden Herrn
Herzog Carl zu Wittemberg und Teck ꝛc. wie
nicht weniger Höchst Dero H. Herrn Gebrüdere,
der H. Herrn Prinzen Ludwig Eugen und Fri-
deric)

derich Eugen, Herzoge von Wirtemberg und
Teck ꝛc., Herzoglichen Durchl. Durchl. Durchl.,
auch einer treu gehorsamsten Landschaft Wirtemberg
Größeren Ausschußes, mit Vorbehalt der resp. gnä=
digsten Genehmigungen und beybringenden Landschaft=
lichen Ratihabirung, in betreff der Herzog Eberhard
Ludwigischen, auch anderweiten, noch unverglichen
gewesten Rent = Cammerlichen Schulden = Wesens
und dessen Zalungs = Regulirung unterm dato Stut=
gart den 8 vorigen Mon. abgeschlossene und un=
terschriebene Neben = Receß obgedachter Höchsten
H. Herrn Principalen und bemelten Committenten,
resp. unterthänigst und behörig vorgelegt, sofort des=
sen Innhalt allerseits genüglich erwogen worden.

Als haben hierauf Höchst benannt Dieselbe so=
wohl, als auch das Landschaftliche Größere Aus=
schuß = Collegium, wie bereits von deren Bevollmäch=
tigten zum gemeinsamen Protokoll geschehen, so auch
noch weiters in Kraft der gegenwärtigen Ratifications=
Urkunde mehrerwehnten Neben = Receß anjezo in allen
seinen Artikeln, Puncten und Clauseln, gleich als
von Wort zu Wort hier eingeführt, gnädigst genehmi=
get, gut geheißen und bekräftiget. Allermaßen dann
solcher hiermit auf das allerbündigste, wie es immer
geschehen kan, für Sich, alle Successoren, auch
Nachkommen, angenommen, und mit dieser ferneren
Zusage und Erklärung, gutgeheisen und bekräftiget
wird, daß alles und jedes, was in mehr besagtem
Neben = Receß und in dessen Artikeln und Clauseln
enthalten und begriffen ist, fest und unverbrüchlich
gehalten und erfüllt, auch nicht gestattet werden solle,
daß demselben in irgend einem Stuck zuwider gehan=
delt werden möge.

Zu

Zu weſſen allen mehrerer Bekräftigung die
von obgedachtem Neben-Receß ausgefertigte vier
gleichlautende Originalien nicht nur von Seiner des
Regierenden Herrn Herzogs Carls zu Wirrem-
berg und Teck 2c. Herzoglichen Durchlaucht und
von beeden H. Herrn Prinzen, Ludwig Eugen
und Friderich Eugen zu Wirtemberg und Teck 2c.
Durchl. Durchl. Höchſt eigenhändig unterſchrieben,
und mit Höchſt-Dero angeſtammten Herzoglichen
Innſiegeln beſiegelt, ſondern auch jenen mit Bewilligung und auf Geheiß treugehorſamſter Landſchaft
Größeren Ausſchußes, derſelben Gemein Innſiegel,
ebenmäßig beigedruckt worden.

So geſchehen Stutgart den Neun und zwanzigſten Mart. Anno Eintauſend Siebenhundert
und Achtzig.

Weiltingen, den Eilften April Anno Eintauſend, Siebenhundert und Achtzig.

Mömpelgardt, den britten Maii Anno Eintauſend, Siebenhundert und Achtzig.

Stutgart, ben zwölften Maii, Anno Eintauſend, Siebenhundert und Achtzig.

(L. S.)   Carl, Herzog zu Wirtemberg.

(L. S.)   Ludwig E. Herzog zu Wirtemberg.

(L. S.)   Friderich Eugen, Herzog zu Wirtemberg.

(L. S.)

(L. S.) Im Nahmen des landschaftlich Grösseren Ausschusses, die zu den Vergleichs-Unterhandlungen und specialiter zu dieser Unterschrift bevollmächtigte Deputirte

C. P. Müller.

Joh. Fried. Eisenbach.

Joh. Fried. Hoffmann.

XII.

Incorporations-Receß der neu erkauften Herrschafft Bönnigheim.   Hohenheim den 17ten Jun. 1786.

Von Gottes Gnaden Wir Carl Herzog zu Wirtemberg und Teck, Gefürsteter Graf zu Mömpelgardt, Graf und Herr zu Limpurg-Gaildorf, und Sontheim-Schmiedelfeld, auch Ober-Sontheim, Herr zu Heydenheim und Justingen ꝛc. Ritter des goldenen Vließes und des Löblich Schwäbischen Crayßes General-Feld-Marechal ꝛc. ꝛc.

Thun kund und zu wissen männiglich für Uns und Unsere Nachfolger an der Regierung des Herzogthums Wirtemberg:

N   Dem-

Demnach Wir in leztabgewichenem Jahr von
des Herrn Chur-Fürsten zu Maynz Liebden, die in
Unseren Herzoglichen Landen gelegene, und für diese
nud das Herzogliche Hauß in mehr als einem Betracht,
höchstwichtige Herrschafft Bönnigheim, welche in
der Stadt dieses Nahmens, dem Orth Erligheim,
und einem Theil an Cleebronn bestehet, käuflich an
Uns gebracht haben; so mußte Unsere Landesväter-
liche Aufmerksamkeit vor allen Dingen dahin gerichtet
seyn, auf der einen Seite die mit des Herrn Chur-Fürsten Liebden getroffene Kaufs-Convention in die genaue-
ste Erfülhung zu bringen, auf der andern aber eine solche
Einleitung zu machen, daß die hiezu erforderliche Mittel auf die besithunlichste, und am wenigsten beschwer-
liche Weiße, Landes-Verfaßungsmäßig beygebracht
werden möchten.

Diesen Zweck zu erreichen, sind Wir mit Unseren Herzoglichen Hrn. Hrn. Agnaten, so wie mit
Unserer Treugehorsamsten Landschafft in Communi
cation getreten, und haben der leztern gnädigst zu erkennen gegeben, daß, da Wir gnädigst entschlossen
wären, diese für Unser Herzogthum höchstwichtige
Herrschafft Bönnigheim der Landschafft zu incorporiren, und damit auch den Bezug der Collecten- und
Acciß-Gefälle der Landschaffts-Caße zu überlaßen, also
dieselbige auch um so weniger entstehen werde, hiezu
auf alle thunliche Weiße hülfliche Hand zu leisten.

Es haben sich auch auf diesen gnädigsten Antrag
die Bevollmächtigten des Landschafftlich Größeren
Ausschußes dahin unterthänigst erklärt, daß, so sehr
sie die in Frage stehende Acquisition für vortheilhafft
ansehen müßten, eben so wenig sie mißkennen könnten,
daß

daß Unsere Herzogliche Rennt-Cammer, wegen der noch fortwährenden gemeinschafftlichen sowohl, als eigenen Cameral-Schulden-Zahlung, und bey denen ihr obliegenden nahmhafften von anderen Acquisitionen herrührenden Zins-Zahlungen, mit einer neuen und zumahl so nahmhafften Ausgabe, zur jährlichen Zins-Zahlung, aus denen zu Bestreitung des Bönnighei-mer Kauffschillings aufzunehmenden Geldern, gegen dem vielleicht geringen Ersatz von den Bönnigheimer Revenüen, nicht belästiget werden könne.

Da aber im Gegentheil auch die landschafftliche Casse hierunter nicht beschwehrt werden dörfe: so sehe man sich veranlaßt, ein anderes Auskunffts Mit-tel, welches der Hauß- und Landes-Verfaßung nicht entgegenstehe, und nicht nur nirgend anstoßen könne, sondern vielmehr aller Orthen Beyfall erhalten werde, in treudevotesten Vorschlag zu bringen, daß nehmlich die gemeinsame Herr- und landschafftliche Schulden-Zahlungs-Deputation zu legitimiren seyn möchte, den Belauff des für die Herrschafft Bönnigheim zu be-zahlenden Kauffschillings, auf die gemeinschafftliche Casse capitaliter aufzunehmen, und von denen da-selbst eingehenden Herr- und landschafftlichen Geldern, jedoch nur in so lang, als die in dem neuesten Ver-gleichs-Receß bestimmte vier Millionen Cameral- und Kriegs-Casse-Schulden, samt den Restituendis, nicht getilgt seyn würden, jährlich zu verzinßen; wo im übrigen, was sodann die successive Heimbezah-lung der zum Behuf des Bönnigheimer Kaufs, von der gemeinschafftlichen Schulden-Zahlungs-Casse zu verzinßenden Capitalien anbelangt, die Landschafft sich erboten hat, auch hiezu sowohl, als zu der weitern, nach getilgten gemeinschafftlichen Schulden zu leistenden

Zins-

Zinß-Zahlung pro Quota von Landschaffts wegen zu concurriren.

Da Wir nun diesen Landschafftlichen unterthänigsten Vorschlag nach erfolgtem Beytritt Unserer Herzoglichen Hrn. Hrn. Agnaten gnädigst angenommen haben; so ist in der hierauf gepflogenen Handlung, mit den Verordneten des Landschafftlich größeren Ausschußes, Nahmens gemeiner Prälaten und Landschafft in Wirtemberg respective gnädigst und unterthänigst verglichen und verabschiedet worden:

I.

Daß Wir zu Bezeugung Unserer Landesväterlichen und gnädigsten Affection, gegen Unsere getreue Landschafft, besagte Herrschafft Bönnigheim, nehmlich die Stadt Bönnigheim, den Orth Erligheim, und den bißherig Chur Maynzischen Antheil an Cleebronn, allerdings wie sonst andere Aemter und Orthe, Unserer gemeinsamen Landschaffts-Matrikel hiermit incorporiren, solche auch nun fürohin ein Mitglied Unsers Herzogthums seyn, demselben einverleibt bleiben, aller Privilegien, Freyheiten und Rechte, damit eine Ehrsame Landschafft begabt ist, fähig und theilhafftig seyn, auch solche Herrschafft hinführo mit gemeiner Landschafft heben und legen solle.

II.

In Gefolg dieser Incorporation solle es auch in Ansehung des Religions-Status in dieser neuen Herrschafft in allen Stücken nach der Landes-Verfaßung und denen Religions-Reversalien gehalten und insonderheit wegen der dortigen bißherigen Catholischen Innwoh-

wohner, und des Privat-Gottes-Dienſts in dem dortigen Schloß, dasjenige beobachtet werden, was Wir
in Unſerer hierüber unterm 23ten Decbr. 1785 ertheilten höchſten Reſolution gnädigſt verſichert haben,
wie dann dieſe Reſolution von eben der Würkung ſeyn
ſolle, als wann ſie gegenwärtigem Receß wörtlich einverleibt wäre.

III.

In Anſehung der Steuren iſt, nach der neuerlich mit den Vorſtehern der Herrſchafft Bönnigheim
getroffenen Uebereinkunfft pro Typo angenommen
worden, daß in Conformitaet mit der Steuer-Ver-
faßung des ganzen Landes, zur ordinari- Steuer von
Georgii 1786 an, alljährlich zu bezahlen haben ſolle,

die Stadt Bönnigheim, DreyhundertSechzig
Gulden.

der Orth Erligheim,   Neunzig zwey Gulden.

der neue Antheil von
Cleebronn,   Siebenzig Gulden

Wornach ſofort auch die weitere Landſchafftliche
Steuren jedesmalen repartirt und angeſezt werden,
dergeſtalten, daß alſo für die dermahlen verglichene
Steuren zu entrichten hat,

die Stadt Bönnigheim,

Ordinari- Steuer,   ,   ,   360 Fl.
Sommer-Anlage, mit Einſchluß des
Surrogati Triceſimarum, des Reſi-
denz- Schloß-Bau-und Chauſſée Bey-
trags,   ,   ,   ,   512 —
Winter-Anlage,   ,   ,   ,   512 —

1384 Fl.
und

N 3

und auf diese nehmliche Weiße

der Orth Erligheim

Ordinari - Steuer,	⸏	⸏	92 Fl.
Sommer⸗Anlage,	⸏	⸏	130 —
Winter⸗Anlage,	⸏	⸏	130 —
			352 Fl.

der neue Antheil von Cleebron,

Ordinari- Steuer,	⸏	⸏	70 Fl.
Sommer⸗Anlage,	⸏	⸏	100 —
Winter⸗Anlage,	⸏	⸏	100 —
			270 Fl.

Hingegen ist hievon dem Ritter⸗Canton Craichgau eine auf ewige Zeiten pactirte jährliche Steuer zu entrichten, mit — 400 Fl. sage
— Vierhundert Gulden,
welche jeden Jahrs von denen umgelegten und eingezogenen Steuren zur Ober⸗Amtey⸗Caße und von dieser dem Ritter⸗Canton zu bezahlen sind, daß mithin nur der übrige und weitere Belauff der Landschafft⸗Caße zukommt.

IV.

Es soll auch der Herrschafft Bönnigheim Sitz und Stimme auf Landtägen, durch ihre Vertretter gegeben, bey gewöhnlich vom Land einzuholenden Gewalt zu denen Landschafftlichen Verwilligungen, dergleichen auch von ihr erfordert und angenommen; die jedeßmalig ausgeschriebene Steuren von den Burgermeister⸗Aemtern eingezogen; allezeit richtig zur Landschafft⸗Caße geliefert; auch von einer Ehrsamen Landschafft

schafft zu denen dem Lande obliegenden Ausgaben verwendet; übrigens aber es damit, wie mit anderen Unseren der Landschafft incorporirten Orthen, gehalten werden.

V.

Wird auch der in der Herrschafft Bönnigheim neuerlich eingeführte Accis, als eine zu Landschafft-lichen Prästationen vom Ursprung her gewidmete Commercien = Abgabe zur Landschafftlichen Accis = Caße überlaßen, und ist solcher nach der ausgekündeten Accis = Instruction, in Gleichförmigkeit mit andern Herzoglichen Städten und Aemtern, einzuziehen und zu verwenden. Für welch alles dann

VI.

Treugehorsamste Prälaten und Landschaft sich verbindlich gemacht, zur künftigen Abbezahlung der auf — 463,000. Fl. sich erlaufenden Bönnigheimer Kauffschillings = Capitalien, ohnerachtet der Anschlag, nach denen bey andern Incorporationen aufgestellten Grund = Sätzen, nur auf — 85,000. Fl. oder mit deren Beiseitsezung höchstens, nach Cameralischem Anschlag, auf — 147,000. Fl. berechnet worden, nicht nur zum Vortheil des ganzen Herzoglichen Hauses, eine Concurrenz - Quotam von — 163,000 Fl. zu übernehmen, sondern auch zu Bezeugung ihrer unterthänigsten Devotion für Uns, als den primum Acquirentem dieser, wegen der Lage, und insbesondere wegen verschiedener importanter Gewerbs = Verhältniße für das Land so vortheilhaften Herrschaft, um deren willen dasselbe diese Acquisition längst gewünschet hat, nach älteren Beyspielen bey außerordent-

lichen

lichen Fällen, noch weiter — 37,000 Fl. an Uns
zu bezahlen, sofort an der hierdurch auf — 500,000. Fl.
sage Fünfmalhundert Tausend Gulden, gesezten
Capital- Summe im Ganzen ⅖tel mit — 200,000. Fl.
sage Zweymalhundert Tausend Gulden auf sich zu
nehmen, und also nicht nur obgedachte — 163,000. Fl.
zu concurriren, sondern auch bemelte — 37,000. Fl.
allein zu bezahlen. Jedoch in der Maaße, daß wegen
der bey der Landschaftlichen Casse dermalen zu bestrei-
tenden andern außerordentlichen allgemein nüzlichen
Ausgaben, und in Rücksicht auf die ganze Uebereinkunft und Verwilligung die einsweilige Convenienz [in
Ansehung der Verzinßung, gleichwie der Cammer,
also auch der Landschaft zu gut kommen solle. Dem-
nächst solle

VII.

die ganze aufgenommene Capital- Summe [mit
500,000. Fl. sage Fünfmalhundert Tausend Gulden von der Zeit der Aufnahme an, auf die gemeinschaftliche Herr- und Landschaftliche Schulden- Zah-
lungs- Casse übernommen, und von denen daselbst eingehenden Herr- und Landschaftlichen Geldern, jedoch
nur in so lang, als die in dem neuesten Vergleichs-
Receß von Anno 1770. bestimmte 4 Millionen Ca-
meral- und Kriegs- Cassa- Schulden, samt den
Restituendis nicht getilgt sind, jährlich verzinßt werben, hingegen sodann die successive Abbezahlung
derer Capitalien selbst, dergestalten geschehen, daß

VIII.

diese Bönnigheimer Capital- Ablösung, der in
erstgedachtem Receß de Anno 1770. verglichenen ge-
mein-

meinschaftlichen Schulden = Zahlung keinen Abbruch thun, und so auch

IX.

die Erfüllung aller derjenigen Bedingniße, welche in erstbemeltem Receß auf das Ende der gemeinschaftlichen Schulden = Zahlung verabschiedet sind, durch die Bönnigheimer Capital = Ablosung nicht weiter hinausgesezt oder differirt werden solle. So bald aber

X.

die mehr allegirte dem 1770ger Receß gemäße gemeinschaftliche Schulden = Zahlung beendiget seyn wird; so solle alsdann die fernere Bezahlung der Zinße aus denen Bönnigheimer Capitalien, und die successive Abführung der Capitalien selbst aus nachvermeltem zugleich verglichenen und bestimmten stabilen und sichern Fond, von jährlichen 100,000. Fl. sage Einmalhundert Tausend Gulden, prästirt werden.

XI.

Bei diesem Fond hat die Landschaft zu ihrer oben verglichenen Quota à ⅖tel jährlich 40,000. Fl. sage Vierzig Tausend Gulden und zwar gleich der bisherigen Schulden = Zahlungs = Concurrenz aus der Landschaft = Einnehmerey = Caße baar beyzutragen. Hingegen wird

XII.

die Rent = Cammerliche Concurrenz = Quote, mit jährlichen — 60,000 Fl. sage Sechzig Tau-

N 5   send

send Gulden auf sichere Cameral-Revenuen und
zwar auf die in dem Landtags-Receß von anno 1770.
zu der Schulden-Zahlungs-Concurrenz bestimmte
Amts-Gelder, so viel hiezu vonnöthen, auf die
nehmliche Art und Weiße, und unter gleicher Versicherung, wie in erstgedachtem Receß enthalten, hiemit unwiederruflich angewiesen. Und zwar nahmentlich bey folgenden Beamtungen, nehmlich

Bey den Herzoglichen Ober-Forst-Aemtern:

Altenstaig,				500 Fl.
Freudenstatt,				1500 —
Heydenheim,				2400 —
Kirchheim,				2000 —
Neuenbürg,				4500 —
Neuenstadt,				2000 —
Reichenberg,				2500 —
Schorndorff,				4500 —
Stromberg,				2500 —
Tübingen,				3500 —

Bey den Herzoglichen Ober-Amt-
und Kellereyen:

Altenstaig,				1000 —
Bahlingen,				2000 —
Backnang,				1000 —
Bottwar,				300 —
Brackenheim, Ober-Amt				500 —
Calw,				700 —
Canstatt,				1000 —
Dornhan,				400 —

Dorn-

Dornstetten,		300 Fl.
Göppingen, Ober-Amt,		400 —
Gröningen,		1000 —
Heydenheim, Ober-Amt,		1000 —
Heydenheim, Kastnerey,		2000 —
Herrenberg,		800 —
Hornberg,		600 —
Justingen,		2500 —
Kirchheim, Ober-Amt,		300 —
Kirchheim, Kellerey,		1000 —
Leonberg, Kellerey,		1000 —
Ludwigsburg,		800 —
Marbach, Ober-Amt,		400 —
Maulbronn,		500 —
Möckmühl,		500 —
Münsingen,		500 —
Nagold,		800 —
Neuenbürg,		800 —
Nürtingen,		700 —
Pfullingen,		1000 —
Rosenfeld,		500 —
Sachsenheim,		500 —
Schorndorff, Ober-Amt,		1000 —
Schorndorff, Kellerey,		800 —
Stettenfels,		1000 —
Stuttgardt, Stadt Ober-Amt,		500 —
Stuttgardt, Amts-Ober-Amt,		400 —
Tübingen, Ober-Amt,		500 —
Tübingen, Kellerey,		1000 —
Tuttlingen,		1500 —
Urach, Ober-Amt,		700 —
Urach, Kellerey,		800 —
Waiblingen,		400 —

Wein-

Weinsperg, Kellerey, · · · · · 400 —
Wildberg, · · · · 300 —

Zusammen 60,000 Fl.

Wie nun

XIII.

Auf biese Weiße alljährlich, und zwar zwischen Martini und Georgii die Summe von 100,000 Fl. sicher zusammengebracht wird; also sollen auch solche ohnfehlbar, und ohne den mindesten Abgang, zur fortwährenden Zinß-Zahlung, und zur successiven Ablosung der Bönnigheimer Capitalien angewendet, mithin der beederseits beabsichtete Endzweck erreicht werden, daß nach Beendigung der Anno 1770 verglichenen Schulden-Zahlung, alsdann in einem kurzen Zeit-Raum auch die Bönnigheimter Capitalien gänzlich getilgt, mithin diese beträchtliche Herrschaft ganz frey gemacht, und neben andern mit dieser stattlichen Acquisition verbundenen Vortheilen insonderheit auch durch die damit acquirirte und von jezo an zu beziehende Gefälle, die Cameral- und Landes-Einkünfte vermehrt werden.

Daß nun dieses alles, wie verstehet, zwischen Uns und denen Verordneten des Landschaftlich-Größern Ausschußes, Nahmens Unserer treugehorsamsten Prälaten und Landschaft, also verglichen und verabschiedet worden.

Zu dessen Urkund haben Wir Uns Höchst-Eigenhändig unterzeichnet, und Unser Herzogliches Innsiegel, wie auch einer Ehrsamen Landschaft gemein Innsiegel allhier aufdrucken, von diesem Receß Drey
Exem-

Exemplarien bey Unſerer Herzoglichen Canzley aus-
fertigen, und davon Eines in Unſer Herzogliches
Archiv verwahrlich legen; das Andere mehrgedachter
Landſchaft zuſtellen; das Dritte aber Unſerer Herzoglichen Haupt- und Reſidenz- Stadt Stuttgardt ein-
händigen laßen.

So geſchehen, Hohenheim, den 17ten Junii Anno Eintauſend, Siebenhundert Achtzig
und Sechs.

Carl, Herzog zu Wirtemberg.

Anhang.

Nro. I.

Vertrag Herz. Christophs von Wirtemberg mit seinem Oheim, Graf Georg dem Stamm-vater des noch blühenden Herzoglichen Haußes. Stuttgart den 4ten Mai 1553.

Von Gottes Gnaden Wir Christoph, Her-zog zu Würtemberg und zu Töck, Graf zu Möm-pelgardt ꝛc. und Wir Graf Georg zu Würtemberg und Mömpelgardt ꝛc. Gevettere, bekennen hiemit wis-sentlich in Kraft dieses Briefs:

Nachdem Unser, Herzogs Christophs ꝛc. be-meldter Vetter Graf Georg zu Würtemberg ꝛc. an Uns von wegen der innhabenden Land-Erb-Grafs und Herrschafften, mit fürgewendter Gerechtigkeit, auch nothdürftiger fernerer Erklärung und Ausführung Begehr und Anforderung gethan; darauf und darge-gen Wir Sr. L. die alten Verträge, Briefe und an-dere Unsere, auch Unsers Fürstenthums, Lande und Leut Gelegenheit unterschiedlich fürhalten, nach Noth-durft berichten, und hinwiederum S. L. Uns Ihre An-
spru-

ſprüche und Gerechtigkeit, auch nach längs erbfnet
und anzaigen laſſen;

Daß demnach Wir beede obvermeldte Gevettere,
auf genugſam hierüber gehabte Unterrede, Bericht und
Anzaig, nach allerley Bedenckens und Erwägens,
Uns mitelnander gütlich, freundlich und vetterlich,
für Uns, auch beeder Unſere Erben und Nachkommen,
endlich verglichen und veraint, inmaſſen von Artickeln
zu Artickeln unterſchiedlich hernach geſetzt iſt.

I.

Wollen Wir Hertzog Chriſtoph Unſerm Vettern
Graf Jvergen zu Würtemberg ꝛc. die Grafſchaft
Mömpelgardt, ſamt allen zugehörigen Herrſchaften,
Granges, Clerval, Paſſavant, ... und Bla-
mont, mit allen ihren Herrlichkeiten, Nutzen, Gefällen und Zugehörungen, auch Manu-und Lehenſchafften, wie die Nahmen haben mögen, davon nichts
hintangeſetzt oder ausgenommen, wie Wir das vor
und nach Unſers Herrn Vetters ſeeligen Abſterben
inngehabt, und biß anher genutzt und genoſſen haben,
S. L. frey unbekummert zuſtellen und einantworten,
dieſelbige für Sich und S. L. Nachkommen und Erben, Mannlichen Nahmens und Stammens, gleicher geſtalt innzuhaben, zu nutzen und zu nieſſen.

Und nachdem Wir beede Gevettere, von wegen
der Teſtament, Heuraths-Bethädigung und Verträge, ſo von weyland Graf Stephan von Mömpelgardt, denen von Chalons und andern ausgericht, dann
auch beeder Ferdinanden von Neuſchatel und deren von
. . . . Ceßionen, gleiche Anſprach und Gerechtigkeit
doch

haben; darüber Wir Uns zu Ausführung derselbigen in einem sondern aufgerichten Brief verglichen, des Datum gleich diesem Vertrag weißt Stuttgard den Donnerstag d. 4. Mai 1553; damit dann genannter Unser Vetter Graf Jverg, samt deren mannlichen ehlichen Leibs-Erben Ihren Staat desto baß Ihrem Herkommen gemäß ausbringen und erhalten mögen; haben Wir weiter bewilligt und versprochen was Wir aller selbiger Neuschättischer und orangischer Herrschafften und Gütern an Häussern, Städt, Dörffer, Weiler, Höff, Vörst, Seen, Weiher, zu Holtz oder Feld, samt allen Obern- und Niedern Herrlichkeiten, auch Renten, Zinßen, Gülten, Zehenden, und allen andern Gefällen, oder Zugehörungen, davon nichts ausgenommen, durch Bethädigung oder Verträg, auch gütlichen oder rechtlichen Entschied erhalten oder überkommen werden, dasselbig alles Unserm Vetter für Sich und S. L. Mannlichen ehlichen Leibes-Erben, gleicherweiß wie hievor mit Mömpelgard vermeldet, einig und erblich innzuhaben, zu nützen und zu niessen, frey verfolgen zu laffen und zu übergeben; Doch daß Uns alsdann von Unsern hierüber aufgewandte, und ausgegebenen Unkosten wie der urkundlich dargethan würde, von Sr. L. oder deren Mannlichen ehlichen Leibs-Erben, nach erlangten Herrschafften wiederum compensirt und erstattet werde.

Und hierauf solle von Uns, Hertzog Christophen, alsbald der Kayf. Maj. der Belehnung halber gebührliche Resignation beschehen, bey Ihr Maj. um Verwilligung und Belehnung Unserm Vettern Graf Joergen angehalten werden. Und nach erlangtem Ihrer Maj. Consens wollen Wir, Hertzog Christoph, die Lehens-Leute, Unterthanen und Hinterfassen obgemeldter

ter Graf= und Herrschafften Jhrer gegen Uns gethaner
Pflicht ledig zählen, und auf Unsern Vetter, Graf
Joergen, weißen, Er. L. und Dero mannlichen
ehelichen Leibes=Erben fürohin gehorsam und gewär=
tig zu seyn; wie Wir dann auch die Mömpelgardti=
sche Räthe, desgleichen der andern Herrschafften Amts
leute, alsobald der Pflicht, damit Sie Uns bißher
zugethan gewesen sind, entschlagen und dieselbigen an
Unsern Vetter, Graf Joergen, weißen wollen. Und
sollen also dieselbige Graf= und Herrschafften mit al=
len Jhren hievor bestimmten Zugehörungen Unserm
Vetter, Graf Joergen, auch Er. L. ehelichen mann=
lichen Leibes=Erben, wie gemeldt, Unser auch Unser
Erben und Nachkommen halb unverhindert, ruhig=
lich, erblich bleiben, verfolgen und zustehen, dieselbige
innzuhaben, zu besitzen, zu regieren, zu nutzen und
zu niessen, wie Wir dieselbige vor und nach Unsers
Herrn Vatters seeligen Tod bißher besessen, innge=
habt, geregiert, genützt und genossen haben.

Und neben oder bey dieser Uebergabe wollen Wir,
Herzog Christoph, benanntem Unserm Vetter, Graf
Joergen, auch verabfolgen lassen und zustellen alle fah=
rende Haabe an Geschütz, Munition, Harnisch und
Gewöhr, auch Hausrath, und allem andern daselbst,
nichts hievon ausgenommen.

Wir, Herzog Christoph, wollen auch ferner
Unserm Vetter, Graf Joergen, was an baarem Geld,
auch Wein, Früchten, Schulden, und anderm, jetz=
und zu Mömpelgard, und andern Häuffern, Kästen
und Kellern daselbst vorhanden, oder allda liegt, nichts
ausgenommen, (welches ob zehen tausend Gulden
und besser werth ist), frey eignen, zu Er. L. Nutz
und Gefallen verfolgen und zustehn lassen.

O   Zudem

Zudem wollen Wir, Herzog Christoph, Unserm Vetter, Graf Joergen, aus freundlichem und vetterlichem Willen, auch die 1000 Kronen, die Wir Sr. L. des verschienenen 1552 Jahrs gegen Herzog Friederich von der Lignitz dargeliehen, und dann ferner den Kosten an dem Haus zu Schaffhaussen verbauet, auch nachlassen.

Dazu S. L. mit einem zimlichen Silber-Geschirr auf einen Tisch versehen.

Und über das alles wollen Wir, Herzog Christoph, Unserm Vetter mit Aufrichtung und Verfertigung dieser Vergleichung oder Vertrags geben lassen, 1000 Thaler; auch ferner Unsers Vettern allhie gemachte Schulden, welche sich ungefährlich auf 400 Fl. laufen, auf Uns nehmen, und dieselben von Sr. L. wegen bezahlen.

Wir Herzog Christoph sollen und wollen auch weiter Unserm Vetter Graf Joergen jährlichs, auf nächst und ander nachfolgende Weihenachten, 1000 Fl. aus Unserer Landschreiberey so lang geben lassen, biß S. L. die Hericourtische Ortemburgische Herrschafften zu Besitz und Niessung erlangt und eingegeben werden; wo auch vor Ausgang jedes Jahrs Frist oder Ziel solche Hericourtische Herrschafften Unserm Vettern Graf Joergen zugestanden, sollen Wir Sr. L. nichts weniger alsbann nach Angebühr der Zeit, soviel es dieser 1000 Fl. halben anlaufen würde, erlegen und bezahlen lassen.

Und nachdem ferners Unser Vetter Graf Georg Uns freundlich gebeten, dieweil je Unserm gethanen
Be

Bericht und Verhinderung nach, von wegen der Altvätterlichen Verträg und andern bewegenden Ursachen,
die in dieser Vertrags - Unterhandlung fürgetragen
und außgeführt worden, von diesem Fürstenthum,
Herrschafften, Städt, Aemter und Flecken nichts
hingeben, oder davon in andere Hände zertrennt, sondern allein durch einen regierenden Herrn beyeinander
behalten und geregiert werden solle, daß Wir doch aus
freundlichem vetterlichem Willen oder Bewegung S. L.
auch ein gelegen an oder haim Wesen hierauffen im
Fürstenthum allein mit der Wohnung und Niessung
S. L. Lebenslang innzuhaben und zu besitzen einge-
ben, doch nichts destoweniger Uns alle Fürstliche,
glaitliche, hohe, ober und Herrlichkeiten mit Eigen-
thum und anderm daran vorbehalten wollen, auf daß
S. L. zu Ihrem Gefallen und vollkommener Freud
(so hieraus entstehen würde,) aus und einreitten, und
nach deren Gelegenheit daselbst ein gewisses Heim-
Wesen gehaben möchte.

So haben demnach Wir Hertzog Christoph solche
Unsers Vettern freundliche Bitte angesehen, und
S. L. derwegen abermals aus guter Freundschafft
bewilligt, Neuenbürg, Schloß, Stadt und Amt,
samt dem Forst S. L. benannt und hiemit zugestellt,
daselbst S. L. Gefallen und Gelegenheit nach zu seyn,
zu wohnen, und Waidwerck oder ander Kurtzweil zu
treiben, dazu alle Bussen, Frevel, Gefäll und Zinß
einzuziehen, zu nutzen und ohne alle Verhinderung
und Eintrag zu niessen; auch zu Einbringung derselbigen, und in andere Weege, alle niedere, hohe und
malefizische Gerichte, samt derselbigen anhangenden
Bot und Verbot zu haben und zu gebrauchen. Wie
Wir dann in dem auf S. L. Unsere Unterthanen da-

D 2   selbst

ſelbſt weiſen, und daſſelbig, wie jetzt vermeldt, S. L. ein und übergeben wollen; doch Uns daſelbſt alle Fürſtliche und Glaitliche Ober = und Herrlichkeiten, und was denſelben anhangt, als Land=Steuer, Scha= tzungen und Raiſen, desgleichen Landes=Ordnung und Recht, ſamt des Hof=Gerichts Appellationen, auch den Kirchen=Ordnungen, desgleichen alle geiſtliche und weltliche Lehenſchafften, Beſuchung der Landtäge und anderer Uns und Unſer Landſchafft von dannen zugehö= riger Contribution, allerdings vorbehalten.

Daneben wollen Wir Hertzog Chriſtoph Unſerm Vettern Graf Joergen hiemit gegönnt haben, daß S. L. die Perſonen der Pfarrer und Prediger ſelbs benennen und präſentiren mögen, welche zuvor durch Unſere hierzu verordnete Superintendenten examinirt und approbirt worden, und ſie die verordnete Pfarrer, Prediger und Diaconi ſchuldig ſeyn ſollen, ſich nach Unſers Fürſtenthums Chriſtlicher Kirchen=Ordnung mit Lehr und Ceremonien gleichmäſſig zu halten, auch ſonſt in ander Weg der Viſitation und Superatten= denten derwegen gehorſam und unterworfen ſeyn.

Dieweil auch das Amt Heiligkreutz, ſo der Zeit einer Stadt Colmar gehörig, einer Herrſchafft Rei= chenweiler gantz gelegen, und hiedurch beider Unſer Nahmen und Stammen auch Graf = und Herrſchafften gemeiner Nutz geſchafft und erweitert würde, ſind Wir Hertzog Chriſtoph erbietig, mit ehiſter Gelegenheit Mittel zu ſuchen und fürzunehmen, damit ſolches Kaufweis zu obgenannter Herrſchafft gebracht werden möge.

Nach=

Nachdem auch Wir Herzog Christoph befinden, daß Unser Vetter Graf Georg Uns von wegen Unserer obliegenden Beschwehrden, als Schulden-Lasts und anderm, allerley freundliche Entlehnungen gethan, sind Wir hingegen des freundlichen Erbietens, wo sich Unsere Sachen mit der Zeit (wie Wir zu Gott verhoffen), mit Erleichterung des Schulden-Lasts zur Besserung und Aufnehmung schicken werden, daß Wir alsdann S. L. noch ferners 10000 Fl. an baarem Geld oder Verzinsung geben und raichen lassen wollen.

Diese obgeschriebene Artickel und freundliche Vetterliche Vergleichung, Zustellung, Uebergebung und Verträg haben Wir Graf Georg für Uns auch Unsere Erben und Nachkommen also zu freundlichem Gefallen und Genügen auf- und an-genommen.

Und zu noch mehrerer Erhaltung und Pflanzung beständiger Freundschafft, Lieb und Willens, wollen hierauf Wir beede Gevettern, als recht vertraute und getreue nächste Bluts-Freunde beederseits Unser Land und Leut, auch Befestigungen, einander frey offen halten und haben, dergestalt, wo Wir Herzog Christoph gen Mömpelgard und selbiger zugehöriger Herrschafften, und was weiter von Neuschättischer und Orangischer Herrschafften darzu gebracht kommen, sollen Wir in allen Häußern Oeffnung und Einlaß haben, und dieselbige von Unserm Vetter Graf Joergen Uns unwaigerlich gestattet werden. Doch daß in solchem Einziehen Unsere Diener, so Wir jederzeit oder mal mit Uns brächten, Pflicht erstatten, wie andere, so vorhin darinn in Besatzung oder Verwaltung befunden, mit dieser nehmlichen Clausel und Anhang, keine Untreu zu beweisen, auch was sie darin vernehmen,

D 3   oder

ober berselbigen Gebäu Besatzung und Gelegenheit halben gesehen, nicht zu öffnen, sondern zu verschwaigen.

Deßgleichen, wo Wir Graf Joerg in dem Fürstenthum hieraussen in derselben Befestigungen, auch der Twiel, begehren würden, sollen und wollen Wir Hertzog Christoph S. L. gleicher gestalt denselben Einlaß und Oeffnung auch unwaigerlich gestatten, doch daß S. L. Diener, wie obvermeldt, zugleich schwören sollen.

Dieweil auch die Sachen zwischen der Röm. Kayserl. Maj. und Uns Hertzog Christoph noch der Zeit nicht endlichen vertragen, wo sich dann begeben, daß von wegen entstandener und noch hangender Rechtfertigung Wir mit Recht von Landen und Leut gedrungen würden, oder also davon kämen, soll Uns alsdann der Regreß zu solcher Grafs und Herrschaften Mömpelgardt und anderer obvermeldt in allweg vorbehalten, und Uns von Graf Joergen auch also gestattet, angenommen und selbigen laidigen Falls zugelassen seyn. Doch wo hernacher Wir Herzog Christoph wiederum zu Land und Leut kämen, sollen Wir dieselbige wiederum abtreten.

Deßgleichen und herwiederum, wo Wir Graf Georg durch fremden Einfall oder andern unrechten Gewalt von Unsern Grafs und Herrschafften, Land und Leut, gedrungen oder verjagt würden, sollen und wollen Wir Hertzog Christoph Unsern Vetter Graf Joergen bey Uns im Lande haben, und als ein getreuer Vetter S. L. Staat nach unterhalten, auch

S. L.

S. L. zu Wieder Recuperirung obgemeldter Graf= und
Herrschaften berathen und beholfen seyn.

Wir beede Gevettere sollen und wollen auch als
getreue Freund und Bluts = Verwandte in allen obge=
setzten Artikeln und in andere Weeg getreulich und
was zur Ehre und Aufbringung Nahmens und Stam=
mens dienlich, in gemein zusammen halten, mit ein=
ander heben und legen, auch keiner dem andern seine
entsagte Feinde hauffen oder herbergen, heimlich oder
öffentlich. Deß gleichen, so ein Diener von Unser
einem ohne Paßport, oder sonst nicht wohl abschie=
det, denselbigen nicht gleich zu Diensten auf= oder an=
nehmen, sondern aufrecht und reblich einander Treu
und Freundschafft laisten, und halten; auch die Alt=
Väterliche Verträge, so diesem letzten Vertrag, all=
hie zu Stuttgard aufgericht, nicht abbrüchig noch ent=
gegen sind, vollziehen und daraus nicht schreiten.

Es soll auch mit der Succession und Erbschaff=
ten beeder Unserer Land, Leute und Herrschafften, wie
von Altersher, und die Alt= Vätterliche Verträg,
auch die Erection, ausweissen; Desgleichen mit den
Wiedemen oder Verweisungen, dann mit Außsteu=
rungen der Frawlein, wie bey Unsern Vorfahren
Herkommen oder sonst durch Verträg versehen, ge=
halten werden.

Und ist sonderlich Uns Hertzog Christoph nicht
zuwider, daß Unser Vetter Graf Georg (wo S. L.
Sich verheurathen würde), solche Verweisung auf
die Graf= und Herrschafft Mömpelgardt auf eine
bestimmte ablösige Summe Gelds stellen möge, doch
daß die Ablosung nicht eher beschehe, dann so dieselbe

Ihren

Ihren Witwenstand verändern würde. Und wiewohl
es mit Eh=Steurung der Fräwlein in Mömpelgard
und Burgundischen Herrschafften einen sondern Ge=
brauch hat, die Unterthanen mit Schaßung zu belegen,
davon Unsers Vettern Graf Joergen Frawlein, wo
die vorhanden, auszusteuren, so haben Wir doch auf
S. L. freundliche Bitte und fürgewandte Ursachen aus
Freundschafft bewilligt, wo es zu solchen Fällen käme,
daß S. L. von Gott in Ehlichem Stand Fräwlein
gebohren, und Sie zu mannbaren Tagen ihrem Stand
gemäs verheurathet werden sollten, daß Wir und
Unsere Erben deren jedem 4000. Fl. zu Verehr und
Steur erschießlich seyn wollen, damit sie desto statt=
licher versehen werden mögen. -Doch wo Altvätter=
liche Verträg vorhanden oder gefunden würden, die
solchen Fräwlein ein mehreres zugeben, das soll Ih=
nen hiedurch nicht benommen, sondern vorbehalten seyn.

Leßtlich ist auch hierinn abgeredt und verglichen,
wo es auf den leßten Herrn Unsers Nahmens und
Stammens käm, und derselbige ohne mannliche eh=
liche Leibs=Erben absterben sollte, das zu des All=
mächtigen Willen steht, daß alsdann Unser beederseits
in absteigenden Linien verlassene Fräwlein zugleich die
Graf= und Herrschafften erblich empfahen und ha=
ben sollen.

Diese obgeschriebene vetterliche Vergleichung,
Paction und Vertrag, gereden, geloben und verspre=
chen Wir Herzog Christoph, und Graf Joerg zu Wür=
temberg, Gevettere, für Uns, auch beeder Unser Er=
ben und Nachkommen, in allen und jeden Puncten
und Artickeln, bey Unsern Fürstlichen Würden und
Wort der Wahrheit, an Aides statt, die Wir hierzum

zu Gott dem Allmächtigen auf die **Evangelia** geschworen, wahr, stet, fest und unverbrüchlich zu halten, dawider nimmermehr nicht zu seyn, noch zu thun, noch zu schaffen daß gethan werde, durch Uns Selbst, oder jemand andern, von Unsertwegen, in keine Weiß noch Weeg.

Wir sollen und wollen auch für Uns, Unsere Erben und Nachkommen, bey erstangeregter Versprechung und Gelobung die Alt-Vätterliche Verträg in all ander Weeg, samt der Erection, und Kayserlichen darauferfolgten Confirmationen, so diesem letzten Vertrag, allhier zu Stuttgard aufgericht, nichts abbrüchig noch entgegen sind, treulich halten, bey derselbigen Innhalt (wie Wir zu thun schuldig und sich gebührt), vestiglich bleiben, auch deßhalb keiner von seinen innhabenden und in diesem Vertrag vermeldten Fürstenthum, Graf- und Herrschafften, Lehen und Eigen, samt den Orangischen, Neuschättischen und Hericourtischen, (so Uns Graf Joergen weiter zukämen und zustehen sollen), nichts hingeben, versetzen, verkaufen, noch verändern, in keinen Weeg, sondern dieselbige bey Unsern Handen und Besitz behalten, damit die, Innhalt der alten Verträge Verschreibungen und Successionen, allen Unsern Nachkommen Unsers Nahmens und Stammens Würtemberg, in all weg erblich bleiben mögen. Es wäre dann, daß Wir oder Unsere Erben aus mercklichen ehehafften obliegen und Geschäfften, in Kriegs-Läuffen oder sonst zu Unbilligkeit wider Recht niederlägen, oder daß Wir durch andere redliche Ursachen, Unser hohen Nothdurft halb, Geld aufbringen oder haben müßten; alsdann mögen Wir oder Unsere Erben in solchen bestimmten Fällen und fürgefallener Noth, Unser jedes

D 5 zuge-

zugehöriges Fürstenthum, Graf und Herrschafften, deßgleichen Gült und anders, wohl angreiffen, davon verfetzen, verkauffen, oder verändern. Doch wann Wir oder Unsere beederseitige Erben einer in bestimmten Fällen solches thun wollen, sollen Wir und Unsere Erben zuvor bis einander berichten und schrifftlich aneinanderbringen oder gelangen lassen, hierinnen in allweg den Vorgang oder Vorkauf zu haben.

Da aber Wir oder Unserer Erben einer auf solch Anbringen damals nicht leihen, kaufen oder dasselbig gehörter maffen annehmen wollten oder abkünden, soll nichtsdesto weniger der, so also gegen einen andern Fremden verändern, verfetzen, oder verkauffen will, in solcher Verfatzung oder Verkauffung Uns, auch Unser jedes regierenden Fürstenthums, Graf= und Herrschafften Erben, ewige Loosung und Wiederkauf ausdrückentlich bedingen und vorbehalten, damit die aus Unser und Unser Erben der regierenden Herrn Handen gegen niemands andern künftiglich bewendet werden. Und obgleich Wir oder Unserer Erben einer solche Loosung in angeregter nothwendigen Verfatzung, Verkauff oder Veränderung nicht vorbehielten, soll nichts bestoweniger dem andern Theil hiemit eine ewige, erbliche und immerwährende Loosung jederzeit zu thun hiemit bedingt, vorbehalten und verschrieben, auch deßhalb Unser Fürstenthum, Graf= und Herrschafft, jedem zu seiner Gebühr, ausdrücklich afficirt, verunterpfandt und verschrieben seyn.

Des alles zu wahrem Urkund, hat Unser jeder für Sich, seine Erben und Nachkommen, Uns und Sie vestiglich damit zu verbinden, diesen Vertrag und Vergleichung, mit eigenen Handen und Nahmen unter=

terschrieben, dazu Unser jedes Fürstlichen eigen Inns
siegel hieran offentlich hängen lassen. Beschehen zu
Stuttgard Donnerstag d. 4ten Mai als man zählt,
nach Christi Unsers einigen lieben Herrns und Heylans
des Geburt, Tausend fünffhundert fünfzig drey Jahre.

Nro. II.

Memorial, was Lic. Schroteisen bey Hertzog Christoph zu verrichten.

Erstlich wird gemeldter Licentiat sich mit
der recommendation (wie sich wohl gebührt),
wohl wissen zu halten. Er soll alsdann zu guter Gelegenheit und die nicht einstellen, Unsern Vetter Hertzog
Christophen von Unsert wegen freundlich berichten, entdecken und ansuchen, daß Unser freundliches und vet-
terliches Ansinnen an S. L. seye, daß Wir von deren
oder der Landschafft mit einem mehrern versehen und
bedacht werden; dann S. L. weißt, daß Wir die
spännigen Herrschafften hie zu Land, die Uns S. L.
als viel deren zu Ihrem Theil gebührt hat, zugestellt
und übergeben, so die erobert, daß Wir deren gar
keinen Nutzen, sondern mehr Unruhe und viel Mühe
haben, und noch wohl zu besorgen, eine gantze lange
Zeit oder vielleicht Unser Lebenlang von denen nichts
empfahen werden. Es kann auch männiglich leichtlich
ermessen, daß Wir Uns jetzo mit mehreren Kosten
erhalten müssen, dann hievor beschehen. Sintemahl
dann die Landschafft den Schulden-Last auf sich ge-
noms

vommen, und allbereit ablösen thut; zu dem Unser Herr Vetter weiters jährlich ein fein Einkommens von den neuen Zöllen haben mag; item, von den Clöstern. Derhalben ist Unsere freundliche und vetterliche Bitte, Unser Herr Vetter wollte Sich hierinn freundlich erzaigen und beweisen, und dessen freundlich bedacht seyn, wie S. L. Uns auch freundlich versprochen, hinfürter mit mehrerem zu versehen. Seine L. kan dannoch wohl bedencken, daß die Billigkeit gibt, und bey aller Ehrbarkeit recht geheissen wird, daß Wir mit mehrerem und anderem, dann noch bißher beschehen ist, bedacht und versehen werden. So haben Wir auch die Landschafft in Unsern verloffenen Jahren (gleichwohl Wir auch ein Sohn des Hausses Würtemberg sind), gar nichts gekostet, und Uns bey und unter den Fremden ausserhalb Landes ohne einige Kostung Zuthun Unserer Freunde oder der Landschafft erhalten.

Nota, nicht zu vergessen, Unsern Herrn Vettern anzumahnen und zu begehren, dem alten Giselin die 8000 Fl. dafür Wir allein verschrieben sind, abzulösen, wie S. L. Uns versprochen und verschrieben, dieselbige zu erlegen, so bald Sie wiederum zu Land und Leut kommen werde; und dessen zu Urkund mit Unserer Hand unterschrieben. Actum Granges den 8ten Apr. 1557.

Nota, der Bruntruttischen Anforderung halber nicht in Vergeß zu stellen.

Graf Georg zu Würtemberg ꝛc. ꝛc.

Nro. III.

Nro. III.

H. D. v. Plieningen und Canzler Feßlers Schreiben in diesen Sachen an Herz. Christoph. Stuttgart den 3ten Mai 1557.

E. F. Gn. gnädigen Befehl, samt den zweyen Copien, alles E. F. Gn. Vetters Graf Joergen zu Würtemberg, Unsers gnädigen Herrn, jetzt abermals durch Lic. Schroteissen beschehen Ansuchen, und E. F. Gn. darauf gegebene Vor-Antwort belangend, haben Wir Unt. empfangen, und darauf mit Ihme, Lic. Schroteissen, gestrigen Tages, und diesen Morgen wiederum, ohne alles Scheu, rund und gut Teutsch, von Herkommenheit dieser Sachen, sonderlich aber den hoch-weit-und wohl-bedachten, auch nußlichen, altvätterlichen Verträgen, Erection, Renunciation, und sonderlich aber den Jüngsten zwischen beeden E. F. Gn. aufgerichteten kräftigen Verträgen, vermög E. F. Gn. Befehls, und auch sonst in ander Weeg, was Wir nach Unserm ringen Verstand hierzu für dienstlich geachtet, vielerley conversirt. Und soviel von Ihme, Licentiaten, vernommen, daß Er solches Grüblens, auch beharrlichen Ansuchens, gar kein Gefallens hat, und daß Seine F. Gn. solches für Sich Selbst auf die Bahn bringt, und zuversichtlich allein ein Versuchen thut, und altem Gebrauch nach nicht anders kan. Und doch etliche Junge ohnerfahrne Räthe hat, welche vielleicht ohne genugsamen Bericht oder sonst adulando ad placitum hierin

hierin rathen möchten, sonderlich der von Sich und
von der Glocken (welche beede jetzt hinwegkommen
sollen), desgleichen Licentiat Paur, so E. F. Gn.
Diener gewesen.

So sollen auch Consilia vorhanden seyn, aber
wer die Consulenten, solches hat Er, Licentiat,
Uns nicht können, oder vielleicht nicht wollen, anzai=
gen. Wir bedencken auch, wie den Consulenten
der Casus und Species Facti proponirt, also sey
auch von Ihnen consulirt worden.

Doch wie dem allem, so halten Wir in Un=
terthänigkeit dafür, daß nach Herkommenheit und
Gestalt dieser Sachen E. F. Gn. Sich biß anher,
sonderlich aber im Jüngsten Vertrag, auch darüber
gefolgten Tractationen, ganz freundlich, vetterlich
und dermaßen gehalten, wo diese Sache sollte für die
Leut, fremde oder aber verwandte, auch also zu weit=
läuffiger Disputation, kommen, (welches Gott der
Herr, von Freundschafft wegen, auch allerley Un=
willen, desgleichen der gutherzigen Beschwehrden, auch
Wiederwärtigen Frolocken, und sonst allerley Wei=
terungen zu verhüten, gnädiglich verhüten wolle,) so
verhoffen Wir unterthäniglich und tröstlich, daß der
jüngst aufgerichtete Vertrag, E. F. Gn. halber, das
Licht gar wohl leiden möge, und daß der Glimpf und
Fug E. F. Gn. seyn werde; daß auch E. F. Gn. mehr
bewilligt, dann Sie mit Gelegenheit wohl könnte,
und Sein Graf Joergen F. Gn. sonderlich dieser Zeit
(über die 26000 Fl. frey unbeschwehrt Einkommens),
nottdürftig ist. 2c.

Darum

Darum wann Seine F. On. wieder anfuchen würde, fo ift Unfer Unt. Bedenken, Seiner F. On. gute Wort zu geben, auch Herkommenheit diefer Sachen, fürnehmlich aber des Jüngften E. F. On. halber befchwehrlichen Vertrags, auch darüber befche= hener abermals befchwehrlicher Bewilligung, freundlich und befcheidenlich zu erinnern, wie folches alles aus der Traction, auch den Actis, (fo fleiffig befichti= get werden müffen,)nach Nothurft mag gezogen wer= den. Des Verhoffens, ob gleich S. F. On. für Sich Selbft darüber nicht wollte ruhig feyn, daß Sie doch diefe Sache weder für verwandte oder fremde Perfo= nen bringen, und alfo negotia machen werde.

Wo es aber über folches alles befchehe, und es je nicht beffer feyn könnte, (welches Wir doch in Un= terthänigkeit keines Weegs verhoffen,) alsdann hätte fich E. F. On. neben andern, fürnehmlich des Jüng= ften, gleichwohl E. F. On. befchwehrlichen, und S. F. On. wohl annehmlichen und nützlichen Vertrags, mit aller möglichen Befcheidenheit, Glimpf und Fu= gen zu behelfen, und neben anderm den ehrbaren bil= ligen Text des Rechtens an die Hand zu nehmen, nehmlich, quid enim tam congruum eft fidei humanae, quam ea, quae placuerunt inter par= tes, affervare &c. Und daß darneben gründlich aus= geführt würde, (wie es auch Unfers Verhoffens füg= lich befchehen mag), daß E. F. On. in folchem Ver= trag fich ganz freundlich und vetterlich bewiefen, auch vielmehr bewilligt hab, wann Sie nach Geftalt aller Sachen fchuldig, auch dazu bismahls in Ihrem Vermö= gen gewefen; daß auch Sein Graf Joergen, F. On. refpective und proportionaliter zu melden, mehr (fonderlich ordinari und beftändiges) Einkommens
habe,

habe, dann E. F. Gn. Und also Seine F. Gn.
solches Ansuchens gantz nicht befugt, oder auch nothürf=
tig, sondern E. F. Gn. Klagens viel nöther wäre.
Welches alles E. F. Gn. Wir, mit Wiedersendung
geschickter Schriften, Unt. anzaigen sollen, und thun
Uns derselben zu Gnaden Unt. befehlen. Datum
Stuttgard den 3 Maj. 1557. E. F. Gn.

Unterthänige gehorsame Diener,

Hanß Dieterich von Plieningen;

Johann Feßler, D. Cantzler.

Nro. IV.

Ungefährliche und Summarische Aufzaich=
nus, was Unserm gnädigen Herrn Graf
Joergen zu Würtemberg rc. auf S. F. Gn.
weitere neue Anforderung, so die jetzt zu
Franckfurt auf die Bahn gebracht würde, da=
selbst und dismahls zu antworten seyn möchte.

Nehmlich zuvorderst, daß Unser gnädiger
Fürst und Herr, Hertzog Christoph, Sich in
Betrachtung aller biß anher verloffener Handlungen,
fürnehmlich aber zweyer jüngst aufgerichteten Verträge
auch also endlich erledigter Sachen, dieser neuern und
weiteren Anforderung mit nichten und keines Weegs
versehen hätten, und noch vielweniger, daß bis zu
Franck=

Franckfurt sollte auf die Bahn gebracht werden; wie auch S. F. Gn. nicht bedacht oder auch gefaßt wäre, allhie über solche Verträge sich in Disputation oder einige Handlung einzulassen. Dann Seine Graf Joergen F. Gn. sollte Sich billig freundlich und vetterlich erinnern, was die alte vetterliche hochvernünftiglich bedachte Verträge, beßgleichen auch die löbliche und nützliche Erection diß Fürstenthums, so mit den altvetterlichen Verträgen zustimmt, in diesem Fall vermögen; welcher Gestalt auch Seine Graf Joergen F. Gn. Sich verschiener Jahren in meliori forma verziehen hat.

Aber solches alles unbedacht, und dazu unbetrachtet, mit was hochtreffenlichen Beschwerden Seine Hertzog Christoph F. Gn. in die Regierung kommen, auch was für einen mercklichen grossen Schulden-Last auf dem Lande befunden, so hätte Seine Hertzog Christophs F. Gn. gar keines Wegs aus Gerechtigkeit, sondern allein von Fried-Liebens, auch mehrerer Freundschaft wegen Sich in eine neue tractation begeben, und nach vielen gepflegten äusserten Handlungen Sein Hertzog Christophs F. Gn. mit höchster Ungelegenheit und Beschwerden jüngst zu Stuttgard mehr bewilliget, dann Sie schuldig, auch dazu in Ihrem stattlichen Vermögen gewesen. Darüber dann ein kräftiger Vertrag abgeredt, beschlossen, verbrieft, und versiegelt, auch bey Fürstlicher Würden im Wort der Wahrheit an Aydesstatt, die hierum zu Gott dem Allmächtigen auf die Evangelia geschwohren, gelobt und versprochen worden, solchen Stuttgardischen, auch die Alt-Väterliche Verträg und Erection, wahr, stet, vest, unverbrochenlich zu halten, darwider nimmermehr zu seyn, noch zu thun, oder schaffen gethan zu werden,

P   für

für Sich Selbst, oder jemands andern, in keine Weis noch Weeg 2c. alles laut angeregten Vertrags.

Und wiewohl in solchem jüngsten Vertrag Seine Herzog Christophs F. Gn., wie oben angesezt, vielmehr gethan, dann S. F. Gn. zu thun schuldig, auch in deren Vermögen gewesen, und neben anderm mit allerhand Ungelegenheit Stadt und Amt Neuenburg, Grafen Jvergen F. Gn. allein deren Lebenlang auch zugestellt, welches Jahrs biß in die 2000 Fl. ungefährlich erträgt; jedoch so ist darüber, auf ferner beschehen Bitten, verwilliget worden, Graf Georgen F. Gn. und dazu deren mannlichen ehlichen Leibes-Erben gegen Abtrettung Neuenburg des Jahrs 3000 Fl. zu geben, und über das ein Abschied gemacht, und darin neben anderem der Wahrheit nach vermeldet worden, dieweil Sein Herzog Christophs F. Gn. nicht mehr bewilligen könnte, daß S. F. Gn. auf nächstkommenden Landtag bey Praelaten und Landschafft in Gegenwärtigkeit Sein Graf Georgen F. Gn. oder deren Gesandten nicht allein proponiren, sondern auch getreulich befördern wollte, ob S. F. Gn. noch jährlichs 1000 Fl. zu geben.

Item es sollte auch Sein Graf Georgen F. Gn. in Kraft angezogenen Vertrags den Kosten, so auf die Rechtfertigung der Burgundischen Herrschaften halber biß anher geloffen ist, und noch gehen wird, zum halben Theil bezahlen; aber Sein Herzog Christophs F. Gn. hat solchen Kosten gar auf Sich genommen, welcher des Jahrs ein nahmhaftiges anlauft. Und wann solche Herrschaften mit Recht erhalten werden, wie dann zu Gott dem Herrn und den Rechten zu verhoffen, so würde Seine Graf Georgen F. Gn. über die

die 26000 Fl., so Sie vorhin unverſetztes freyes
Einkommens hat, noch biß in 15000 Fl. jährlicher
ewiger und eigenthumlicher Nutzungen haben. Und
je länger ſich dieſe Rechtfertigung verzeucht, ſo viel
deſto beſchwehrlicher iſt ſolches auch Sein Hertzog Chriſtophs F. Gn. des gantzen Koſtens halber.

Item ſo hat Sein Graf Georgen F. Gn. von
dem neüerlangten Zoll jährlichs biß in die 2000. Fl.
Einkommen. So mag hierinn neben anderm auch
allegirt werden, wie es mit der Pfalz-Grafen Unterhaltung halber, ſo nicht regieren, gebraucht werde.
Exemplum Hertzog Wolfgang, und viel anderer
mehr. So wollte man auch gern hören, wo in gleichem Fall bey Chur- oder Fürſten-Häuſern bey einem
weiten ſoviel geraicht werde.

Und würden ſonder allen Zweifel die Chur- und
Fürſten, ſo von Graf Georgen F. Gn. wegen jetzt
zu Franckfurt oder ſonſt was weiters, zu geben an-
ſuchen möchten, in Ihrer Chur- und F. Gn. Gewiſſen
und Hertzen ſo viel befinden, daß Sie in gleichem Fall
bey einem weiten ſo viel nicht bewilligt hätten, oder
noch weniger darüber jetzt was weiters thun würden.
Dann je ſo hat Sein Hertzog Chriſtophs F. Gn. mehr
bewilligt, dann in Ihrem ſtattlichen Vermögen iſt,
und Graf Joergen F. Gn. auf dieſen Tag (proportionabiliter zu melden,) mehr Einkommens hat, dann
Hertzog Chriſtophs F. Gn.

Darum in Bedenckung ſolches alles, ſo ſollte
Sein Graf Joergen F. Gn. nicht allein nichts weiters
begehren, ſondern auch gantz freundlich und vetterlich
begnügig und dazu danckbar ſeyn.

P 2   Nro. V.

Nro. V.

Fürſt - Brüderlicher Vergleich der Herz. Johann Friderich, und Ludwig Friderich, Re-
gierender Hertzogen zu Wirtemberg- Stutgart, und Mömpelgard.   Stuttgart den
8ten Oct. 1617.

Zu wiſſen, nach dem der Durchleuchtig,
Hochgeborne Fürſt, und Herr, Herr Johann
Fridrich, Hertzog zu Würtemberg, und Teckh,
Grave zu Mümppelgard, Herr zu Heydenheimb, etc.
mit dem auch Durchleuchtigen, Hochgebornen Fürſten,
umb Herrn, Herrn Ludwig Fridrichen, Hertzogen
zu Würtemberg, und Teckh, Graven zu Mümppel-
gardt, Herrn zu Heydenhelmb, ꝛc.   In vergangner
Fürſtlicher Brüderlicher Vergleichung, abſchieblich
vereinbart, wie viel, ſein Hertzog Ludwig Fridrichs
Fürſtliche Gnaden,   an Dero ein Drittentheil
Deputats, der dreyen Jüngern Herren Gebrüdern,
Hertzogen zu Würtemberg, etc. Jährliches zu erſtatten; deſſen wegen auch hochermeldts Hertzogs Johann
Fridrichs Fürſtl. Gnadn., hochgedachtem Hertzog
Ludwig Fridrichen die Graff- und Herrſchafft Horburg, und Reichenweiher, mit allen Gefällen, Renthen, und Einkommen, abgetretten, und übergeben,
und ſich aber hernacher, jnn eingeholtem ferneren Bericht, und gemachtem zwölff jährigen Uberſchlag, be-
melter Horburg- und Reichenweilleriſchen Gefäll befunden, daß ſolche umb 2611 G. 18 Xr. weniger tragen

gen, als der erſte von einem Jahrgang allein geferͦ
tigte Anſchlag außgewieſen.

Daß ſolchem nach, umb friedliebender, Brüderͦ
licher Einigkeit willen, Hochbeſagter Herzog Johann
Fridrich, etc. obigen Abgang der 2500 G. (dann
die übrige, ungerade ailff Gulden, achtzehen Kreitzer,
umb gewißer Rechnung willen, Herzog Ludwig
Fridrich, etc. uff ſich genommen,) dergeſtalt zu verͦ
treten, und guttzumachen, ſich guttwillig erklert, daß
Ihre Fürſtl. Gnadn. hinfüro jedes Jahrs Dero Brüeͦ
bern Herzog Julio Friderichen, etc. und Herzogen
Achilli Fridrichen, etc. jedem 1000 Gulden; und
dann Herzog Magno, etc. die übrige Sechshundert
Gülden, im Abſchlag Ihres Deputats, anſtatt Herͦ
zog Ludwig Fridriches, etc. entrichten, und beͦ
zahlen ſollen und wollen, alſo, daß hinfüro, Herzog
Julius Fridrich, etc. jährl. ailff Tauſendt Gulden,
und Herzog Achilles Fridrich, etc. 7666 Fl. 40 Xr;
endlich Herzog Magnus, etc. 7266 G. 40 Xr. von
Ihrer Fürſtl. Gnaden erheben, von Herzog Ludwig
Fridrichen aber, Herzog Julius Fridrich 4000
Gülden, Herzog Achilles Fridrich, etc. 2333 G.,
20 Kr., und Herzog Magnus, etc. 2733 Gülden,
20 Kr., jährl. empfangen ſollen. Belaufft ſich alſo
Herzog Ludwig Fridrichs, etc. Zuſchuß, welͦ
chen Ihre Fürſtl. Gnaden herauſßer zuſchaffen ſchulͦ
dig und verbunden ſeyn, hinfüro uff 9066 Gülden,
40 Kreützer.

Und damit an Liefferung ſolcher Herzog Johann
Fridriches Fürſtl. Gndn. erhöchter Zwey Drittheil
jährlichen Deputaten, beſtoweniger Mangel, oder
Abgang erſcheine, haben Seine Fürſtl. Gndn. folͦ
gende Außtheilung machen laſſen.

P 3   Erſtͦ

Erftlich, weilen Hertzogs Julii Fridrichs Fürftl.
Gnbn. an Dero Deputat der beftenbigen 15000 Gülben über angewiefene Weyltingifche, und Brentzifche
Gefälle, noch 1286 G. 32½ Kreützer ablauffen,
daß der Vogt zue Heydenheimb fürauß jährlich, und
beftenbig die 286 Gülben, 32½ Kreützer, und Ihrer
Fürftl. Gnaden alle Qvartal 71 Gülden, fambt den
ungraben Kreützern, der Vorftmeifter bafelbften aber,
die übrige 1000 Gülden, und daran quartaliter
250 Gülden, gegen Qvittung raichen folle.

Nachdem auch hochbefagts Herzog Johann Fridrichs Fürftl. Gnbn. Hochermeldtem Dero Bruedern
Hertzog Julio Fridrichen, etc. zue obigem Deputat,
noch weitter uff drey Jahrlang und Jährlich 3000
Gulden Zufchuß, aus freundtlichen Bruederlichen
Willen bewilligt, daran auch alberaith die diefen
Jahrgange gefallene 3000 Gülden erlegt, fo haben
Ihre Fürftl. Gnbn. die volgende zwey Jahrgäng, alß
von Georgii Anno etc. Sechszehenhundert Achtzehen,
bis Sechszehenhundert und Zwantzig, von nachgefetz-
ten Vier Aemptern, und jedem infonberheit quartaliter, gegen Qvittung, zu empfahen; alß von Hay-
denheim, 200 Gulden; Schorndorff, 200 Gulden;
Göppingen, 200 Gulden; vnd Hewbach, 150
Gulden.

Zum Andern: Soviel Hertzog Achillis Fri-
drichen Fürftl. Gnbn. verordnet Deputat der 10000
Gulden betrifft, daran hochbefagts Hertzog Johann
Fridrichs Fürftl. Gnbn. obangeregeter maßen, 7666
Gulden 40 Kreützer, Jährlichs zuerlegen haben, ift
Hertzog Achilles Fridrich, etc. bey nachgefchriebenen
Aembtern quartaliter, gegen Qvittung zuerheben,
angel-

angewiesen, 1916 Gulben, 40 Kr. Alß bey
Newenstatt, 516 Gulben, 40 Kreußer; Weinsperg,
516 Gulben, 40 Kreußer; Möckhmühl, 416 Gülben, 40 Kreußer; Haylbronn, 216 Gülben, 40
Kreußer, unb die Erste zwey Qvartal noch jebes Ampt
zuzuschiessen, 62 Gulben, 30 Kreußer. Von dem
Vorstmeister zu Newenstatt aber, 500 Gulben, welche
die letstere zwey Qvartal, jebesmahles 250 Gulben,
herzugeben, boch, was Jhre Fürstl. Gnbn. Herßog
Achilles Fridrich, etc. an Früchten, Wein, unb
anberen, auß einem ober anberm obspecificirten Aembs
tern einnemmen lassen, baß solle in gemachtem Anschlag,
so ber Brüeberlichen Vergleichung einverleibt, von
obigen Gielbt = Gefällen defalcirt, unb abgezogen
werben.

Entlichen haben Herßog Magni, etc. Fürstl.
Gnbn., an Dero Deputat ber 10000 Gulben, unb
so viel hochermeltes, Herßog Johann Fridrichs
Fürstl. Gnbn. zwey Drittheylen ber 7266 Gulben,
40 Kr. betrifft, quartaliter bey nachgeseßten Aenu-
ptern, gegen Qvittung, zucrheben, 1816 Gulben,
40 Kreußer. Doch über Abzug, was an Frucht,
Wein, unb anberm, Jhre Fürstl. Gnbn. empfahen
lassen, so allwegen, wie erst angeregt, von der bestimmten Summe wieber abzuziehen. Newenburg,
416 Gulben, 40 Kr. Callw, 416 Gulben,
40 Kr. Nagolbt, 416 Gulben, 40 Kr. Wildtbab,
150 Gulben; Wildtberg, 266 Gulben, 40 Kr. unb
noch barzue die Drey Aembter, Newenberg, Callw,
unb Nagolbt, jebes, boch allein, bie zwey Erste
Qvartal, 50 Gulben. Die übrige 300 Gulben, soll
ber Vorstmeister im Wildtbab, inn ben letsten zweyen
Qvartalien, unb allwegen ben halben Theyl, alß 150

P 4   Gulben

Gulden, entrichten. Wie dann Dero jedem Ambts
mann auch befohlen worden, uff jedes erscheinende
Qvartal, sich gefaßt zuhalten, damit, waß bey einem oder anderm an Liefferung der Schuldigkeit abgehen, oder fehlen möchte, daßelb gegen ordentlicher
Qvittug, herzugeben, und gantz zumachen. Und seyen
umb mehrer Richtigkeyt, und Gewißheit willen, zwischen hocherleúchten beeden Hertzogen, Johann Fridrichen, etc. und Ludwig Fridrichen, etc. dieser
Abschiedt, oder neben Recels, zween gleiches Innhalts,
under beeder Ihrer Fürstl. Fürstl. Gnden. Gnden. Handt-
Zeichen, vnd fúrgetruckhten Fürstlichen Secreten auß-
gefertigt worden. Geben zu Stutgardten, den Achten
Monats-Tag Octobris, Anno, etc. 1617.

(L. S.) Johann Friderich, etc.

(L. S.) Ludwig Fridrich, etc.
         mit Ihrer Paraffen.

Nro. VI.

Vergleich zwischen eben denselben vom 11.
Dec. 1618.

Zu wissen: Als die Durchleuchtige, Hoch-
gebohrne Fürsten und Herren, Herr Johann
Friderich, und Herr Ludwig Friderich, Gebrú-
dere, Herzogen zu Würtemberg, und Tecth, Graven
zu Mömpelgard, Herren zu Heidenheimb, etc. Sich
ohn-

ohnlangſten vnder dato, den Acht vnd Zweintzigſten
Maji. deß verwichenen Sechszehen hundert vnd Siebenzehenden Jars, laut deſſen, ſo bey wehrender
Handlung, ſo ſchrifft- ſo mündlich allerſeits vorgan-
gen, vnd volgends darüber außgefertigten Brüderlichen Abſchieds vnder anderem dahin freüntlichen verglichen, daß Hertzog Ludwig Friderichs Fürſtl.
Gnaden die Graffſchafft Mömpelgard, zuſammt denen Graff- vnd Herrſchafften Horburg vnd Reichenweiher, auch allen vnd jeden deren Zugehörungen,
mit ihren Einkommen vnd Beſchwernüßen, erblich
innhaben, nutzen, vnd gebrauchen, vnd hingegen deren Jüngern Herrn Gebrüdern, Herrn Julio Friderichen, Herrn Friderichen Achilli, vnd Herrn
Magno, allen Hertzogen zu Würtemberg, etc. Ihr
Järlich verordnet Deputat, ſo ſich Hertzog Ludwig
Friderichs Angebür nach vff 11,666 Fl. belaufft,
jedes Jars guetmachen, vnd bezahlen ſollen. Und
ſich aber Ihre Fürſtl. Gnaden hernacher deſſen, nach
Vßweiſung deroſelben, vndern datis, den Siebenzehenden Novembris, den Erſten vnnd Sechſten
Decembris jüngſthin, gethanen Schrifftlichen Anbringen, neben anderm, auch in dem vornemlich ein-
ſtändig beſchwert vnd vorgewandt: Ob hätten Sie
nach Ihrem Vfzug das järliche Einkommen obge-
melbter aſſignirter Lande überlegt, vnd hingegen mit
demſelben, den über alle Gefäll, vnd Intraden gemachten Anſchlag vnd Specification, vnd darauff
beſchehene Verweiſung, auch die Ordinari - vnd Extraordinari - Außgaben, ſo Deroſelben jährlichen
vhnumbgänglich zuthun obgelegen, alles embſigen
Fleiß conferirt, auch Ihren Hoffſtaat, ſoviel immer
thunlich, vnd geſchehen können, eingezogen, vnd
doch entlich, wider all Ihre Gedancken, vnd zuvor

P 5   gehabte

gehabte Nachrichtung dabey nicht allein einen merckh-
lichen Abgang an dem affignirten und beftimmbten
Einkommen, fonner auch befunden hätten, daß Ihrer Fürftl. Gnbn. folche Außgaben, neben obgemeld-
tem Brüederlichen Deputat zuentrichten, und järli-
chen abzuftatten ohnmöglich fey. Und ob Sie wohl von
dem einmahl fo hoch und theuer verfprochenen Brüederlichen Vergleich und darüber offgerichtem Abfchied,
im wenigften zuweichen oder einig præjudicium zu-
zufüegen gantz nicht, fonder vielmehr beftändig zuhalten, vnb Ihres Theils handhaben zuhelffen, gemeint und refolvirt feyn; Dieweil Sie aber die Sachen inn obgemeldter Befchaffenheit, und einer folchen
ohnvermöglickeit befunden zuhaben vorgeben, haben
Sie Dero Freüntlich-Geliebten aeltern Herrn Brüder, Hertzog Johann Friderichs Fürftl. Gnbn.
Freuntlich erfuchet, daß Sie folches alles Brüederlich
erwägen, und dahin bedacht feyn wolten, wie Sie
zu deren, von Ihrer Fürftl. Gnbn. gefuchter mehrer
Einname und Ergäntzung angegebenen Abgangs gelangen, und fich der obhabenden fchweren Außgaben etli-
cher maßen entbrechen möchten. Wiewohl dann Hoch-
erleuchte Hertzog Johann Friderichs Fürftl. Gnbn.
fich über hievorigen Vergleich in einem mehrern anzu-
greiffen und vff fich zunemmen hocherheblich Be-
benckhen getragen, fonder davor gehalten, weiln Sie
obgedachten Angebens nicht allerdings geftändig feyn
könden, daß Sie hierunder auß dem Brüederlichen
Vertrag, fo mit leiblichem Aid beteürt, und demfelben einverleibter Abfindung zufchreiten nicht fchuldig,
noch gehalten feyen; So haben fich, jedoch beede hochgedachte Ihre Ihre Fürftl. Fürftl. Gnbn. Gnbn. nach-
folgender Geftalt entlichen dahin freüntlich verglichen:

Daß

Daß zuvorderst vorberührte allerseits beliebte
und angenommene Brüderliche Vertrags = Handlung
nochmahls alles ihres Inhalts beständig, gänßlich,
vnnd ohn Abgang vollzogen und gehalten, derselben
auch dasjenig, so in diesem Abschied auß lauter treu=
herßiger, freyer, Brüderlicher Lieb, und Affection
zwischen Ihro Ihro Fürstl. Fürstl. Gnbn. Gnbn. ver=
glichen worden, zu keinem Abbruch, Schmehlerung,
oder Contravention, jeßo vnd ins künfftig verstan=
gen außgelegt oder angezogen, sonder solcher allers
dings bey Kräfften, vnnd jedem Theil sein dannen=
hero erlangte und habende Befugsame, sonsten vhn=
verleßt gelassen werden soll.

Zum Andern, haben mehr hochgedachte Herßog
Johann Friderichs Fürstl. Gnbn. freundlich bewil=
ligt, daß Sie nun hinfüro Herßog Ludwig Fri=
derichs Antheil Brüderlichen Deputats, namblich
11,666 G., vff sich nemmen, vnnd obhochermeldten
Jüngern Herrn Gebrüdern, Herßog Julio Fride=
richen. Friderichen Achilli, unnd Magno, jär=
lich die nächsten Acht Jar nach einander entrichten,
und bezahlen lassen, auch Herßog Ludwig Fride=
richen deßwegen gegen die Herren Gebrüedere ver=
tretten, und verantworten wollen.

Zum Dritten, ist nicht weniger auch abgeredt,
und von Herßog Johann Friderichen bewilligt wor=
den, daß Ihre Fürstl. Gnbn. von denen bey der
Stadt Colmar, und derselben Burgerschafft noch ste=
henden 72,000 G. Schulden, inn allem 70,000 G.
wie auch was Ihre Fürstl. Gnbn. Anno Sechßzehen
Hundert Fünffzehen, zu Basel vor Sich vfgenommen;
Deßgleichen Hanß Heinrichen Volßen vonn Altena=
Stätt=

Stättmeisters zu Straßburg, 2000 G., alles mit
Haubt = Guet, jeßigem vnd künfftigem Interesse ver=
tretten, und abtragen wollen. Welches alles offt
hochermeldter Herßog Ludwig Friderich Freündt=
und Brüderlich vf = und angenommen, vnnd Sich hin=
gegen, und

Zum Vierdten, daß in erclärt, daß Ihre Fürstl.
Gnbn. die in vor allegirten Brüederlichen Abschied
verglichene, vnd derselben järlich auß dem Kirchen=
Casten allhie zu Stuttgardten gebürende 2000 G.,
zusammbt noch 3000 Fl., welche Ihre Fürstl. Gnbn.
ferners an bemeldtem Kirchen = Casten zufordern ver=
meynen, nun hinfüro vf ebenmäßig Acht Jar lang
anstehen, vnd deßwegen immittelß nichts weiters su=
chen noch begehren lassen wollen. mit der fernern
beyderseits angenommener Erclärung, daß, nach
Außgang berührter Zeit der Acht Jahre, beyden Ih=
ren Ihren Fürstl. Fürstl. Gnbn. Gnbn. Sich so wohl
angeregten Brüederlichen übernommenen Deputats,
alß auch dieser 5000 G., vnd obangezogenen vorge=
gebenen Abgangs halben, weiter freündtlichen zuver=
gleichen, frey vnd vnbenommen seyn soll.

Endtlichen, ist auch beyderseits vereinbart vnnd
geschlossen, daß Herßog Ludwig Friderich, alle
vf Mömpelgard stehende Schulden, gleichfalls an
Capital, und allbereit verschinen vnb noch künffti=
gem Interesse zu sich nemmen vnb guet machen soll
vnb will, doch mit dero angehefften Erläuterung, die=
weil sich under dennselben Creditorn vbgedachter Hanß
Heinrich Volß Stättmeister zu Straßburg mit
2000 G. Haubt = Guts, und etliche verschinen Zinß
befindet, daß Ihre Fürstl. Gnbn. denselben Herßog

Johann

Johann Friderichs Fürstl. Gnbn. überlassen, unb
an dessen statt einen andern Creditorn auß obgedach=
ten 72,000 G., Colmarischer Schulden, mit eben=
mäßigen 2000 G., vnb verfallen auch künfftigen Zin=
ßen, umb dero mehrer Bequehmlichkeit willen, annem=
men, haben, unb tragen wollen.

Dessen allen zu wahren Urkunb, seynb hierüber
zween gleichlautenbe Abschiebvfgericht, vnnb von hoch=
besagten Ihren Ihren Fürstl. Fürstl. Gnbn. Gnbn.
mit aigenen Hanben vnberschrieben, vnb beren ange=
henckhten Insige becräfftigt, auch jebem Theil ein
Original zugestellt worben, So geben, vnb geschehen
ben Ailfften Decembris, im Jar nach Christi Ge=
burt, Sechszehen Hundert, vnb Achtzehenben.

(L. S.)   J. Friderich.

(L. S.)   Ludwig Friderich, ꝛc.
          mit Jrer Paraph.

Nro. VII.

Vergleich zwischen eben benselben vom 30.
März 1628.

Zuwissen: Alß im Jahr Ain Tausend,
Sechshundert, unb Siebenzehne, unterm dato
benn 28sten Maji, allhie zwischen den Durchleuch=
tigen Hochgebornen Fürsten vnb Herren, Herrn Jo=
                                              hann

hann Friderichen, Herrn Ludwig Friderichen,
Herrn Julio Friderichen, Herrn Friderichen Achilli, und Herrn Magno, allen Gebrüedern, Hertzogen zue Württemberg und Tegkh, Graven zue Mümppelgardt, vnnd Herren zu Haydenheimb, etc. wegen
Ihres Herrn Vatters, weiland Herrn Friderichs,
Hertzogens zu Württemberg, etc. hochseeliger Gedächtnuß Verlaffenschafft, ein Haubt-Vertrag, wie es
jnns künfftig angeregter Verlaffenschafft halber, zwischen Ihrer allerseits Fürstlichen Gnaden, vnnd derselben Erben gehalten werden solle, beschloffen, vnnd
offgerichtet, bey welchem Verglich vnder andern versehen, daß der Elter Herr Brueder, allß Regieren-
der Herr, zween Drittheil, vnnd Hertzog Ludwig
Friderichs Fürstlichen Gnaden, einen Drittentheil,
an Dero dreyen jungen Herrn Gebrüdern verordne-
tem Deputat Jährlichs, nach Besag offgerichten
Haubt-Vertrags, entrichten vnnd bezahlen sollen, so
Sich Hertzog Ludwig Friderichs Fürstlichen Gnaden Angepür nach, alle Jahr vff 11,666 Gulden be-
loffen. Und sich aber Ihre Fürstl. Gnbn. hernacher
vnterm dato Mümpelgardt denn Sibenzehenden Novembris, vnnd Ersten, auch Sechsten Decembris,
obgemelten Sechzehen hundert Sibenzehenden Jahrs,
deffen neben andern auch jn dem vornembliche beschwerdt:
Ob hätten Sie, nach Ihrem Vffzug nacher Mümppelgardt, das Jährliche Einkommen jetztgedachter
Graffschafft Mümppelgardt, wie auch anderer affignirten Herrschafften, vmb ein Nambhafftes, wie auß
damaln eingekommenen Berichten zuvernemen gewesen,
geringer befunden, dannenhero gebetten: Weil Deroselben vnmüglich fiele, die affignirte Brüederliche De-
putata zu entrichten, vff Mittel zue gedenckhen, wie
Sie derselben entlöbiget werden möchten. Daß disem
allem

allem nach Hertzog Johann Friderichs Fürstl. Gndn.
auß Brüederlicher Affection Freundlich bewilliget,
Hertzog Ludwig Friderichs Fürstl. Gndn. Antheil
Brüederlichen Deputats, namblich 11,666 Gulden,
eine Zeittlang vff Sich zu nemmen, vnd obhochermellten
Jüngern Herren Gebrüedern, Hertzog Julio
Friderichen, Achilli, vnnd Magno, etc. jährlich
die negste Acht Jahr nach einander entrichten, und
bezahlen wollte. Welches alles offt hochermelter Hertzog
Ludwig Friderich, etc. Freund = vnnd Brüederlich
vff = vnd angenommen, vnnd Sich hingegen dahin erklärt,
daß Ihre Fürstl. Gndn. die in vor allegiertem
Brüederlichem Haubt = Vertrag verglichene, vnnd derselben
jährlich auß dem Kirchen = Casten allhie zue
Stuettgardten gebürende 2000 Gulden, zusambt
noch 3000 Gullden, welche Ihre Fürstl. Gndn. ferners
an bemeldten Kirchen = Casten zuefordern, nun
fürohin vff ebenmäßige Acht Jahr lang anstehen, vnnd
deßwegen innmittelst nichts weiters suchen noch begehren
lassen wolten. Mit der fernern beyderseits angenommenen
Erklärung, daß nach Vßgang berüerter
Zeit der Acht Jahren, beyden Ihren Furstl. Fürstl.
Gndn. Gndn. Sich so wol angeregten Brüederlichen
Deputats, alß auch diser 5000 Gulden, wie nicht
weniger obangezognen Abgangs halben, weiter Freundlich
zu vergleichen, frey vnnd vnbenommen seyn solle,
etc. Alles nach Besag eines sonderbaren Neben= Abschiedts,
so den Ailfften Decembris, Anno Sechszehen
Hundert, Achtzehne, allhie zue Stuettgardten
deßwegen vffgericht, vnnd vonn höchst=besagten Ihren
Fürstl. Gndn. mit aignen Handen vnterschrieben,
vnnd Dero angehengktem Insigel bekrässtiget worden.

Auß

Alß nun solche in erst angeregtem Neben=Ab=
schiedt bestimmbte Zeitt verflossen, vnnd die Jüngern
Herren Gebrüedere, Hertzog Julius, vnnd Hertzog
Friderich Achilles, etc. nach seeligem Abschiedt
Hertzogs Magni Fürstl. Gnbn. Ihrer Deputaten
halben, bej hochgedachts Hertzog Ludwig Friderichs
Fürstl. Gnbn. zu wissen begehrt, wessen Seine Hertzog
Johann Friderichs zue Württemberg Fürstl. Gnbn.
Sich unterdessen entschlossen, vnnd darbey angehengkht.

1. Daß Sie sich nit nur vorangeregten Dero
Jüngern Herren Gebrüedern Deputats, sondern auch
deren selbst aignen durch die Alt=Vätterliche Ver=
träg, vnnd Testamenten bestimmbten, vnnd in dem
Brueberlichen Haupt=Vertrag zue Dero Staat be=
schaidenen Deputats, noch ermanglender ettlicher
1000 Fl. zu beklagen. Wie nicht weniger

2. Die Ersetzung deß Gaistlichen Einkommens,
weiland Hertzog Friderichen, etc. Dero geliebten
Herrn Vatters löblicher Stifftung der 5000 G. bey
dem Kirchen=Casten allhie, an welchen 5000 G.
Sie, vermög Haubt=Vertrags nur 2000 G. zu
empfangen gehabt, vnnd dannenhero noch 3000 G.
von Rechtswegen zuersuchen.

3. Deßgleichen die hochnottwendige Versicherung
vf den Fall Dero an denen jetzo in Handen haben=
den Herrschafften, vnnd Einkommen etwas mit Ge=
walt oder Rechtlichen Processen entzogen, vnnd evin=
ciert werden solte, zu begehren.

4. Neben dem auch den heimbgefallnen Dritten
Theil Deputats Herzog Magni, etc. inn Crafft vff=
gerichten Haubt=Vertrags, zuerforfern;

Alß

Alß nun hierüber etliche Schrifften gewechselt, vnd zue endtlicher Richtigmachung diser noch vnerörterten Puncten, durch sonderbare Abordnung nacher Mümpelgardt, mit Herzog Ludwig Friderichs Fürstl. Gnaden mündliche Conferenz gepflogen, seindt dise Stritt endtlich mit beederseits Jrer F. F. Gndn. Gndn. guettem Wissen vnnd Belieben, nachvolgender maßen vereinbart, vnnd verglichen.

Nämblichen, daß zuvorberist die in Anno Sechszehen hundert Sibenzehne allerseits beliebte vnnd angenommene Brüederliche Vertrags = Handlung nochmalen alles jres Jnhallts, beständig, genzlich, vnnd ohne Abgang vollnzogen, vnnd gehalten, auch daßjenige, so jnn disem Neben = Abschiedt hochgedachts Herzog Johann Friderichs Fürstl. Gndn. Dero geliebten Herrn Brüedern, Herzog Ludwig Friderichen weitter bewilliget; Dero zue keinem Abbruch, Schmälerung, oder Contravention jezo, oder ins künfftig, vonn niemanden verstanden, außgelegt, oder angezogen, sondern solche allerdings, wie auch der Neben = Abschiedt denn Aillfften Decembris, Anno Sechzehen hundert Achtzehne vffgericht, was in specie jnn nachvolgendem jezt letsterem Verglich nicht geendert, bey Cräfften verbleiben, vnnd Jedem Theil seine dannenhero erlangte vnnd habende Befuegsambe sonsten vnverlezlich gelassen werden solle.

I.

Wiewohl nun vor das Erste, Hocherleuchts Herzog Johann Friderichs Fürstl. Gndn. vonn dem außgetruckhten Jnhallt Haubt = Vertrags, so mit Leiblichem Aydt betheurt, jnn etwaß zueweichen Anfangs

Q

fangs Bedenckhens getragen; So haben Sie boch, vff
weiter eingenommenen Bericht, auß Brüederlicher,
getreuer Affektion, nicht allein Dero Angebür be=
fagter Deputaten, wie bißhero beschehen, vollkom=
menlich vff Sich behalten, sondern zumahln auch
Hertzog Ludwig Friderichs Fürstl. Gnbn. Drittens
theil inskünfftig, gegen Dero Jüngern Herren Ge=
brüedern zuvertretten, vnnd Seine Fürstl. Gnbn. Dero
Erben vnnb Nachkommen, so wohl ab Obligatione
deß Brüederlichen Haubt=Vertrags, alß der Neben=
Obligation bises versprochenen Dritten=Theils hie=
mit zue liberieren versprochen, auch bey Dero Jün=
gern Herren Gebrüedern Verfüegung thun laffen, daß
Sie Hertzog Ludwig Friderichs Fürstl. Gnbn. und
Dero Posterität, deßhalben weiters nit besprechen,
sondern Dieselben ebenmäßig von obgedachten Obli-
gationen entledigen sollten.

II.

Für das Ander, haben Ire Fürstl. Gnbn. ohn=
erachtet vorhin angezogener bewegender Considera-
tionen bewilliget, die Verordnung zuthun, daß auß
Dero Kirchen=Casten alhier zue befferer Vnderhalt
der Mümpelgarttischen Kirchen vnnd Schuelen jähr=
lichs zue denen vorhin verglichenen Zweyen : noch Drey :
vnnd also zusammen 5000 Fl. hinfüro bezahlt, vnnd
damit auff negstkünfftige Georgy die Erste Bezahlung
würcklich gevolgt werden. Jedoch mit diser auß=
truckhenlichen Bedingung, so lang die Clöster, welche
von Zeitt vffgerichten Religion=Fridens biß vff dise
Brüederliche Vergleichung inn Sein Hertzog Johann
Friderichs Fürstl. Gnbn. Hauden gewesen, inn
jetzigem vnverruckhtem Staudt, auch Irer Fürstl.
Gnbn.

Gnbn. vnd deren Erben bleiben, vnnd Dero darvon
nichts entzogen werden sollte; Jnn dem widrigen Fall
aber sollen nach Proportion solchen ohnverhofften
Abgangs erwehnte 5000 Fl. ebenmäßig vff vorherge=
hende Vergleichung proportionabiliter abgekürtzet
werden.

III.

Zum Dritten, die gesuechte Praestation Evi-
ctionis betreffend, versprechen Jre Fürstl. Gnbn. zue
Bezeugung Dero fridliebenden Intention hiemit, daß
Sie, Dero Erben vnnd Nachkommen, Hertzog Lud=
wig Fridertchs Fürstl. Gnbn. Erben vnnd Nachkom=
men, jnn allem demjenigen, jnnsonderheit allen Strit=
tigkeiten, Anforderungen, vnd Schulden, so Dieselbe
zue Antrettung Deren Regierung vf dem Mümpelgart=
tischen Staat gefunden, vnnd dazumal auß darauff
bereits gehafften Fürwandt vnd Fundamenten könten
erweckht werden, jnn= vnnd vsserhalb Rechtens vertret=
ten, entheben, vnnd allerdings schadloß halten zu wollen.

IV.

Nachdem auch Vierdtens, vonn Herrn Hertzog
Ludwig Fridertchen, etc. ann Dero Herrn Brue=
ders Hertzog Johann Fridetichs Fürstl. Gnbn. ge=
sunnen, Sie wollten Dero nicht entgegen seyn laffen,
daß vonn Hertzog Magno, etc. hochseeligen Ange=
denckhens, bereit zuruckh gefallen Deputat, Dersel=
ben jetzt alß gleich zue Dero Drittentheyl volgen zue=
laffen, haben Jre Fürstl. Gnbn. Sich auff denen Her=
tzog Ludwig Fridertchen bekhandten Bräuchen noch
der Zeit entschuldiget, vnnd Sich Freund = Brüeder=
lich dahin erbotten, daß vf denn fall Dero Freundt=

Q 2   licher

licher Geliebter Brueder Hertzog Friderich Achilles, ober Julius Friderich, etc. Einer ober der Andere, ober bepde, ober Dero Fürstliche Posterität, die Schuld der Naturen, ohne Hinderlaffung Mannlicher Eheli= cher Leibs= Erben, bezahlen, daß Sie alßdann Her= tzog Ludwig Friderichs Fürstl. Gnbn. ober Dero Mannlichen Ehelichen Posterität, die Anwartschafft angebütener bepder Deputaten, so vil Dero Ratam betrifft, vermög vffgerichten Haubt= Vertrags, vol= gen, vnnd vff den Ersten künfftigen Erlödigungs= Fall, neben dem zueruckh fallenben Dritten Theil, noch jährlich 1000 Fl. an statt Jrer Fürstl. Gnbn. Brue= bers Hertzog Magni, etc. seeligen, raichen, und bezahlen laffen wollen.

Endtlich, haben Hertzog Johann Friderichs Fürstl. Gnbn. zue Erhaltung Brueberlicher Einigkeit, bewilliget, die Reichs= vnnd Craiß= Contribution, wegen der Graff= vnnd Herrschafften Mümpelgardt, Horburg vnnd Reichenwepler, jns künfftig beständig= lich bep der Land= Schreiberep alhie vertretten zuelaf= fen, jedoch solches alles mit nachvolgender außtruckhen= licher Bedingung vnnd Anhang, daß Seine Fürstl. Gnbn. hingegen Sich dero bißhero gefüehrten Præ= tensionum, so woln beß geklagten Außstandts vnnd Abgang ann Dero bestimbten Deputat der 57,000 Fl. alß auch sönsten aller anderer Forderungen, wie sie immer Nahmen haben, vnnd respectu Brueberlichen Haubt= Vertrags, ober jnn andere Weeg immer ge= suecht werden khönbten, oder möchten; Alß auch der Forberung beß Elsterlins Sett. Vaulberts halben, sich gäntzlich begeben, vnnd verzeihen sollen.

Wann

Wann dann hierauff Hertzog Ludwig Frideerichs Fürstl. Gnbn. respective obgemellte Erklärung,
Einwilligung, vnnd Anerbietten, bey allen obangeeregten Puncten, zue sonderm Freund: Brüederlichem
Danckh off s vnnd angenommen, für Sich, Dero
Erben, vnnb Nachkommen, beständig dabey zu verbleiben, versprochen, vnnb zuegesagt; Allß seynbt
hierüber zween gleichlauttende Abschiebt offgerichtet,
vnnb vonn hochbesagten beeden Jren Fürstl. Fürstl.
Gnbn. Gnbn. angehengßten Jnsigiln bekräfftiget,
auch jedem Theil ein Original zugestellt worden, So
geschehen zu Stuettgardten, denn Dreyßigsten Monats:
Tag Martii; allß man zallt, nach Christi Unsers
einigen Erlösers, vnnb Seeligmachers Geburtt, Ain
Tausenbt, Sechshundert, Zweintzig vnnd Acht Jahr.

(L. S.)   (L. S.)

Nro. VIII.

Attestat des Herzogl. Wirtemb. Geheimen
Raths den Fürstbrüderl. Vergleich vom 30.
Mart. 1628 betreffend, warum er nicht unterschrieben worden. Den 1. Mai 1629.

Wir Endtsbenannte, bekennen und verkunden gegen Meniglich, wem es zuewüßen
gebürt, demnach die Durchleuchtige Hochgeborne Fürsten und Herren, Herr Johann Friederich, etc.
nunmehr Fürstlichen Christ:miltenAngedenckhens, Herr

Q 3   Ludwig

Ludwig Friederich, etc. Herr Julius Friederich,
etc. Herr Achilles Friederich, etc. so dann Herr
Magnus etc. auch Christ=milt=löblicher Gedächtnuß,
alle Hertzogen zue Württemberg, und Teckh, Gra=
ven zue Montbelgart, Herren zue Haydenheimb, etc.
Vnsere samentliche Gnedige Fürsten vnd Herren; Im
Jahr Tausendt, Sechshundert Siebenzehen, Sich al=
ler Vätterlichen Erb=Forderungen, nach Besag dieses
Hertzogthumbs Erection, Alt=Vätterlichen Verträg,
Testamenten, Compactaten, vnd Landtags=Ab=
schiedt, Freund=Brüederlich Einmüetig, auch Aydtlich
verglichen: Vorbrist aber der auch Durchleuchtigen
Hochgebornen Fürsten vnd Herren, Herrn Christo=
phen, vnd Herrn Ludwigen, Hertzogen zue Würt=
temberg, etc. Lob=würdigen Christseeligen Angedenn=
ckhens, hochbedächtlich verfaste, auf die gantze Fürst=
liche Posterität, vnd Erbvolg gerichte lezte Willens=
Verordnung, alß die vnübergreiffliche Regul vnd Richt=
schnur, in bester Acht gehalten; So kann dem Ersten,
Andern, Dritten, Viert= vnd Fünfft=Gebornen
Herrn Bruder, jedes, was daselbsten verordnet, zu=
geaignet, würcklich eingehändigt, vnd überlassen,
ohnelangst aber hernach sich befunden, daß bey dem
Montbelgartischen, sambt zugewanter Hertschafften,
hochermelt Herrn Hertzog Ludwig Friederichs zue
Württemberg Fürstl. Gnbn. Vnserm Gnedigen Für=
sten vnd Herrn, alß Secundo genito zugeaignetem
Theyl, bey dem Gaystlichen vnd Weltlichen Einkom=
men, auß darüber vorgelegten Rechnungen, vmb ein
Starckhes verstoßen, auch die angeschaffte 33000
Gulden, sambt dem waß hochgedachts Hertzog Chri=
stophs Fürstl. Gnbn. zue besto besserm Vnderhalt
des Kirchen=Wesens vnd rainen Evangelii, auß
Christlichem Eyfer, dorthin miltiglich verordnet, wie
der

der ben vorgeſetzten Willen vnd Meinung hocherneun-
ter ſambtlicher Herren Brüdere, volſtenbig nicht erſetzt
geweſt; Wannenhero, ob ſich wohl etwas Mißver-
ſtand erregt, iſt jedoch ſelbiges alles, ſo wohl auff
hierüber gepflogene münbliche Handlung, als abſon-
derliche Schriffts Wechßlung, nach repffer, wohl vnd
tieff erwogener Beſchaffenheit jeder Vmbſtändt, vnd
neben nochmahliger kräfftiger Beſtätigung, vorgange-
nen algemeinen Verglichs, Entlichen dahin Freunds-
Brüederlich, Einmüetig entſchaiden, verglichen, zue
Papier gebracht, vnnd biß vf leztes Vnderſchreiben,
(die der Allmächtig Gott, nach ſeinem vnänderlichen
gnädigen Willen, durch den algue früezeitigen Todt
vnderkommen), gefertigt, vnd volzogen worden, wie
wortlich hernach ſtehet:

(Hier iſt der ganze oben ſtehende Vertrag eingerückt)

Daß nun ſolches alles, was jetzo wortlich geſetzt,
zwiſchen hochgedachten beeden Fürſtlichen Herren Ge-
brübern, mit rechtem Wißen, vnd wohl erwogenem
gutem Willen, alſo entlich verglichen, auch die Vn-
derſchreibung, nicht der geenderte Will eingenglich
hochbeſagts Herrn Hertzog Johann Friederichs Fürſtl.
Gnbn. Vnſers geweſten Gnedigen Fürſten vnd Herrns,
ſonbern langſames Aufhalten deſſen, welcher es ſeiner Schuldigkeit nach billich mehrers befürdert haben
ſolt, ſo wohl alß GOttes Allmächtigen vnentlicher Will
vnd Gewalt verurſacht vnd gehindert, auch dahero
jeniges, was mit ſo beſtändigem Vorſatz, recht infor-
mirtem Willen, vnd zeitlich gehabtem Rath, noch
bey lebendigem Leib, einmahl richtig entſchaiden, verglichen, vnd aufgeſetzt worden, nicht vncreffiig, noch
mangelhafft werden können; Bekennen, ſagen, vnd
bezeugen, bey vnſern obhabenden Pflichten, vnd Aus-
den, auch im Wort der Wahrheit, wir Jrer Fürſtl.
Gnbn.

Gnbn. Landt-Hofmeifter, vnd diejenige Räth, die bey
ällem, was vorftehet, felbft gegenwärtig geweft, auch
von Anfang Eingangs ermeldter Fürftlicher Brüeber-
licher Vergleichung, biß zue endtlichem Schluß beffen,
was obftehet, in Fürftlichen Gnaben mit deputirt,
nibergefeßt, vnd zue tieffer Berathfchlagung gezogen
worden, auch überall felbft darbey geweft, vnd dahero
befto beftändiger Kunbtfchafft hierüber, aus aigner
That, vnd rechter Wißenfchafft geben kontten, mit
aufgetruckten vnfern Jnfigeln, auch aigner Handt
Vnderfchrifften. Gefchehen in Stuttgarten, den Er-
ften Monats-Tag Maji, Anno Sechszehen Hunbert,
Zweinßig Neun.

(L. S.) Bleickartt, von Helmftett.

(L. S.) Johann Kielmann, mit Par.

(L. S.) Vlrich Broll, D. mit Paraff.

(L. S.) Veit Breüfchmann, D. mit Paraff.